R 30646

Paris
1866

Caro, Edme-Marie

La philosophie de Goethe

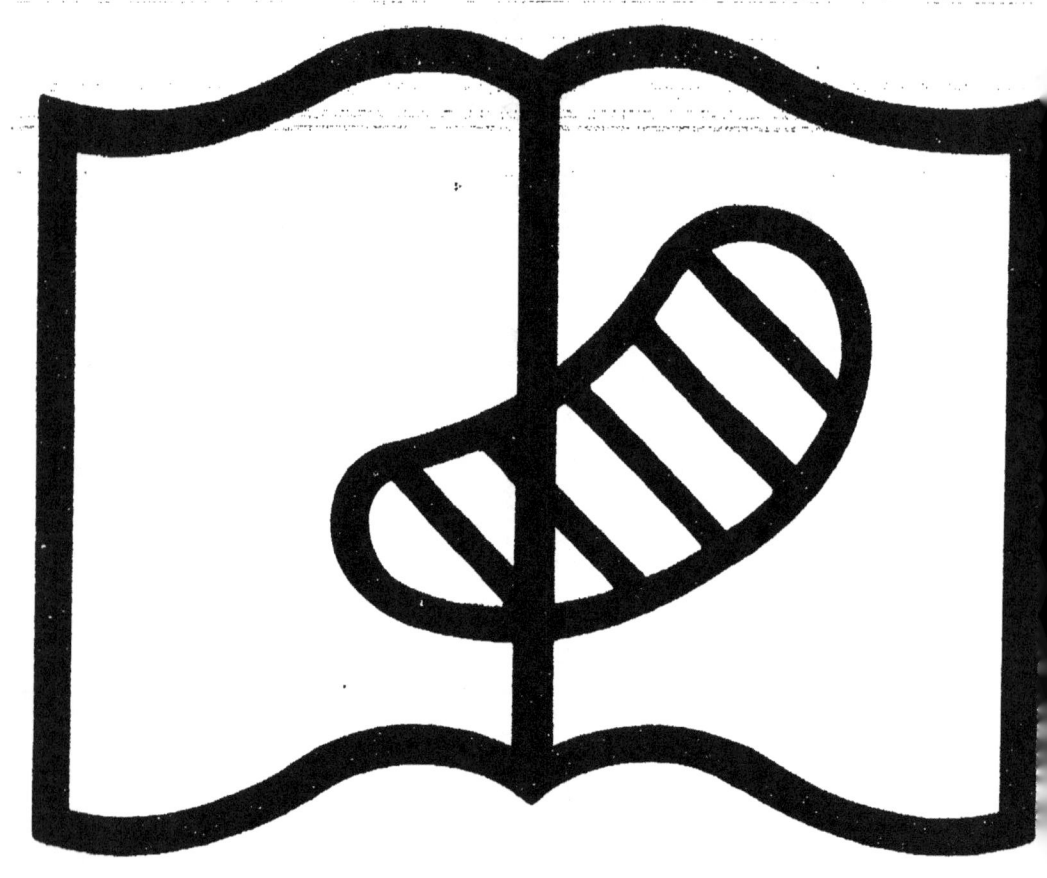

Symbole applicable
pour tout, ou partie
des documents microfilmés

Original illisible

NF Z 43-120-10

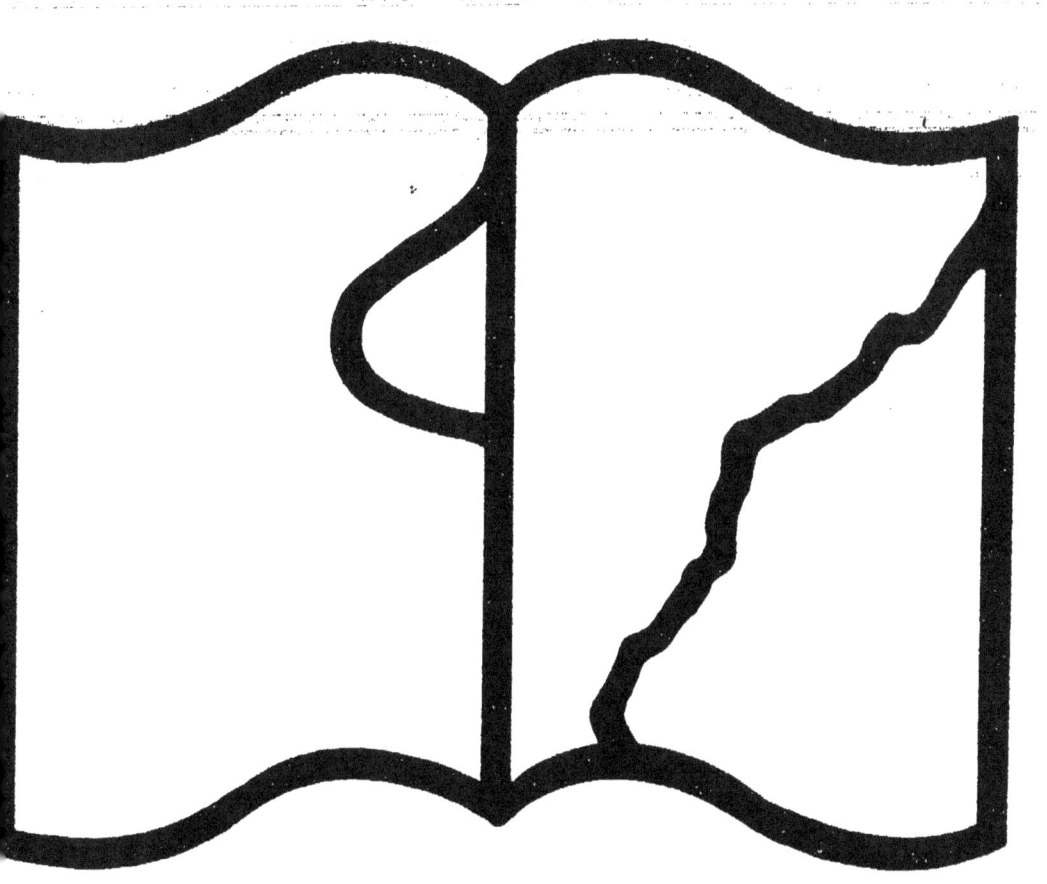

**Symbole applicable
pour tout, ou partie
des documents microfilmés**

Texte détérioré — reliure défectueuse

NF Z 43-120-11

30646

LA
PHILOSOPHIE
DE GOETHE

OUVRAGES DU MÊME AUTEUR

A LA MÊME LIBRAIRIE :

Le Mysticisme au dix-huitième siècle. — Essai sur Saint-Martin, le Philosophe inconnu. — In-8. 1852.

Études morales sur le temps présent. — In-18. — (Ouvrage couronné par l'Académie française.) 1855.

L'Idée de Dieu et ses nouveaux critiques. — Troisième édition. — In-18. — 1865. — (Ouvrage couronné par l'Académie française.)

LA
PHILOSOPHIE
DE GOETHE

PAR

E. CARO

PARIS
LIBRAIRIE DE L. HACHETTE ET Cⁱᵉ
BOULEVARD SAINT-GERMAIN, N° 77

1866

Tous droits réservés

PRÉFACE.

Parmi les diverses théories de la nature que le dix-neuvième siècle a vues se produire, nous en avons rencontré une qui nous a retenu longtemps par la libre variété des idées dont elle se compose, par la hardiesse des travaux scientifiques et des œuvres poétiques qu'elle a inspirés, par l'éclat et la nouveauté des formes dont elle s'est revêtue, par le nom dont elle se recommande, un des plus grands noms du siècle, enfin par le prestige qu'elle a gardé sur l'imagination de nos contemporains. Nous avons pensé qu'il pourrait y avoir quelque intérêt à exposer cette théorie dans son ensemble, dans ses origines et ses manifestations variées.

Nous avons osé écrire un livre sur *la Philosophie de Goethe*. C'est qu'en effet, à mesure que l'on pénètre plus profondément dans l'étude de Goethe, on devient de plus en plus sensible à certaines impressions philosophiques qui, d'abord flottantes et vagues, se précisent à la fin et se déterminent. Nous nous garderons bien d'essayer de réduire ces impressions sous la loi d'une déduction rigoureuse. On chercherait inutilement dans les vues de Goethe quelque chose qui ressemblât à un système organisé, et lui-même nous détourne d'une tentative aussi vaine en se montrant à toute occasion ironique ou révolté contre la prétention dogmatique ; mais peut-on nier qu'il y ait chez lui un ensemble d'idées générales et de tendances d'esprit, un tempérament intellectuel qui, développé par la plus haute culture esthétique et scientifique, constitue, sinon une doctrine positive, du moins une nature philosophique des plus originales et des plus rares ?

Si chaque philosophie, comme Goethe le prétend, est une forme différente de la vie, une façon particulière de la comprendre et de s'y poser, comment n'aurait-il pas la sienne ? Il est trop évident que l'auteur de *Faust* doit avoir sa manière toute personnelle de concevoir la vie, les lois qui en règlent la manifestation et le cours varié, l'emploi frivole ou sublime que chacun peut faire de ce don purement gratuit, si accidentel et si promptement retiré, les rapports qui unissent cette fragile apparition à l'universalité des choses, le mystère primordial d'où elle est sortie un jour, où un autre jour elle va se perdre, les puissances secrètes qui se laissent à peine entrevoir sous ce flot mobile de créations successives tour à tour disparues, ce jeu ironique de l'éternelle illusion ou ce travail inexplicable de l'existence absolue s'épuisant à remplir l'infini du temps de ses œuvres éphémères que cet infini dévore à mesure qu'elle les achève et les produit.

La nature, voilà le nom sous lequel Goethe désigne ces énergies éternellement créatrices. Il n'accepte pas comme point de départ de sa pensée la distinction des êtres, la réalité de l'âme et celle de Dieu mises à part de la réalité du monde. Il n'arrive pas non plus à les distinguer dans ses conclusions. Il veut que le philosophe se tienne en communication perpétuelle avec ce monde visible qui s'étend et se développe sous ses yeux, sous ses mains, et qui est le centre de l'activité universelle, l'unique foyer de l'être et de la vie. Par l'ensemble de ces idées générales, Goethe se rencontre avec certaines tendances qui sollicitent vivement les esprits en France et en Allemagne, et qui sont comme une tentation irrésistible de la raison contemporaine. La *philosophie de la nature* est en effet celle que l'on oppose avec le plus d'ardeur et de succès à la métaphysique spiritualiste. Elle présente d'ailleurs des nuances fort distinctes, soit qu'elle se développe sous la forme de l'inspiration alexandrine chez Schelling, soit que, comme chez Hegel, elle se déduise sous les formules nouvelles d'une sorte d'algèbre. C'est elle encore que l'on rencontre au fond du positivisme scientifique, et il est impossible de la méconnaître dans les émotions panthéistiques de la littérature et de la poésie du dix-neuvième siècle.

Cette même philosophie se produit dans Goethe, mais avec une indépendance de vues, une liberté d'allures et une aisance qui en accroissent singulièrement le prestige et la force. C'est l'esprit le plus affranchi de formules dans lequel le naturalisme se soit révélé à notre siècle. Les penseurs tels que Goethe ont un grand avantage sur les philosophes de profession : ils ne sont pas liés à un système. Le dogmatisme peut être en certains cas une force : il est bien souvent un poids très-lourd à porter, un embarras pour la marche et le développement de la pensée. Un philosophe est tenu de disposer ses idées par ordre, de manière qu'elles s'enchaînent et se soutienent. Il faut que, dans cette longue série de déductions, aucune ne soit placée au hasard, que chacune présente le même degré de force. Le système, ainsi lié dans toutes ses parties, se suspend à un petit nombre de principes qu'il faut choisir aussi solides, aussi inébranlables que possible. Que de difficultés pour établir ces premiers principes et pour y ramener logiquement la multitude toujours croissante des faits et des idées! Que de périls de toute sorte! Que de surprises possibles, que d'occasions pour les adversaires de saisir la partie faible de cette longue déduction, et d'en rompre la trame artificielle et fragile! Au contraire un écrivain, un poëte qui a le goût de la philosophie sans être pourtant philosophe, qui connaît tous les systèmes sans se lier à aucun, et qui réserve la pleine indépendance de sa pensée tout en suivant les pentes secrètes de son esprit, de quelle force il dispose! Quel attrait supérieur il offre à cette multitude d'intelligences qui goûtent le plaisir facile des vues et des conceptions dispersées plus que la fatigue des longs efforts. Rien de plus agréable et de plus piquant en effet que de voir avec quel art Goethe a su s'assimiler les idées qui lui plaisent, même dans les systèmes dont il rejette la pesante construction. Il ne voit dans chaque découverte de la science qu'une conception nouvelle sur l'ensemble des choses ou sur une série de phénomènes, un aspect inattendu de la réalité, dont il jouit sans souci d'aucune sorte. Il n'a pas, comme d'autres, à s'inquiéter de savoir si ces découvertes sont conformes au reste du système et comment elles peuvent y prendre leur place. Il s'avance heureux et confiant, enrichissant son esprit, transportant sur tous les points sa noble curiosité, que rien n'arrête ou n'embarrasse dans ses excursions à travers l'inconnu. Il a une philosophie pourtant, mais une philosophie irresponsable, pour ainsi dire, puisqu'elle décline toute autorité, insaisissable à la dialectique par la légèreté même de sa démarche et par sa souple liberté.

A tant d'avantages, dont il use sans scrupule, Goethe en ajoute un autre qui est d'un prix infini pour la propagation et la diffusion de ses idées. La diversité même de ses œuvres, la fécondité merveilleuse et variée de son théâtre, de ses romans, de ses poëmes, lui offrent des moyens incomparables d'action et d'influence. Les expositions philosophiques ne s'étendent pas au delà d'un cercle très-restreint d'esprits voués à des études spéciales et difficiles. Les œuvres littéraires et poétiques pénètrent partout. Elles produisent quelque chose d'analogue à ce que les naturalistes appellent la fécondation à distance; elles transportent et répandent dans l'air une multitude invisible de germes, une poussière féconde d'idées qui va exciter la vie intellectuelle dans des zones lointaines et ignorées où nul philosophe n'aurait pu atteindre.

La philosophie de Goethe dans ses libres inspirations nous révèle un des aspects les plus curieux de l'histoire des idées au dix-neuvième siècle. L'étude en est singulièrement facilitée aujourd'hui. Il y a eu dans ces derniers temps une recrudescence sensible dans la gloire de Goethe et comme une émulation de travaux importants autour de ce grand nom. Les biographies étendues et les commentaires qui abondent de plus en plus en Allemagne, l'histoire ample et copieuse de sa vie et de ses ouvrages, publiée à Londres en 1855 par Lewes, les traductions, les études qui se multiplient en France, les documents de tout genre qui s'y rattachent, tels que conversations, correspondances, les expositions lumineuses que des savants distingués ont consacrées à la partie scientifique de cette œuvre si vaste, tant d'informations exactes et variées mises à notre disposition dans ces derniers temps nous donnent quelque confiance dans le résultat des recherches que nous avons entreprises. On ne peut jamais dire, quand il s'agit d'un écrivain de cet ordre, qu'il ne reste aucune ombre sur sa pensée. Cependant nous n'avons pas désespéré de faire pénétrer la lumière, aussi loin que cela peut être utile et même désirable, sur les sources diverses et sur le développement de cette philosophie, et nous estimons qu'il y a dans l'œuvre de Goethe une manifestation de pensée assez haute, assez puissante, pour mériter d'être étudiée à part et de prendre sa place à côté des grands systèmes que l'Allemagne a produits depuis soixante ans.

LA PHILOSOPHIE DE GOETHE

CHAPITRE I.

HISTOIRE DE L'ESPRIT DE GOETHE. — PÉRIODE MYSTIQUE.
MADEMOISELLE DE KLETTENBERG ET LAVATER.

Essayons de saisir dans ses origines la philosophie de Goethe. Ses *Mémoires*, ses *Conversations* et ses *Correspondances* nous permettent de rechercher quelles influences il a rencontrées, de quel côté s'est portée d'abord sa vive curiosité, quelles affinités il a ressenties ou quelles antipathies pour les doctrines les plus célèbres. Peut-être alors pourrons-nous résoudre avec quelque assurance cette question si importante pour l'histoire de son esprit : dans quelle mesure ses conceptions sur l'ensemble des choses sont-elles originales? d'où lui est venue l'impulsion première de sa pensée? Si l'on excepte un nom, un seul, il semble bien que Goethe doive peu de chose aux philosophes de profession. Il les connaît, il les juge même en quelques traits décisifs ; mais on sent qu'ils n'ont eu qu'une action très-indirecte sur le développement de sa pensée. La philosophie pure, abstraite, séparée de l'étude de la nature, lui a toujours paru aussi obscure que peu fructueuse. Il considère comme une des circonstances les plus heureuses de sa vie, un des plus précieux avantages obtenus par sa volonté, « de s'être toujours maintenu libre en face de la philosophie. » Son point d'appui le plus solide, dit-il, a été la simple raison de l'homme sensé. C'est là une condition de vérité aussi bien qu'une règle d'art. « Tout art, toute science, qui restent indépendants de la philosophie et ne se développent que par les forces naturelles de l'homme, arrivent toujours à de meilleurs résultats. » Il lui arriva souvent, par la suite, de faire de sérieux reproches à Schiller pour avoir compromis, sous le joug de Kant, la divine spontanéité de sa nature.

D'ailleurs peut-il y avoir une science, surtout une philosophie, apprise à l'école d'un autre ? Pour avoir quelque valeur, une philosophie doit être l'expression même et le sentiment général de notre vie. « Stoïcien, platonicien, épicurien, chacun doit à sa manière régler son compte avec l'univers, disait-il à Falk ; c'est pour résoudre ce problème que nous sommes nés, et personne, quelle que soit l'école à laquelle il se rattache, ne peut s'y soustraire. Chaque philosophie n'est rien autre chose qu'une forme différente de la vie. Pouvons-nous entrer dans cette forme ? pouvons-nous, avec notre nature, avec nos facultés, la remplir exactement? Voilà ce qu'il s'agit de chercher. Il faut faire des expériences sur nous-mêmes; toute idée que nous absorbons est comme une nourriture que nous devons examiner avec le plus grand soin; autrement nous anéantissons la philosophie, ou la philosophie nous anéantit.... Il faut d'abord nous maintenir en harmonie parfaite avec notre nature, et nous pourrons alors, sinon faire taire, du moins adoucir toutes les dissonances extérieures qui nous entourent[1]. »

D'après ces principes, il est clair que chaque homme qui pense est un *éclectique-né*. « Cet éclectisme ne se confond pas avec cette nullité intellectuelle qu'une absence complète de tout penchant propre et intime fait agir comme les oiseaux que l'on voit formant leur nid de tout ce que le hasard leur présente. Une construction fabriquée ainsi de débris déjà morts ne peut jamais se lier à un ensemble vivant. » Mais s'il ne peut pas y avoir de philosophie éclectique, en revanche il y a beaucoup de philosophes éclectiques, et chacun l'est plus ou ou moins. « L'éclectique est celui qui choisit dans ce qui l'entoure, dans ce qui se passe autour de lui, tout ce qui est en harmonie avec sa propre nature, pour se l'approprier; j'entends par là qu'il doit s'assimiler tout ce qui, soit dans la théorie, soit dans la pratique, peut servir à son progrès et à son dévelop-

---

[1]. *Conversations de Goethe avec Eckermann*, traduites par M. Délerot, 2ᵉ vol., p. 323. Cette traduction est faite avec un soin et une conscience qui offrent toute garantie.

pement. Deux éclectiques pourraient donc être deux adversaires, s'ils étaient nés avec des dispositions différentes, car, chacun de son côté, ils prendraient dans la tradition philosophique ce qui leur conviendrait. Que l'on jette les yeux autour de soi, on verra que tout homme au fond agit ainsi, et voilà pourquoi on ne parvient jamais à convertir autrui. »

En parlant ainsi, Gœthe se souvenait évidemment de lui-même. Tous ces traits conviennent à son histoire. Il a pratiqué toute sa vie cet éclectisme indépendant de toute règle, qui n'est que la forme philosophique d'une libre et universelle curiosité. Il a traversé les systèmes pour les connaître, sans s'y arrêter, prenant à chacun d'eux ce qui était d'accord avec le tempérament de son esprit, les réduisant souvent à une seule pensée, qu'il s'assimilait, rejetant toute idée qui aurait été une dissonance avec ses goûts, disposant de toutes les philosophies sans être dominé par aucune, et les mettant en harmonie avec sa manière d'être et de sentir, en toute chose plus curieux que systématique.

Il y eut cependant une influence philosophique plus marquée que les autres dans le développement de son esprit, et qui persista, sans éclipse, jusque dans la pleine et vigoureuse maturité de son génie : ce fut l'influence de Spinoza. C'est le seul philosophe dont il ait consenti à reconnaître l'empire. Encore nous verrons bien que si le spinozisme entra comme élément dans l'essence complexe de sa pensée, c'est un spinozisme singulièrement transformé.

Ce fut un des grands événements de la vie de Goethe que son initiation à la philosophie de l'*Éthique;* mais jusque-là son humeur libre, sa fantasque indépendance, sa curiosité passionnée, l'avaient attiré dans de singulières aventures d'esprit. Il avait erré de tous les côtés dans sa propre pensée et dans celle des autres, sans rencontrer nulle part de point fixe et de direction. C'est vers sa dix-huitième année, pendant qu'il étudiait à l'université de Leipzig, que se révéla à lui-même l'éveil de sa raison sur les questions de philosophie religieuse. L'ennui de la rhétorique pédantesque, de la philosophie aride, que l'on enseignait dans l'université sous la discipline intellectuelle des Gottsched et des Gellert, le peu de goût qu'il ressentait pour la pauvre et timide littérature classique qui florissait alors en Allemagne avant le *Laocoon,* celle des Besser, des Canitz, des Hagedorn, — le travail intérieur d'un esprit qui sentait s'éveiller en lui des forces inconnues et qui ne savait encore comment les apaiser en les employant, cette agitation, cette première flamme inquiète d'une âme qui se dévore sans aliments, ces distractions cherchées dans la débauche, une grave maladie qui survint, — voilà sous quelles impressions le jeune étudiant de Leipzig avait essayé de résoudre les grands problèmes par sa propre énergie, et sans rien accepter des traditions d'école. On enseignait pourtant à cette époque, dans les universités allemandes, une grande philosophie, celle de Leibnitz, mais systématisée, régularisée à l'excès, réduite en formules par Wolf, encore appauvrie et desséchée par ses disciples. Comment, sous ce fatras d'une sorte de scolastique renaissante, le jeune étudiant aurait-il pu sentir les divines harmonies, l'âme de cette philosophie dont il devait plus tard transporter quelques conceptions dans sa pensée, et qui même lui fournit dans une occasion mémorable, le jour des funérailles de Wieland, la matière d'une de ses plus belles inspirations philosophiques, d'un dialogue vraiment digne de Platon par l'émotion et par la grandeur des idées ? Il faut voir de quel ton il juge dans ses *Mémoires* cette philosophie d'école qu'il n'apprit que pour la mépriser. On trouverait là quelques traits qui rappellent un passage célèbre du *Discours de la méthode*, et je dirais presque l'accent de Descartes. « Dans la logique, il me semblait bizarre que ces grandes opérations de l'esprit que j'avais exécutées dès mon jeune âge avec la plus grande facilité, il me fallût les mettre en pièces, les isoler et presque les détruire, pour en découvrir le véritable usage. Sur l'être, sur le monde, sur Dieu, je croyais en savoir autant que le maître lui-même. » Il s'enhardit à penser tout seul, et le spectacle d'une sorte de renaissance du *sens commun* dans l'Allemagne protestante l'y encouragea. « La philosophie de l'école, qui en tout temps a le mérite d'exposer, sous des rubriques déterminées, dans un ordre arbitraire et selon des principes reçus, tout ce qui peut être l'objet de la curiosité humaine, s'était souvent rendue comme étrangère, fastidieuse, et enfin inutile à la foule par l'obscurité et l'apparente frivolité du fond, par l'emploi inopportun d'une méthode respectable en elle-même et par son application trop vaste à un grand nombre d'objets. Bien des hommes se persuadèrent que la nature leur avait donné autant de bon sens et de jugement qu'ils pouvaient en avoir besoin pour se faire des choses une idée claire, au point de pouvoir s'en démêler eux-mêmes et contribuer à leur progrès propre et à celui des autres sans s'inquiéter péniblement de l'universel, ni rechercher comment s'enchaînent les objets les plus éloignés qui ne nous intéressent guère. On essaya ses forces, on ouvrit les yeux, on regarda devant soi... Chacun se crut autorisé à philosopher et même à se considérer un peu comme un philosophe. La philosophie était donc un sens commun plus ou moins sain, plus ou moins exercé, qui se hasardait à généraliser et à prononcer sur les expériences intérieures. Un discernement clair des choses et une modération d'humeur qui permettaient de chercher le vrai dans la route moyenne entre les opinions extrêmes et dans l'équité envers chacune d'elles assurèrent aux écrits et aux discours de ce genre la confiance et l'autorité. Il se trouva de la sorte des philosophes dans toutes les facultés, même dans toutes les classes et dans tous les métiers[1]. »

Il y eut ainsi, vers 1760 une révolution pacifique

---

[1]. *Vérité et Poésie*, traduction Porchat, p. 236. Nous suivrons généralement cette traduction, en la modifiant parfois dans quelques expressions inexactes ou quelques tours restés obscurs.

en Allemagne; la philosophie se sécularisa. Elle avait été pendant une assez longue période confisquée par les professeurs : elle sortit des écoles et se répandit dans le monde. Le mouvement se communiqua dès lors à la théologie, l'ébranla dans ses bases consacrées, et l'on vit commencer en Allemagne ce grand travail d'interprétation et d'exégèse qui devait aboutir à la pure et simple religion naturelle, plus ou moins surchargée de symbolisme, plus ou moins enthousiaste et mystique, selon les gradations infinies des caractères et des sentiments. Goethe lui-même participa dans sa mesure à ce mouvement théologique, et il nous raconte dans ses *Mémoires* comment la lecture d'un livre aujourd'hui oublié, — *Histoire de l'Église et des Hérésies*, par Arnold, — l'amenait à concevoir, par une suite de méditations bizarrement ingénieuses, tout un système de métaphysique religieuse. Il nous en a laissé une esquisse, non sans montrer quelque prédilection pour cette rêverie de sa première jeunesse. Le néo-platonisme, les doctrines hermétiques et cabalistiques s'y mêlent avec quelques idées bibliques. Le trait essentiel est une explication panthéistique de la création et de la rédemption par une séparation qui se produit dans l'essence primitivement simple de la Divinité et par un mouvement contraire qui ramène le monde à son origine. C'est la double loi de « l'émanation » et du « retour » empruntée aux Alexandrins et transportée sans grands frais d'imagination dans le dogme chrétien. Ce projet de religion composite n'a d'importance que par le caractère de curiosité éclectique qui s'y annonce et par la conception fondamentale de l'unité absolue qui s'y marque avec force.

Les premiers pas de Goethe dans la recherche de la vérité furent très-incertains; sa voie s'embrouilla plus d'une fois et s'obscurcit devant lui. Dans l'intervalle qui sépare son séjour à Leipzig de celui qu'il fit à Strasbourg, pendant toute la durée d'une maladie assez longue qui le retint dans la maison de son père, fort attristée par l'humeur morose et la manie pédagogique du vieux jurisconsulte, nous le voyons livré tout entier à des études et à des expériences d'alchimie avec cette curiosité vive qui n'est pas la crédulité vulgaire, qui est bien plutôt la forme active d'un grand ennui, l'impatience de l'inconnu, le désir de ne rien ignorer, plus fort chez lui que la crainte d'être dupe. Il y avait alors à Francfort toute une petite société mystique de personnes pieuses qui cherchaient leur salut dans des voies bizarres. Goethe nous donne dans ses *Mémoires* une piquante peinture de ce groupe. On y voit figurer, à côté de sa mère, cette aimable demoiselle de Klettenberg dont le souvenir resta toujours cher au poëte, un chirurgien piétiste, un médecin aux allures mystiques, au regard malin, à la parole caressante, un peu sorcier. Ce médecin était en possession d'un remède souverain, d'une sorte de pierre philosophale de la santé universelle, d'un sel admirable qu'on ne devait employer que dans les cas les plus dangereux, et dont il n'était question qu'entre les fidèles, quoique personne encore ne l'eût vu et n'en eût ressenti les effets. Par un enchaînement de causes physiques et de causes morales, la recette ne pouvait agir que sur les dévots de la petite église ; elle ne pouvait se transmettre que sous certaines conditions d'initiation. Pour la produire et la mettre en usage, il fallait pénétrer plus ou moins dans le grand œuvre, dans les mystères de la nature. « Ce n'était pas quelque chose d'isolé, c'était quelque chose d'universel et qui pouvait même être produit sous diverses formes et diverses figures. » Goethe devint l'heureux sujet, annoncé sans doute par les astres, sur lequel la grande expérience fut tentée. Une crise dans son mal étant survenue, on crut qu'il allait mourir. Tous les remèdes étaient sans effet. « Dans cette extrémité, ma mère conjura avec les plus vives instances le docteur, fort perplexe, d'employer son remède universel. Après une longue résistance, il courut chez lui, la nuit étant déjà fort avancée, et en rapporta un petit verre d'un sel cristallisé qu'on fit dissoudre dans l'eau et qui fut avalé par le patient. Cela avait un goût alcalin prononcé. Aussitôt après, je me sentis soulagé, et dès lors mon mal parut tourner à la guérison. Je ne puis dire combien cet événement augmenta notre confiance dans le médecin et fortifia notre désir d'acquérir un pareil trésor. » Assistons-nous ici à quelque scène de médecine cabalistique égarée en plein xviii° siècle, ou bien à la naissance de la médecine homœopathique ? La petite fiole du docteur contient-elle quelque substance préparée avec des formules d'incantation ou quelque dose infinitésimale d'un aconit merveilleux? Je ne sais.

Cette figure de Mlle Suzanne Catherine de Klettenberg mériterait une étude à part. L'influence de cette pieuse et aimable personne sur l'esprit de Goethe, dans ces premières années de sa jeunesse, fut profonde et dura longtemps après la jeunesse disparue. Il en a consacré le souvenir dans des pages très-curieuses et très-inattendues par le sujet et par l'accent, les *Confessions d'une belle âme*, insérées au sixième livre des *Années d'apprentissage de Wilhelm Meister*. C'est toute une étude, faite d'après nature, sur une âme mystique, d'une exaltation et d'une pureté extraordinaires, une de ces âmes de la famille de Saint-Martin, que l'on est tout surpris et charmé de rencontrer en plein xviii° siècle, au temps de Voltaire, de Diderot et de la marquise du Deffant. Mais ce n'est pas un charme ni une surprise moindres que de voir un esprit aussi libre que l'auteur de *Wilhelm Meister* épuiser dans cette peinture les grâces et les délicatesses d'un pinceau qui rappelle par instants la touche mystique d'un Fénelon légèrement germanisé. C'est bien l'histoire d'une âme. Les premières impressions de l'enfance, le premier éveil d'une sensibilité presque maladive, les influences imperceptibles à l'œil du vulgaire, mais profondément ressenties et se mêlant au fond inné, à la part de la nature, pour composer l'essence subtile et rare d'un cœur qui ne respirera que du côté du ciel et qui ne connaîtra la passion de l'amour que pour en sentir le néant et s'élever plus haut, toutes les joies de la terre un jour sacrifiées sur l'autel de plus en plus épuré de ce cœur et ce sacrifice récompensé par le don d'une illumination soudaine, par une joie vive, infinie, dans la lumière et la paix, qui le croirait? Voilà ce que nous retraçait, avec des raffinements d'analyse et des tendresses incroyables d'accent, le poëte ironique et hautain, le superbe et dédaigneux Goethe, longtemps après avoir perdu sa mystique amie.

« Je souffris et j'aimai, nous dit cette âme qui se dévoile devant nous dans le récit de Goethe : ce fut dès mon enfance le véritable état de mon cœur. » — Mais avant de se donner tout entière à Dieu, elle eut à traverser plus d'une délicate épreuve, la dissipation de la vie mondaine, l'enivrement factice d'un premier amour. Tout cela l'éloigna pendant plusieurs années « de l'invisible et unique ami. » Une crise salutaire, de violentes secousses la ramenèrent à son consolateur secret : « Mais hélas! notre commerce s'était refroidi pendant ces années de dissipations : je ne lui faisais plus que des visites de cérémonie, et comme je ne paraissais devant lui que dans mes plus beaux habits, que j'étalais devant lui avec satisfaction, ma vertu, mon honnêteté et les avantages que je croyais posséder par-dessus les autres jeunes filles, il semblait ne pas prendre garde à moi, sous mes riches atours.... Cependant Dieu ne me repoussait point. Après le moindre mouvement vers lui, il laissait dans mon âme une douce impression, qui me portait à le rechercher toujours davantage. » Mais il y avait toujours un obstacle entre le Soleil mystique et cette âme encore à moitié plongée dans l'ombre : il y avait quelque objet qui interceptait la divine lumière : c'était le monde avec ses préoccupations et ses frivolités. A l'âge de vingt-deux ans, elle comprit enfin par des expériences répétées et poursuivies dans le silence, que le combat ne pouvait durer toujours et que l'heure du choix définitif, suprême, approchait. Elle sentit que ce qui lui manquait encore, c'était la foi, non pas cette foi d'apparat et de surface qui suffit aux âmes mondaines et qui les trompe sur leur état intérieur plutôt qu'elle ne les remplit, mais cette foi qui est une vie transformée, le renouvellement de la substance, un état inaccoutumé pour l'homme naturel.

On sent que Goethe est encore sous l'impression vive de la parole ardente et des extases de son amie, quand il raconte, d'après elle, l'heure sublime où la foi descendit dans cette âme purifiée par la douleur. « Eh bien ! Dieu tout-puissant, donne-moi la foi ! m'écriai-je un jour dans l'extrême angoisse de mon cœur. — Je m'appuyai sur une petite table, devant laquelle j'étais assise et je couvris de mes mains mon visage baigné de larmes. J'étais dans la situation où nous sommes rarement, et où nous devons être pour que Dieu nous exauce. Qui pourrait décrire ce que j'éprouvai ? Un mouvement soudain entraîna mon âme vers la croix où souffrit Jésus; un mouvement, je ne puis mieux dire, parfaitement semblable à celui par lequel notre âme est conduite vers une personne absente et chérie, rapprochement sans doute bien plus essentiel et plus vrai qu'on ne suppose. C'est ainsi que mon âme s'approcha du Dieu incarné et crucifié, et à l'instant même, je sus ce qu'était la foi. « C'est la foi ! » m'écriai-je, en me levant soudain avec un mouvement de frayeur ; puis je cherchai à m'assurer de mes sentiments, de mon intention, et bientôt je fus convaincue que mon esprit avait acquis une force d'élévation toute nouvelle. Pour traduire de pareilles impressions, le langage est impuissant. Je pouvais les distinguer, avec une parfaite clarté, de toute conception imaginaire. Point de vision, point d'image et pourtant une certitude aussi complète d'un objet auquel elles se rapportaient, que dans le cas où l'imagination nous retrace les traits d'un ami absent. Quand le premier transport fut passé, je remarquai que j'avais déjà connu cet état de l'âme ; seulement je ne l'avais jamais éprouvé avec autant de force, je n'avais jamais pu le retenir, jamais me l'approprier. Je crois du reste qu'une fois au moins toute âme humaine a ressenti quelque chose de pareil. Sans doute c'est là ce qui enseigne à chacun qu'il y a un Dieu. »

Depuis ce temps-là tout se pacifia et s'harmonisa comme par miracle dans cette belle âme. Elle ne craignait pas la mort, elle désirait même de mourir, mais elle avait le secret sentiment que Dieu lui laissait le temps de dégager de plus en plus son âme du corps et de l'approcher de lui toujours davantage. La maladie fréquente et la faiblesse de sa santé aidaient à cette délivrance. Dans ses nombreuses insomnies elle éprouvait quelque chose de particulier. Il lui semblait que son âme pensait sans le secours du corps; elle voyait même le corps comme un objet étranger et comme un vêtement. Elle se représentait avec une vivacité singulière le temps et les événements passés, et en prévoyait les conséquences. — « Tous ces temps sont passés; ceux qui les suivront passeront à leur tour; le corps sera déchiré comme vêtement; mais *moi*, que je connais si bien, *moi*, je suis et je serai ! » Dès lors aussi, elle avançait toujours dans les voies mystiques et ne recula plus; ses actions furent toujours plus en harmonie avec l'idée qu'elle s'était faite de la perfection; elle trouva tous les jours plus facile de faire ce qu'elle croyait juste et bon. Elle se souvenait à peine qu'il y eût une loi, un devoir, que quelque chose fût commandé; rien ne s'offrait à elle sous la forme d'un ordre ou d'une obligation; c'est un penchant qui la guidait et qui la menait toujours bien; elle s'abandonnait en liberté à ses sentiments, et la contrainte lui était devenue aussi étrangère que le repentir.

Telle était l'extraordinaire personne qui devait s'emparer pendant toute une année de l'imagination et de l'âme du jeune Goethe. L'impression fut si vive que longtemps après que cette influence mystique fut évanouie, Goethe en retraçant les souvenirs qu'il en avait gardés semblait ému. Émotion de l'imagination peut-être, mais qui ressemble presque à celle du cœur! — S'il faut tout dire, ce qui nous gâte un peu cette sœur Morave, c'est de voir que son mysticisme dérivait trop facilement vers les expériences physiques et sensibles de la théurgie, et s'égarait dans les cornues de l'alchimie à la recherche du grand œuvre. Hélas! ces illuminées ont trop souvent leur imperfection secrète et leur travers. Mme de Krüdner tenait à être belle, à le paraître, à toucher les cœurs plus sensiblement encore que par la grâce mystique qui émanait de son âme. Mlle de Klettenberg poursuivait obstinément la pierre philosophale; elle la cherchait au fond de ses creusets, sans s'apercevoir qu'elle l'aurait trouvée plus sûrement dans le sanctuaire de son cœur, et qu'elle dissipait le trésor intérieur dans ces rites bizarres d'un matérialisme superstitieux.

Voilà Goethe engagé dans la pieuse confrérie. Le voilà même admis aux honneurs, choisi par Mlle de Klettenberg pour étudier avec elle l'*Opus Mago-Cabbalisticum* de Welling, pour chercher avec elle le secret de l'auteur, un instant entrevu et disparaissant tout à coup dans ces alternatives de lumière et d'obscurité qui désespéraient les deux amis. Bientôt cet ouvrage ne leur suffit pas. Ils remontent aux sources; ils étudient avec une sainte fureur les classiques du genre : Paracelse, Basile, Valentin, van Helmont, Starckey et les autres y passent tour à tour; mais toutes les prédilections de Goethe furent pour l'*Aurea catena Homeri*, « dans laquelle la nature est présentée, *bien que d'une manière peut-être fantastique*, dans un bel enchaînement. » Durant un long hiver, sa mère et Mlle de Klettenberg passèrent toutes leurs soirées avec lui à déchiffrer ces grimoires et d'autres semblables. Goethe nous assure que ce furent des soirées charmantes. Cependant on voulut appliquer toute cette science, et les expériences commencèrent. On chercha, d'après les formules de Welling et sous la direction du fameux docteur, à décomposer le fer, qui devait recéler les vertus les plus salutaires, et à volatiliser des alcalis qui devaient, en s'évaporant, s'unir avec les substances éthérées et produire enfin le *sel aérien !* La maison de Mlle de Klettenberg devint une véritable officine d'alchimie à faire envie au docteur Faust. Ce ne furent partout que fourneau à vent, cornues de grande et moyenne grandeur, bains de sable, ballons transformés en capsules, récipients de toute forme pour recueillir les *sels moyens* et la *liqueur des cailloux* (*liquor silicum*). Le résultat le plus clair de toutes ces opérations, qui se faisaient la nuit et dans le plus grand secret, ce ne fut ni le *sel aérien*, ni la *terre vierge*, ni la pierre philosophale ; ce fut d'habituer Goethe aux expériences, et de lui faire acquérir des connaissances utiles en fixant son attention sur les diverses cristallisations qui pouvaient se présenter dans le cours de ces bizarres travaux. Il apprit à distinguer et à classer les formes extérieures de plusieurs substances naturelles, et passa bientôt, par une transition insensible, de *l'Opus Mago-Cabbalisticum* au *Compendium* de chimie de Boerhave. Sa passion scientifique s'éveilla ainsi, et son instruction positive commença au milieu des ingrédients ridicules du *macroscome* et du *microscome*. Tout son temps n'avait pas été perdu.

Nous n'avons pas craint d'insister sur cet épisode étrange de la jeunesse de Goethe, parce que nous surprenons là, sous sa première forme, la plus naïve, un instinct qui persista toute sa vie et qui entraînait son imagination, sinon sa raison, vers les sciences plus ou moins occultes. Il participa ainsi à l'une des tentations de son siècle, et paya de la même rançon l'affranchissement absolu de sa pensée. On a noté depuis longtemps ce trait de toutes les époques sceptiques, le goût du merveilleux. Les croyances superstitieuses semblent être la dernière foi des siècles incrédules. L'*Ane d'Or* d'Apulée est d'un âge où l'on ne croyait plus aux dieux. Voltaire et Diderot n'étaient pas morts que déjà depuis plusieurs années Mesmer, Cagliostro, Saint-Martin, étaient nés. A Paris même, dans la pleine lumière de la civilisation moderne, à deux pas des laboratoires où se développe la science positive, la raison publique est-elle garantie contre toutes les illusions? Ne sommes-nous pas tous les jours témoins de ces entraînements de la curiosité publique, qui se prête avec tant de complaisance aux formes nouvelles de la théurgie du dix-neuvième siècle? On dirait que la population qui s'estime elle-même la plus spirituelle du monde, qui en est à coup sûr la plus sceptique, laisse parfois son bon sens aller à la dérive ou s'entraîner lui-même dans un vertige. Si la foi a baissé parmi nous, ne semble-t-il pas que ce soit au profit d'une sorte de folie mystique ?

Goethe ressentit toujours un certain attrait pour ce *côté nocturne* de la science et de la nature. Longtemps après les rêveries cabalistiques de sa dix-neuvième année, quand il écrivait son *Traité des Couleurs*, voyez de quel ton indulgent il parle de Paracelse et de ses successeurs, comme il plaide en leur faveur les circonstances atténuantes et développe avec complaisance ce qu'on pourrait appeler la philosophie de l'alchimie ! « Si l'on considère, dit-il, l'alchimie en général, on reconnaît que son point de départ est le même que celui des autres superstitions ; c'est un mélange de faux et de vrai, un bond par lequel nous nous élançons de l'idée à la réalité, une fausse application du sentiment, une promesse menteuse qui flatte nos illusions et nos souhaits. Si l'on regarde comme les plus hautes aspirations de la raison les trois idées si intimement liées l'une à l'autre de Dieu, de la vertu et de l'immortalité, on trouvera trois idées terrestres qui leur correspondent, l'or, la santé, la longévité. L'or est aussi puissant sur la terre que Dieu l'est dans l'univers ; la santé et la vertu sont étroitement unies : aussi désirons-nous un esprit sain dans un corps sain ; la longévité correspond à l'immortalité. S'il est noble de développer en soi ces trois hautes idées et de les cultiver pour l'éternité, il sera également désirable d'acquérir la puissance sur les idées terrestres qui leur correspondent... Or ces trois éléments de la plus parfaite félicité dont nous puissions jouir ici-bas paraissent si étroitement unis, qu'il semble tout naturel de les réaliser par un seul moyen[1]. » Il ne méprise pas la magie naturelle, et à l'occasion de Jean-Baptiste Porta il montre qu'il y a une certaine grandeur dans cette illusion qui, sous une forme ou sous une autre, vient tenter l'esprit humain. « La magie naturelle espère, dit-il, par l'emploi des moyens actifs, excéder les limites du pouvoir ordinaire de l'homme et atteindre à des effets qui dépassent la réalité. Et pourquoi désespérer du succès d'une telle entreprise ? Les changements et les métamorphoses se passent devant nos yeux sans que nous puissions les comprendre. Il en est de même d'une foule d'autres phénomènes que nous découvrons et que nous remarquons chaque jour, ou qui peuvent se prévoir, se conjecturer.... Qu'on songe à la puissance de la volonté, de l'intention, du désir, de la prière! Combien se croisent à l'infini les sympathies, les antipathies, les idiosyncrasies!... Chez tous les peuples et dans tous les temps, nous trouvons une impulsion générale vers la magie. » L'observation qui termine cette apologie étrange ne manque pas de profondeur. L'activité de notre esprit, son ambition de s'emparer par des moyens extraordinaires des puissances de la nature, sont d'autant plus marquées que le cercle de ses connaissances

---

1. *Traité des Couleurs.* Voyez l'analyse de cet ouvrage et la traduction des passages les plus intéressants dans le livre de M. Faivre, *OEuvres scientifiques de Goethe.*

positives est plus étroit. A mesure que par sa puissance d'intuition bien dirigée il a étendu le cercle de ses connaissances, l'homme possède un plus grand nombre d'éléments naturels, de forces élémentaires, qui, rattachées entre elles par les liens de l'esprit, produisent enfin un art digne de son attention. — N'est-ce pas encore de la *magie naturelle* dans le vrai sens du mot que cet empire sur la nature conquis par la science, exercé par l'esprit souverain et roi ?

Dans ces divers jugements, prononcés par Goethe à quarante années de distance, nos retrouvons l'impression persistante et le souvenir indulgent des magiques expériences conduites par Mlle de Klettenberg, qui passionnèrent un instant son imagination de jeune homme. L'année suivante, à l'université de Strasbourg, où il acheva ses études de droit et gagna ses diplômes, il se livra avec ferveur à l'étude des sciences naturelles, en même temps qu'il s'initiait, sous la direction de Herder, très-jeune encore et déjà célèbre, à l'étude des idées littéraires dans leurs rapports avec les mœurs et à la philosophie de l'art. Il relut avec lui la Bible, Homère, Shakespeare ; il apprit à interpréter le langage symbolique de l'art allemand au moyen âge ; il remonta aux origines des civilisations ; il commença à distinguer la poésie artificielle de la poésie naturelle, celle qui n'est que le résultat des règles et des conventions de celle qui jaillit du cœur de l'homme touché par la réalité, sollicité par la vie. Toute cette période de la vie de Goethe, qui suivit son départ de Strasbourg, est presque exclusivement consacrée à l'art. Sa philosophie d'illuminé fut quelque peu éclipsée et obscurcie par la splendeur de la nature vivante, qui fit irruption dans son âme et de là jaillit au dehors en magnifiques inspirations. C'est l'heure décisive du poëte et de l'artiste, c'est le printemps de son génie; c'est ce divin moment où tout éclôt à la fois dans cette âme, la poésie et l'amour, où s'ébauchent dans sa pensée les premières scènes de *Faust*, où s'achève le grand drame de l'Allemagne au moyen âge, *Goetz de Berlichingen*, où les *Souffrances du jeune Werther* vont éclater au grand jour, ou tant de merveilleux petits poëmes et de *Lieder* d'une naïveté pleine d'art prennent leur volée à travers la patrie émue, et se répandent d'échos en échos comme la voix enchantée de la jeunesse et de l'Allemagne nouvelle.

Et pourtant le brillant poëte n'était pas encore entièrement sorti des régions ténébreuses où l'avait entraîné sa « chimie mystique. » L'obsession, la possession, si l'on veut, durait encore, se renouvelait sous différentes formes. Il avait à traverser une dernière épreuve avant de s'affranchir : je veux parler de sa rencontre avec Lavater et des aventures intellectuelles où il fut entraîné pendant quelque temps dans cette singulière compagnie.

Le plus curieux portrait que l'on puisse tracer de ce doux rêveur, légèrement fou, une des singularités du xviii° siècle, quelque peu homme de génie, au demeurant excellent homme, c'est Goethe qui nous en fournit les éléments. A diverses époques de sa vie, dit-il, il fut conduit à méditer sur cette nature, une des meilleures avec lesquelles il eût vécu dans la plus complète intimité, et il écrivit à plusieurs reprises les réflexions qu'elle lui avait inspirées. Il nous donne une raison touchante pour nous expliquer cette insistance. L'opposition de leurs tendances, manifestée après une assez longue intimité, les ayant rendus peu à peu étrangers l'un à l'autre, il ne voulut pas cependant laisser déchoir dans son esprit l'idée de cette belle âme, et, pour en conserver la vive et digne empreinte, il aimait à se la représenter devant les yeux. C'est ainsi que furent écrites, sans liaison entre elles, à d'assez longs intervalles, les pages très-intéressantes et très-animées où apparaît Lavater. Nous emprunterons à ces divers portraits, dispersés à travers les *Mémoires* et les *Entretiens*, quelques-uns des traits les plus saillants qui, en nous révélant l'aimable et bizarre modèle, nous révèlent quelque chose aussi du peintre et des impressions diverses qu'il en reçut. C'est surtout cela que nous y avons cherché.

Peu de gens, nous dit Goethe, ont pris plus sérieusement à cœur de se manifester aux autres, et c'est par là essentiellement que Lavater fut instituteur. Cependant, quoique ses efforts eussent aussi pour objet le perfectionnement intellectuel et moral des autres, ce n'était pas le dernier terme auquel il tendait. Son occupation principale était la réalisation de la personne du Christ. De là cet empressement presque fou à faire dessiner, copier, imiter l'une après l'autre des images du Christ, dont aucune à la fin ne pouvait naturellement le satisfaire. « Comme il acceptait Jésus-Christ à la lettre, tel que l'Écriture le donne, cette idée lui servait à tel point de supplément pour sa propre existence qu'il incarna idéalement l'Homme-Dieu à sa propre humanité, jusqu'à ce qu'il les eût réellement confondus en un seul être, qu'il se fût *unifié* avec lui ou qu'il s'imaginât être réellement le Christ. » — Il était arrivé à cette conviction, qu'on peut faire des miracles aujourd'hui tout aussi bien qu'au temps où le Christ en faisait, et il en fit. « Comme il réussit quelquefois à obtenir instantanément, par la ferveur presque véhémente de ses prières, l'issue favorable d'accidents très-menaçants, les objections de la froide raison ne purent jamais ébranler sa foi en sa propre puissance. » Pénétré du sentiment de la grande valeur de l'humanité régénérée par Jésus-Christ et destinée à une heureuse éternité, mais connaissant aussi les besoins divers de l'esprit et du cœur, sentant lui-même s'étendre à l'infini ce désir auquel nous convie en quelque sorte sensiblement le ciel étoilé, il esquissa ses *Perspectives sur l'éternité*, qui durent sembler fort étranges à la plupart de ses contemporains; mais tous ces efforts, ces désirs, ces entreprises, pesèrent moins dans la balance de l'opinion que le génie physiognomonique dont la nature l'avait doué.

Grâce à l'idée pure de l'humanité qu'il portait en lui, à la vivacité et à la délicatesse d'observation qu'il exerça d'abord par instinct, d'une manière superficielle et accidentelle, puis avec réflexion, d'une façon méditée et réglée, Lavater était au plus haut degré en mesure d'apercevoir, de connaître, de distinguer et même d'exprimer les traits caractéristiques des individus. Tous les talents qui reposent sur une disposition naturelle décidée nous semblent avoir quelque chose de magique, parce que nous ne pouvons subordonner à une idée ni ce talent, ni ses effets. Et véritablement la pénétration de Lavater à l'égard des individus passait toute imagination ; on s'étonnait à l'entendre parler confidentiellement de tel ou tel : c'était même une chose redoutable de vivre auprès d'un homme qui voyait clairement les limites dans lesquelles il avait plu à la nature de vous enfermer... Il se plaisait à étendre son influence dans une vaste sphère; il ne se trouvait bien que dans la communauté, au milieu d'une société nombreuse qu'il savait intéresser et instruire avec ce rare talent et ses dons de physionomiste. Ce juste discernement des personnes et des esprits apercevait tout d'abord les dispositions morales de chacun. Il n'en profitait que pour leur perfectionnement. Si un aveu sincère, une question loyale, venaient se joindre à sa divination merveilleuse, il trouvait dans le riche trésor de son expérience intérieure et extérieure une réponse appropriée à chacun et de nature à satisfaire. Avait-il affaire à la présomption et à la vanité, il savait s'y prendre avec beaucoup de calme et d'adresse, car, en paraissant esquiver une discussion compromettante, il présentait tout à coup, *comme un bouclier de diamant*, une grande vue, une grande idée à laquelle l'adversaire ignorant n'avait pu penser de sa vie, et il savait toutefois tempérer si agréablement la lumière qui en jaillissait, que ces hommes se sentaient instruits et convaincus, du moins en sa présence. Chez plusieurs peut-être, l'impression s'est continuée, car les hommes vains peuvent être bons aussi : il ne s'agit que de détacher par une douce influence la dure écorce qui enveloppe le noyau fécond. — Ce qui lui causait la peine la plus vive, c'était la présence de ces personnes que leur laideur devait marquer irrévocablement comme les ennemis décidés de sa doctrine sur la signification des physionomies. Elles employaient avec une malveillance passionnée et un scepticisme mesquin assez de bon sens, de talent et d'esprit à combattre une doctrine qui semblait offensante pour leurs personnes, car il ne s'en trouvait guère qui, avec la grandeur d'âme de Socrate, eussent présenté justement leur enveloppe de satyre comme le témoignage honorable d'une moralité acquise en dépit de la nature. La dureté, l'obstination de ces adversaires, le faisaient frémir : il leur opposait une résistance passionnée ; sa pensée s'allumait : c'était comme le feu qui, dans la forge, saisit les minerais réfractaires et les embrase[1].

---

1. *Vérité et Poésie*, troisième et quatrième parties, *passim*.

Tel était le voyageur qui s'annonça un jour à Goethe comme devant faire le voyage du Rhin et passer bientôt à Francfort. Ils étaient, depuis un an environ, entrés en relation l'un avec l'autre à l'occasion de la *Lettre du pasteur à ses collègues*, une de ces petites compositions de sa première jeunesse que Goethe appelle lui-même *sibyllines*, et qu'il avait écrites sous l'inspiration de la théologie malsaine de Hamann, *le mage du Nord*. Certain passage de cette *Lettre*, où se trouvaient indiquées des vues sur un christianisme romantique, avait beaucoup frappé Lavater, qui écrivit à l'auteur. Sa correspondance devint bientôt très-active avec ce jeune homme, qui pouvait devenir un brillant adepte. Il entreprit de le convertir d'abord au christianisme pratique, expérimental, sans doute pour l'amener ensuite au *système physiognomonique*; mais il rencontra une résistance inattendue dans la première partie de son programme. — « Mes relations avec la religion chrétienne étaient tout entières d'intelligence et de sentiment, et je n'avais pas la moindre idée de cette parenté physique, de cette identité réelle avec le Christ à laquelle Lavater inclinait. Je trouvai donc fâcheuse la vive importunité avec laquelle il me poursuivait, soutenant qu'on devait être chrétien avec lui, chrétien à sa manière, ou bien qu'on devait le convaincre aussi de la vérité dans laquelle on trouvait son repos. Quand il finit par me présenter ce dilemme rigoureux : ou chrétien ou athée, je lui déclarai nettement que, s'il ne voulait pas me laisser mon christianisme tel que je l'avais nourri jusqu'alors, je pourrais bien me décider pour l'athéisme, d'autant plus que personne ne me semblait savoir exactement ce qu'étaient l'une et l'autre croyance. » La vivacité de cette repartie ne troubla point la bonne harmonie des deux correspondants, qui étaient devenus amis à distance. La foi de Lavater dans sa doctrine, sa douce obstination ne se décourageaient pas pour si peu. D'ailleurs, religion à part, Goethe prenait un vif intérêt au système de Lavater, et il fut ému comme le public à la nouvelle de la prochaine arrivée de l'homme célèbre dont les idées étaient devenues le sujet de toutes les conversations, le texte de toutes les controverses. « Notre première entrevue fut cordiale, nous nous embrassâmes avec la plus vive affection. Je le trouvai tel que de nombreux portraits me l'avaient déjà fait connaître. Je voyais devant moi, vivant et agissant, un personnage unique, distingué, tel qu'on n'en a point vu et qu'on n'en verra plus. Lui, au contraire, il laissa paraître dans le premier moment, par quelques exclamations singulières, qu'il s'était attendu à me voir autrement. Je lui assurai de mon côté, avec mon réalisme naturel et acquis, que, puisqu'il avait plu à Dieu et à la nature de me faire ainsi, nous devions nous en contenter. » Malgré tout, malgré la confiance de Goethe en lui-même et dans sa nature originale, je suppose qu'il eût été flatté de produire une autre impression. Il avoua lui-même plus tard qu'il avait toujours éprouvé auprès de Lavater une certaine angoisse. « En s'emparant de nos qualités par son art de divination, il devenait dans la conversation le maître de nos pensées. »

L'impression que produisit Lavater en Allemagne fut vive. « Son regard doux et profond, sa bouche expressive et gracieuse, et jusqu'au naïf dialecte suisse qu'on entendait à travers son haut allemand, bien d'autres choses encore qui le distinguaient, donnaient à tous ceux auxquels il adressait la parole le calme d'esprit le plus agréable ; son attitude même, un peu penchée en avant, qui tenait à la conformation de sa poitrine, contribuait sensiblement à établir une sorte de niveau entre cet homme supérieur et le reste de la compagnie. » La mystique amie de Goethe, Mlle de Klettenberg, ne fut pas la dernière à fêter l'arrivée du pieux personnage. Ces deux folies douces se comprirent aussitôt. Elle quitta son laboratoire, ses fourneaux et l'espoir de la pierre philosophale pour ces plaisirs d'un ordre supérieur, ces voluptés toutes spirituelles de l'extase en commun. Goethe était le confident, mais un confident bien dissipé, un peu mécréant, tantôt frivole, tantôt sceptique. « Les relations mutuelles de mes deux amis, leurs sentiments l'un pour l'autre, m'étaient connus, non-seulement par leurs entretiens, mais aussi par les confidences qu'ils me faisaient tous deux. Je n'étais parfaitement d'accord ni avec l'un ni avec l'autre, car mon Christ avait aussi emprunté à ma manière de sentir sa figure particulière. Et comme ils ne voulaient nullement me passer le mien, je les tourmentais par toute sorte de paradoxes et d'exagérations, et, s'ils me témoignaient de l'impatience, je m'éloignais avec une plaisanterie, quelquefois avec un raisonnement. En matière de croyance, leur disais-je, l'essentiel, c'est de croire : ce que l'on croit est complétement indifférent. La foi est un grand sentiment de sécurité pour le présent et pour l'avenir, qui repose sur la confiance en un être infini, tout-puissant et impénétrable. L'essentiel est que cette foi soit inébranlable. Quant à la manière dont nous nous représentons cet être, elle dépend de nos autres facultés, des circonstances mêmes, et elle est tout à fait indifférente. La foi est un vase saint dans lequel chacun est prêt à sacrifier, autant qu'il est en lui, son sentiment, sa raison, son imagination. La science est tout le contraire : l'essentiel n'est pas le savoir, c'est l'objet, la qualité, l'exactitude et l'étendue du savoir. »

L'action de Lavater fut cependant assez forte pour entraîner Goethe à sa suite dans le voyage pieusement triomphal qu'il accomplit sur les bords du Rhin, à Ems, à Nassau, à Coblentz, à Cologne. Lavater allait bénissant, convertissant, sans oublier de prêcher son petit système, et mêlant si bien les deux prédications qu'il devenait difficile de les distinguer. Chemin faisant, il faisait faire le portrait d'une foule d'hommes diversement célèbres, plus ou moins marquants, qu'il intéressait personnellement au succès d'un livre dans lequel ils devaient figurer eux-mêmes. Il procédait de même avec les artistes, les pressant tous de lui envoyer des dessins pour son grand ouvrage, demandant de divers côtés des gravures sur cuivre, et en même temps recueillant à mesure ses observations, notant ses expériences, transformant de plus en plus son voyage en une sorte de prospectus en acte de son grand ouvrage. Les villes lui faisaient fête, les châteaux se disputaient l'honneur de sa présence. Quelques nobles dames surtout, telles que Mme de Stein et Mme de La Roche, qui étaient beaucoup mieux disposées que les hommes aux mystères de la spiritualité, faisaient de leur enthousiasme aristocratique la plus efficace réclame au mystique voyageur. Goethe, tout illustre que fût déjà l'auteur des *Souffrances du jeune Werther*, n'était guère, comme il le dit plaisamment, que la queue vaporeuse de la grande comète. Il se fatigua de ce rôle et fit des réflexions. Il ne put se dissimuler qu'il y avait dans tout ce qui se passait autour de lui un singulier mélange de spiritualité et de diplomatie candide, que les voies terrestres et mystiques se mêlaient parfois devant la marche incertaine du prophète. Il l'excusait sans doute, il se disait que son célèbre ami avait véritablement des desseins très-élevés, et qu'il pouvait bien croire de très-bonne foi que la fin justifie les moyens; mais enfin, en observant de plus en plus Lavater, en lui découvrant librement son opinion, en recevant en retour ses confidences, il arriva à comprendre que l'homme éminent éprouve irrésistiblement le désir de répandre au dehors l'idée divine qui est en lui, qu'ensuite malheureusement il entre en contact avec le monde grossier; et que pour agir sur lui il doit se mettre à sa mesure, que par là il sacrifie une grande partie de sa prééminence, et à la fin s'en dessaisit tout à fait ; que le divin, l'éternel s'abaisse et s'incorpore en des vues terrestres, et qu'il est entraîné avec elles dans des destinées passagères. Lavater lui parut digne à la fois de respect et de pitié, car il prévit que le missionnaire de l'idée divine pourrait bien se trouver un jour contraint de sacrifier le *supérieur* à l'*inférieur*. Et comme, dans son ardente pensée, toute grande conception prenait la forme esthétique, il conçut l'idée d'un drame dont Mahomet serait le héros, et dans lequel il le représenterait non pas, selon le point de vue étroit et vulgaire de Voltaire, comme un imposteur, mais comme un enthousiaste sincère, ramené du ciel à la terre par la lutte et par la résistance aveugle des hommes, finissant par être un politique après avoir été un saint. Ainsi se consolait-il en transformant sa découverte en théorie philosophique et sa théorie en drame.

De ce moment toutefois le charme était rompu, et Goethe laissa Lavater poursuivre seul ses triomphes. Il le revit un an après, en 1775, dans le voyage qu'il fit en Suisse avec les frères Stolberg. La réception fut gaie, cordiale. Il le retrouva tel qu'il l'avait quitté, indulgent, toujours bénissant, édifiant, à moitié ecclésiastique, à moitié éditeur, fort préoccupé des frais matériels dans lesquels la *Physiogno-*

monie l'entraînait et des objections qui s'amassaient de tous côtés contre l'ouvrage avant même qu'il eût paru. Goethe l'aida de toutes ses forces, de toute sa science, de tout son esprit pendant son séjour à Zurich; plus tard, longtemps après la mort de Lavater, il avoua un jour que tout ce que la *Physiognomonie* contient sur le cerveau des animaux était de lui, et, revenant sur cet épisode de son aventureuse jeunesse, il résumait ses impressions dans ces paroles caractéristiques : « Lavater était un homme tout à fait excellent, mais il obéissait à de fortes illusions, et la vérité stricte n'était pas dans ses goûts; il trompait et lui-même et les autres. C'est là ce qui amena entre nous une rupture complète. Je l'ai vu pour la dernière fois à Zurich, sans qu'il me vît. J'allai déguisé à la promenade; je le vis venir vers moi, je me détournai, il passa devant moi sans me voir. Sa démarche était celle d'une autruche : voilà pourquoi, sur le Blocksberg, il apparaît sous cette forme[1]. » Et voilà comment se termina cette grande amitié mystique : Lavater figurant sous la forme d'une autruche dans la seconde partie du *Faust!*

1. *Conversations avec Eckermann*, t. II, p. 91.

CHAPITRE II.

HISTOIRE DE L'ESPRIT DE GOETHE (SUITE). — GOETHE ET SPINOZA.

Goethe s'était séparé brusquement de Lavater. En même temps et du même coup s'était terminée pour lui cette période, remplie d'obscurités et de contradictions, pendant laquelle l'illuminisme et le scepticisme se disputent l'orageux empire de ce grand esprit en voie de formation, et que l'on pourrait appeler d'un mot qui lui est cher, *les années d'apprentissage du jeune Wolfgang à la recherche d'une philosophie*. Après quelques tentatives avortées pour s'entendre avec les Moraves, dont la doctrine commençait à poindre, Goethe renonça définitivement aux voies mystiques, pour lesquelles il n'était pas fait. Le résultat le plus clair de tous ces efforts contradictoires fut que le vieux fond de christianisme conservé depuis son enfance se décomposa dans son esprit, et que la dernière barrière était tombée, quand il se mit à relire et à méditer Spinoza. Si la poésie, comme il aimait à le dire, fut sa délivrance pour tous les chagrins et les désespoirs de sa jeunesse, le spinozisme fut, à cette heure de sa vie, son affranchissement pour les inquiétudes et les agitations sans but de sa pensée, pour toutes les tentations de cette mobile et fantasque curiosité qui l'égarait dans le chimérique en poursuivant l'inconnu. Après tout, pour ce libre génie, que le christianisme n'avait pu retenir, qui ne connaissait la vraie métaphysique que par des traditions affaiblies d'école, mieux valait cet entretien viril avec un penseur du premier ordre qu'un commerce affadissant avec l'alchimie sentimentale de Mlle de Klettenberg ou la *Christologie* humanitaire de l'onctueux Lavater. Avec Spinoza, il s'imagina qu'il rentrait enfin dans la pleine possession de lui-même et dans la direction naturelle de son esprit, selon ses vrais instincts et ses tendances innées. Sa nature crut se reconnaître dans l'inspiration générale de l'*Éthique*. Ce fut véritablement pour lui un apaisement et une délivrance.

C'est dans un séjour à la campagne, chez Jacobi, que cette claire révélation du spinozisme se fit ou plutôt se confirma dans son esprit. La date de cet événement resta mémorable pour lui, et il la célèbre avec une sorte de solennité dans les annales de sa vie. Il s'était déjà senti vivement attiré de ce côté. A Francfort[1], il avait trouvé un jour dans la bibliothèque de son père un petit livre dont l'auteur combattait avec passion Spinoza, et, pour produire plus d'effet, avait placé le portrait du juif hollandais en regard du titre avec cette inscription : *Signum reprobationis in vultu gerens.* « Et certes on ne pouvait le nier à cause du portrait, car la gravure était misérable, une vraie caricature. Cela rappelait ces adversaires qui commencent par défigurer celui auquel ils veulent du mal, et qui le combattent ensuite comme un monstre. » L'auteur de ce pamphlet était de cette école pieuse qui, dès la fin du dix-septième siècle, affecta de confondre le spinozisme avec l'athéisme pur. A cette école appartenait le doux Malebranche, qui, dans sa correspondance, traite tout simplement Spinoza de *misérable athée*, sans doute pour décliner, par la violence exagérée de l'expression, tout soupçon de parenté entre l'*Éthique* et *la Recherche de la vérité.* — Ce méchant petit livre ne fit aucune impression sur Goethe, « parce qu'en général il n'aimait pas les controverses, et qu'il préférait toujours apprendre de l'homme ce qu'il pensait plutôt que d'entendre dire à un autre ce que cet homme aurait dû penser. » La curiosité l'engagea pourtant à lire l'article *Spinoza* dans le dictionnaire de Bayle.

Il en fut assez mécontent, sans doute parce qu'il

---

[1]. *Vérité et Poésie*, quatrième partie.

ne saisit pas, à une lecture rapide et superficielle, le procédé ironique de Bayle, qui aime à cacher sa vraie pensée sous une affectation d'orthodoxie, de bonhomie et de bavardage. « On commence par déclarer l'homme athée et ses doctrines extrêmement condamnables, puis on avoue qu'il était paisible, méditatif, appliqué à ses études, bon citoyen, ami expansif, tranquille et doux, en sorte qu'on paraissait avoir entièrement oublié la parole de l'Évangile : « Vous les reconnaîtrez à leur fruits. » En effet, comment une vie agréable à Dieu et aux hommes résultera-t-elle de maximes funestes? Je me rappelais encore très-bien le calme et la clarté qui s'étaient répandus en moi, lorsqu'un jour j'avais parcouru les ouvrages laissés par ce penseur original. L'effet était encore parfaitement distinct, mais les détails étaient effacés de ma mémoire. Je m'empressai donc de revenir à ses écrits, auxquels j'avais eu tant d'obligations, et je sentis l'impression du même souffle de paix. Je m'adonnai à cette lecture, et je crus, portant mes regards en moi-même, n'avoir jamais eu une vue si claire du monde.» Dans une autre partie de ses *Mémoires*, faisant allusion aux tentations qui avaient séduit un instant son esprit et l'avaient sollicité dans les sens les plus contradictoires tantôt vers la chimie mystique, tantôt vers les doctrines des frères moraves, dans les intervalles de « ses dissipations », Goethe exprime avec ravissement le bonheur intellectuel que lui donna la lecture de Spinoza. « Après avoir cherché vainement dans le monde entier un moyen de culture pour ma nature étrange, je finis par rencontrer l'*Éthique*. Ce que j'ai pu tirer de cet ouvrage, ce que j'ai pu y mettre du mien, je ne saurais en rendre compte; mais j'y trouvais l'apaisement de mes passions, une grande et libre perspective sur le monde sensible et le monde moral semblait s'ouvrir devant moi. » Telles étaient ses impressions d'esprit, vers la fin de ce fameux voyage avec Lavater (1774), lorsque, fatigué de sa courte folie, mécontent « d'avoir trouvé pour son cœur et pour son âme si peu d'aliments » dans ce voyage qui devait être une initiation, il méditait déjà de quitter son compagnon de route. Il descendait le Rhin alors, et l'élargissement du fleuve invitait son imagination à s'étendre et à se porter au loin. Peu à peu il voyait fuir les rives de sa pensée et la sentait elle-même, apaisée, élargie, descendre avec Spinoza vers cet autre océan, l'infini.

Il arriva ainsi à Pempelfort, dans la famille du célèbre Jacobi, dont il nous a laissé une peinture enchanteresse. On sent à l'émotion de l'écrivain, quand, après tant d'années écoulées, après tant d'événements qui devaient séparer Goethe et Jacobi, il retrace les jours passés au milieu de cette aimable famille, dans le plus riant séjour, qu'il y eut là quelques-unes de ces heures privilégiées de la jeunesse, de l'amitié, qui ne reviennent plus. Il n'y a vraiment qu'un moment dans la vie pour ces effusions, pour cet épanouissement de l'âme, pour cette plénitude de bonheur intellectuel et d'harmonie morale. Il faut pour cela non-seulement une rencontre de circonstances inespérées, la saison propice, un site inspirateur, de longs et doux loisirs, l'atmosphère sympathique d'une société affectueusement empressée, il faut aussi cette liberté absolue d'esprit que l'âge enlève. Plus tard, la vie accentue un peu trop les intelligences et les caractères; chacun a pris le pli de son idée ou de son habitude morale; les intelligences peuvent s'harmoniser encore, les âmes ne peuvent plus se fondre. D'ailleurs, la période d'initiation une fois achevée dans l'existence de chacun de nous, où trouver ces ardeurs candides et fraternelles, ces élans en commun vers la vérité à peine entrevue ou encore invisible, cette émulation des nobles curiosités qui cherchent ensemble bien haut, aussi haut qu'elles peuvent monter, cette bonne foi absolue en face de l'inconnu immense ou cette charité de la pensée qui ne croit pas s'appauvrir en partageant le divin trésor? Heures inspirées, jours remplis des plus poétiques travaux, soirées affectueuses où chacun communique librement ses inspirations du jour, nuits consacrées aux entretiens les plus graves, prolongés jusqu'au matin, Goethe a connu vos belles ivresses, et dans quel style ému il en a fixé le souvenir!

« Je trouvais infiniment attrayante et agréable la tendance naturelle de Jacobi à poursuivre l'impénétrable. Ici ne se produisait aucune controverse chrétienne comme avec Lavater. Les pensées que me communiquait Jacobi jaillissaient directement de son cœur, et comme j'étais pénétré, lorsqu'il me révélait avec une confiance absolue les plus intimes aspirations de son âme! Dans la première action et réaction des idées contradictoires qui s'étaient succédé dans mon esprit, tout fermentait et bouillonnait en moi. Jacobi, à qui je laissai apercevoir ce chaos, lui qui était naturellement porté à descendre dans les profondeurs, accueillit avec cordialité ma confiance, y répondit et s'efforça de m'initier à ses idées. Lui aussi il éprouvait d'inexprimables besoins spirituels, lui aussi il refusait de les apaiser par des secours étrangers; il voulait se former et s'éclairer lui-même. Cette pure parenté intellectuelle que je sentais avec lui était nouvelle pour moi, et m'inspirait un ardent désir de continuer ces échanges d'idées. La nuit, quand nous étions déjà séparés et retirés dans nos chambres, j'allais le visiter encore; le reflet de la lune tremblait sur le large fleuve, et nous, à la fenêtre, nous nous abandonnions avec délices aux épanchements mutuels qui jaillissent avec tant d'abondance dans ces heures admirables d'épanouissement.... Je jouissais ainsi profondément d'une liaison formée par ce qu'il y a de plus profond dans les âmes. Nous étions animés tous deux par la plus vive espérance d'exercer une action commune. Je le pressai d'exposer vigoureusement, sous une forme quelconque, tout ce qui fermentait dans son esprit; c'était le moyen dont je m'étais servi pour m'arracher aux troubles qui m'avaient obsédé : j'espérais aussi qu'il trouverait le moyen de son goût. Il ne tarda pas à se mettre à l'ouvrage, et que de choses bonnes et belles et satisfaisantes pour le cœur n'a-t-il pas produites ! Nous nous quittâmes enfin dans le délicieux sentiment d'une éternelle union, bien éloignés de pressentir que nos tendances suivraient une direction opposée, comme il ne parut que trop par la suite [1]. » Je ne sais par quelle affinité d'idées cette page de Goethe, quand je la relis, me rappelle irrésistiblement celle de M. Jouffroy où le mélancolique penseur raconte par quelle suite d'impressions, dans une triste et longue nuit d'hiver, il se vit dépossédé de son tranquille bonheur, de la foi de son enfance, il sentit « sa première vie, si riante et si pleine, s'éteindre, et derrière lui s'en ouvrir une autre sombre et dépeuplée où désormais il allait vivre seul, seul avec cette fatale pensée qui venait de l'y exiler et qu'il était tenté de maudire. » Je m'empresse de le dire, les impressions que produisent ces deux pages, celle du poëte et celle du philosophe, sont des impressions opposées, et ce n'est que par l'opposition même que je puis être tenté de rapprocher ces confidences et les intelligences d'où elles sont sorties; mais est-ce la première fois que dans l'ordre des sentiments et des idées deux situations contraires s'éclairent l'une par l'autre ?

Tout ici diffère : la nature extérieure et les âmes;

---

[1]. *Vérité et Poésie*, troisième partie, liv. XIV.

mais que d'enseignements dans ce contraste même!
Quelle tristesse dans la confidence de Jouffroy,
quelle teinte lugubre dans ses idées! Tout conspire
à jeter sur cette scène un air de désolation : cette
soirée de décembre, cette chambre étroite et nue où
retentissaient longtemps après l'heure du sommeil
les pas du promeneur solitaire, cette lune, à demi
voilée par les nuages, qui en éclairait par intervalles
les froids carreaux, les heures glacées de la nuit qui
s'écoulaient sans qu'il s'en aperçût pendant qu'il
suivait sa pensée descendant de couche en couche
vers le fond de sa conscience et dissipant l'une
après l'autre les dernières illusions, le rêveur tout
seul, en proie à l'angoisse, écoutant au fond de lui-
même ce grand écroulement du passé, son anxiété
presque désespérée en face de l'inconnu qui commence pour lui. Ici au contraire comme tout est
brillant, lumineux, rempli de sérénité! Comme tout
respire la confiance et l'espoir! Cette belle nuit
d'été, ce reflet de la lune qui tremble sur le large
fleuve, le Rhin paisible, étalé au loin à travers la
campagne, la calme magnificence de cette nature
qui se repose, ces deux amis appuyés l'un sur l'autre près de cette fenêtre ouverte, s'abandonnant à la
délicieuse extase des grands entretiens, se confiant
leurs vastes espérances, s'excitant à une action
commune, et s'emparant déjà en pensée de l'avenir
qu'ils comptent dominer, toute cette scène n'est-elle
pas en harmonie avec cette tranquillité superbe qui
sera le caractère même du génie de Goethe? Nous le

voyons ici, à ce moment de sa vie où le *chaos* de ses idées se débrouille, où, pacifié dans ses troubles intérieurs, réconcilié avec ses instincts, il sent tressaillir en lui des facultés presque infinies que jusqu'au dernier jour d'une longue vie la plus heureuse fécondité ne devait pas tarir. Dans l'écroulement de ses croyances passées, ni angoisses ni désespoir; au contraire, une sécurité complète qui se fait en lui en face du problème des choses, fondée non sur l'espoir de le résoudre, mais sur une confiance absolue en soi, sur une foi dans son génie assez forte pour se dispenser de tout point d'appui extérieur, sur l'orgueil presque olympien de la pensée, qui se console de ne pas remplir toute la sphère des idées, ni celle de l'art, par la certitude qu'aucune pensée mortelle ne la remplira. Encore une fois, ce n'est pas là un rapprochement factice que nous avons cherché, c'est un pur contraste de sensations qui nous poursuit. Il y a ainsi de ces associations singulières d'impressions qui s'imposent à vous, que connaissent bien tous ceux qui ont passé leur vie dans les livres, et dont on ne se délivre un jour qu'en les exprimant.

Quel était le sujet habituel de ces entretiens de Pempelfort dont on nous a transmis l'immortel souvenir? C'était, nous le savons, la doctrine de Spinoza. Plus avancé que lui dans la méditation philosophique et même dans l'étude de Spinoza, Jacobi cherchait à diriger, à éclairer les efforts de son jeune ami vers son affranchissement définitif. Ici cependant se pose naturellement une question qui nous a souvent arrêté dans l'étude de Goethe : par quelles affinités électives Goethe s'est-il senti attiré de ce côté? Comment a-t-il pu devenir spinoziste? Lui-même a bien aperçu cette singulière antinomie de sa destinée philosophique, et il a essayé de la résoudre en quelques mots. « On ne peut méconnaître, dit-il, qu'en cette circonstance encore la plus intime union résulta des contrastes.... Le calme de Spinoza, qui apaisait tout, contrastait avec mon élan, qui remuait tout; sa méthode mathématique était l'opposé de mon caractère et de mon exposition poétique, et c'était précisément cette méthode régulière, jugée impropre aux matières morales, qui faisait de moi son disciple passionné, son admirateur le plus prononcé. L'esprit et le cœur, l'intelligence et le sentiment, se recherchèrent avec une sorte de sympathie nécessaire, et par elle s'accomplit l'union des êtres les plus différents. » Cette explication jetée en passant est incomplète et superficielle. Goethe s'approche de plus près de ce que je crois être sur ce point la vérité psychologique, lorsqu'il dit ailleurs « qu'il n'a pas eu la présomption de croire entendre parfaitement un homme qui, disciple de Descartes, s'est élevé par une culture mathématique et rabbinique à une hauteur de pensée où l'on voit, jusqu'à nos jours, le terme de tous les efforts de la spéculation, » et surtout lorsqu'il ajoute « qu'il n'aurait pas voulu signer tous les écrits de Spinoza et les avouer littéralement, ayant trop bien reconnu qu'aucune personne n'en comprend une autre, et que la même conversation, la même lecture, éveillent chez différentes personnes différents ordres d'idées. » Voilà le vrai; mais la pensée de Goethe n'est qu'indiquée. Elle mérite d'être approfondie et développée. La question en vaut la peine. Il semble que le penseur idéaliste, le géomètre de l'absolu, aurait eu quelque peine à se reconnaître dans ce libre disciple, amoureux de la lumière et de la forme, affranchi de toute formule, ennemi de la métaphysique. Au fond du spinozisme de Goethe, n'y aurait-il pas quelque malentendu?

Ouvrez l'*Éthique* en sortant de la lecture de *Faust*. Quel contraste! Il semble que nous soyons portés tout d'un coup aux antipodes de la pensée humaine. L'ironie, la critique, un scepticisme hautain, dominent chez Goethe, quand il se rencontre face à face avec l'énigme des choses[1]. Il veut se venger de ne la pouvoir résoudre en humiliant l'ambition des métaphysiciens qui prennent à cœur de la poursuivre. Or je doute que depuis Parménide il y ait eu un esprit chez lequel cette ambition se soit déclarée avec plus d'audace et de force que chez Spinoza. Rien n'égale l'impassible sécurité de sa marche sur les sommets qui semblaient inaccessibles. Cette puissance de dogmatisme, cette superbe d'une pensée qui semble

---

[1]. Voir à l'Appendice la charmante pièce intitulée *les Sages et les Gens*.

détruire la difficulté en la niant, cette incroyable ténacité de l'idée, qui reste fidèle et constante à elle-même à travers tous les problèmes et qui réalise l'unité dans le système comme l'unité se réalise dans le monde, cette hauteur et cette universalité d'affirmation, auraient dû irriter Goethe. D'où vient qu'il ne se révolte pas contre le joug sous lequel on prétend réduire son ironique fantaisie? De plus ce dogmatisme si net, si impérieux de Spinoza ne se développe pas avec la belle ingénuité du *Discours de la Méthode* racontant dans un discours uni et familier l'histoire de l'esprit de Descartes; il se démontre à la façon de la géométrie, *more geometrico*, comme le dit fièrement Spinoza. Il s'impose comme un enchaînement de vérités mathématiques, liées de telle sorte entre elles qu'une raison bien faite semble mise en demeure de refuser son assentiment à la première proposition ou de le donner à toutes, tant est serrée fortement cette trame d'axiomes, de définitions, de propositions, de corollaires, de postulats. Le dogmatisme absolu de Spinoza ne s'est pas contenté à moins : il lui a fallu inventer une forme d'exposition absolue comme lui. Cette méthode géométrique d'exposition n'est elle-même que l'expression rigoureuse, l'équivalent exact de la méthode de construction intérieure suivie par Spinoza, la méthode *à priori* prenant pour point de départ une idée pure, pour instrument la déduction, pour objet et pour terme l'universalité des choses à expliquer par le raisonnement; mais tout cela n'est que l'enveloppe du système. Que dirons-nous de la doctrine elle-même, et comment comprendre que l'abstraction à sa plus haute puissance ait pu séduire l'esprit de Goethe, si passionnément épris de la vie? C'est ici surtout que notre étonnement redouble.

Ainsi tout dans Spinoza semblait devoir être antipathique au génie de Goethe : l'esprit dogmatique, la méthode d'exposition, le système. Quoi de plus contraire que les affirmations et les formules de l'*Ethique* à la passion de Goethe pour la liberté illimitée en fait d'idées, à l'orgueil qu'il eut toujours de se maintenir indépendant en face de toute philosophie, à cette habitude d'ironie à l'égard des systèmes, qui, jouets de la même illusion, se prétendent tous successivement en possession de la vérité absolue et ne cessent pas, depuis que l'homme pense, d'errer dans le cercle d'une contradiction éternelle? Quoi de plus opposé que la pesante et pédantesque méthode des théorèmes à cet instinct esthétique, développé dès l'origine par le commerce des plus belles intelligences de tous les siècles et de tous les pays, formé par la plus délicate culture, le pur hellénisme, avivé et fécondé par l'étude approfondie de Shakspeare, exercé pendant tout le cours d'une longue vie par les amitiés les plus littéraires et les plus poétiques, depuis Herder et Jacobi jusqu'à Wieland et Schiller, et consacré enfin dans le plus intime sanctuaire du génie, transformé en une religion, la dernière qui subsiste dans ce libre esprit, la religion de l'art? Enfin y a-t-il rien qui semble différer plus que l'idéalisme de l'*Éthique* de ce que l'Allemagne a nommé le *réalisme* de Goethe, du sentiment énergique qu'il a eu de la réalité et des conditions expérimentales propres à la bien connaître dans la variété de ses manifestations et dans l'harmonie de ses lois ?

Je crois trouver une explication de cette apparente antinomie dans ce fait, que le spinozisme a reçu différentes interprétations selon les temps et selon la disposition générale des esprits. Il n'y a sans doute qu'une seule manière, qui soit la vraie, d'interpréter une doctrine aussi fortement conçue que celle de Spinoza; mais il y a plusieurs façons de la comprendre approximativement, et l'on voit tous les jours des esprits très-différents entre eux s'alimenter à la même source d'idées. Pour ceux d'entre nos contemporains qui ont suivi de près l'histoire des systèmes et les progrès de la critique, le doute n'est guère possible. Spinoza se rattache à cette chaîne de penseurs idéalistes dont le premier anneau est Parménide. Le vrai spinozisme est l'*acosmisme*, la négation de la réalité du monde, de la nature, l'affirmation de l'unique et universelle substance. Cette substance elle-même, si on la considère de près, qu'est-elle sinon un pur abstrait, la substance absolument indéterminée, un être de raison, un idéal sans vie, et, comme on l'a dit, un rien mystique, un absolu néant? Et le monde, la *nature-naturée* opposée à la *nature-naturante*, que sont-ils sinon une déduction purement dialectique d'attributs et de modes? Dialectique, abstraction, voilà bien tous les caractères communs à l'idéalisme, et nulle part ils ne sont plus fortement marqués que dans le système de Spinoza. Il faut reconnaître cependant que ce système n'a pas toujours été compris et interprété dans ce sens; ou plutôt il faut distinguer, pour se rendre compte des fortunes diverses de l'*Éthique*, l'esprit de la doctrine et la doctrine elle-même. Le système est bien tel que nous venons de le définir, et nous lui donnons son vrai nom en disant qu'il est l'expression la plus rigoureuse de l'idéalisme dans les temps modernes; mais l'esprit du spinozisme est infiniment plus libre, plus large, plus capable de s'accommoder à la diversité infinie des intelligences, plus facile aussi à saisir dans la généralité des idées qui le résument et le traduisent pour tous ceux qui ne font pas de l'étude de la philosophie une étude de précision. Voici quelques-unes de ces idées qui constituent une sorte de spinozisme à l'usage des profanes. C'est, par exemple, ce principe qu'il faut bien se garder de rien déterminer en Dieu, que déterminer Dieu, ce serait le limiter et le détruire, qu'il faut l'adorer comme l'Ineffable sans ajouter un mot à ce nom qui est le vrai. Ou bien encore ce sont ces maximes : que l'infini est tout, qu'il n'y a rien hors de la substance, que l'être infini est tout l'être, qu'il est cela en dehors duquel il n'y a rien, qu'il n'y a d'autre absolu que l'universalité des choses, que la substance est unique et qu'il y a contradiction et scandale pour la raison à essayer de concevoir la pluralité des substances, — que Dieu et le monde sont un seul et même objet conçu sous deux aspects différents, ici dans l'unité de son essence intelligible, là dans la multiplicité de ses déterminations, Dieu n'étant que le monde vu du côté des idées, le monde n'étant que Dieu vu du côté de la réalité, — que la nature n'est ainsi que la vie divine, le développement nécessaire, la manifestation de Dieu. Enfin ce sont ces axiomes du déterminisme absolu, à savoir que l'ordre qui règne dans le monde est l'harmonie nécessaire résultant des actions et des réactions des phénomènes entre eux, que tout ce qui est doit être et a sa raison d'être, qu'il n'y a pas plus de place pour la liberté, la noble chimère des métaphysiciens, que pour le hasard, la triste idole des épicuriens, que la contingence est une pure illusion aussi bien dans le monde de la conscience que dans le monde des sens, les deux mondes n'en formant qu'un seul, régi par une loi unique; qu'ainsi la vraie piété consiste à adorer Dieu dans le monde et la vraie sagesse à se résigner à l'ordre universel, lequel, n'ayant rien d'arbitraire, n'humilie personne, à subir la loi des choses qui n'admet pas de résistances, écrase les obstacles chimériques de l'orgueil rebelle sans même les connaître, et demande comme seul culte raisonnable à la moralité de l'homme de savoir se soumettre à la divine fatalité.

Voilà le spinozisme dans son inspiration générale, le spinozisme exotérique. C'est l'esprit du système, moins le système. Tel nous l'avons vu renaître parmi nous. Le spinozisme contemporain, celui qui tend à prévaloir dans les esprits, est un naturalisme plus ou moins scientifique, plus ou moins poétique, selon la diversité des intelligences, bien plutôt que la sévère doctrine du Juif hollandais. En Allemagne, au temps de Goethe, on vit s'accomplir le même phénomène, la renaissance du spinozisme, mais transformé. Comme les formules sont incommodes par leur rigueur même, comme la déduction est pénible à suivre et les abstractions difficiles à saisir, on abandonna les théorèmes et les abstractions. La substance indéterminée de Spinoza ne se concevait guère; on la transforma en une puissance plus sensible et plus saisissable à l'esprit, la nature. Ce fut quelque chose comme la métamorphose accomplie par ce Mélissus, un disciple infidèle de Parménide, que raille Aristote au premier livre de la *Métaphysique*, et qui, dénaturant la pensée du maître, changea l'*unité selon la raison*, l'unité abstraite et idéale du pur éléatisme, qu'il ne pouvait comprendre, en unité concrète et matérielle, l'*unité selon la matière* (τὸ ἓν κατὰ λόγον, τὸ ἓν κατὰ τὴν ὕλην). C'est un peu là l'histoire de cette brillante et tumultueuse résurrection du spinozisme au delà du Rhin avant l'heure des grandes épopées métaphysiques de Schelling et de Hegel, qui vinrent changer le cours des choses et porter sur d'autres formules, sinon sur d'autres idées, la passion des esprits.

Il semble que Lessing, initiateur puissant dans la critique d'art, promoteur de la littérature originale qui éclata tout d'un coup dans l'Allemagne et l'affranchit de l'imitation française, fut en même temps le révélateur de ce spinozisme transformé. Il eut vers 1779 des conversations célèbres avec Jacobi, dans lesquelles il ouvrit le fond de son âme. « Ἐν καὶ πᾶν, l'unité et le tout, le tout dans l'unité, je ne sais pas autre chose, » répétait-il sans cesse dans ces intimes entretiens. Ce qui ravissait son esprit dans les vues de Spinoza telles qu'il les comprenait et les expliquait à Jacobi, c'était la subordination de toutes choses au principe unique et souverain, la soumission nécessaire et moralement sainte, quand elle est acceptée, de l'individualité humaine à l'universel, à l'infini. Lorsque, après la mort de Lessing, Jacobi, qui depuis quelques années n'était plus spinoziste pour son propre compte, raconta dans de brillantes lettres ses entretiens avec l'auteur du *Laocoon*, ce fut le signal d'une polémique fameuse qui agita dans ses profondeurs l'âme de l'Allemagne. La doctrine générale, le nom même de Spinoza, sauf pour quelques rares érudits ou penseurs, étaient tombés dans le plus profond oubli. « La sensation, dit Paulus, l'éditeur allemand de Spinoza, fut semblable à celle qu'eût produite l'apparition d'un monstre africain à peine connu de nous. » On se rappelle la pieuse colère, l'indignation, les protestations de Mendelssohn contre cette indiscrétion de Jacobi, dont il révoquait en doute le témoignage, l'accusant en face de l'Allemagne de profaner la mémoire de Lessing; mais le coup était porté, il retentit au loin dans les âmes, et il y eut dès ce moment en Allemagne toute une famille, continuellement accrue, d'intelligences qui se rattachaient à Spinoza par Lessing, unies dans une foi commune à une sorte de naturalisme mystique où se perdaient de plus en plus les traits originaux du système.

C'est de cette famille philosophique que sortait Schleiermacher, ce savant platonicien, ce pieux panthéiste, qui employa une admirable vie d'étude à vouloir réconcilier l'*Éthique* et *le Phédon*[1].
« Ce qui m'a le plus frappé dans M. Schleiermacher, dit M. Cousin dans ses *Souvenirs d'Allemagne*, c'est ce qu'on m'avait aussi le plus vanté en lui, la prodigieuse subtilité de son esprit. On ne peut pas être plus habile, plus délié, et pousser plus loin une idée.... Platon et Spinoza sont les deux hommes de M. Schleiermacher : il va de l'un à l'autre. Il me vanta beaucoup le système de Spinoza. Je faisais mille objections. « Eh bien ! alors prenez Platon au lieu de Spinoza; admettez que la matière n'est pas un attribut de Dieu, mais une substance à part et indépendante. — Êtes-vous bien sûr que la matière soit étendue? » Et il m'insinuait que le *moi* pourrait bien être aussi étendu que le *non-moi*, ou le *non moi* aussi spirituel que le *moi*, la nouvelle physique réduisant tous les corps à des gaz, ce qui est déjà un peu subtil, et le *moi* étant aussi

---

1. Il faut lire dans les *Fragments et Souvenirs*, p. 139, la curieuse conversation que M. Cousin eut à Berlin avec M. Shleiermacher en 1817.

bien dans l'espace que le *non-moi* dans le temps. Nous nous sommes enfoncés dans la question de la création. « Il est aisé, a-t-il dit, de s'élever à Dieu, mais très-difficile d'en descendre. Là on ne peut marcher régulièrement; il faut sauter de l'infini dans le fini. » — « L'esprit et la matière, une fois unis, sont immortels; le corps ne périt pas plus que l'esprit; rien ne périt et ne peut périr. » — Schleiermacher est un des types les plus brillants dans lesquels on puisse étudier cette singulière renaissance du spinozisme. Orateur religieux, il ne croyait pas faire tort à l'orthodoxie en adressant cette apostrophe célèbre à ses auditeurs dans le temple évangélique : « Venez sacrifier avec moi une boucle de cheveux aux mânes du saint et méconnu Spinoza ! Le sublime esprit du monde le pénétra, l'infini fut son commencement et sa fin, l'universel son unique et éternel amour; vivant dans une sainte innocence et dans une humilité profonde, il se mira dans le monde éternel, et il en était lui-même le miroir fidèle : il était rempli de religion et plein de l'Esprit saint; c'est pour cela qu'il est seul, placé à une hauteur où personne encore n'a su atteindre, maître en son art, mais élevé bien au-dessus du monde profane, sans disciples et sans droit de cité. » C'est un vrai dithyrambe : l'apothéose commence; mais qu'on ne perde pas de vue que cet enthousiasme s'exprime en termes très-vagues et qu'il laisse à l'orateur toute sa liberté à l'égard du système. L'esprit du monde, l'Esprit saint, voilà des mots qui font un singulier contraste avec la terminologie sévère de Spinoza. C'est du panthéisme mystique; il y en a assurément, et beaucoup, dans l'*Éthique*; mais il garde chez Spinoza son empreinte particulière, qui est ici un peu effacée. Le dieu de Spinoza, expliqué par Lessing et Schleiermacher, n'est plus la substance unique, ce qui est en soi et conçu par soi, antérieur logiquement aux attributs qui forment son essence. Il ne diffère plus de ce dieu-nature de Novalis qui s'agite sourdement dans les eaux et les vents, sommeille dans les plantes, s'éveille dans l'animal, pense dans l'homme, et remplit l'univers d'une activité qui jamais ne se repose et ne s'épuise.

Tel fut le malentendu de l'Allemagne à l'égard de Spinoza. Elle se crut spinoziste quand elle n'était que panthéiste. Le malentendu de Goethe fut précisément celui de son temps et de son pays. Ce qui le ravit dans Spinoza, c'est l'idée vague de la vie divine dans la nature. Nulle part, ni dans les annales de sa vie, ni dans sa correspondance si active et si variée, ni dans ses entretiens intimes avec Falk, Eckermann et les autres, on ne trouve la moindre allusion au système particulier de Spinoza, à cette distinction de la substance considérée à part des attributs et des modes, à cette déduction du monde, qui se développe, non pas organiquement, mais géométriquement, non à la façon d'un animal ou d'une plante, mais à la manière d'un théorème. Les idées que Goethe lui emprunte sont beaucoup plus libres et plus flottantes; elles se réduisent à un aperçu très-général. « Ce grand être que nous nommons la Divinité ne se manifeste pas seulement dans l'homme, il se manifeste aussi dans une riche et puissante nature et dans les immenses événements du monde; une image de lui formée à l'aide des seules qualités de l'homme ne peut donc suffire, et l'observateur rencontrera bientôt des lacunes et des contradictions qui le conduiront au doute, même au désespoir, s'il n'est pas assez médiocre pour se laisser calmer par une défaite spécieuse, ou s'il n'est pas assez grand pour parvenir à un point de vue plus élevé. — Ce point de vue, ajoute Eckermann, Goethe de bonne heure le trouva dans Spinoza, et il se plaît à reconnaître combien les aperçus de ce grand penseur répondaient aux besoins de sa jeunesse. Il se retrouvait en lui, et c'est en lui qu'il pouvait apercevoir la meilleure confirmation de lui-même[1]. »

Ce qui l'attire surtout vers l'*Éthique*, c'est l'impression morale qu'il y recueille. « Ma confiance en Spinoza reposait sur l'effet paisible qu'il produisait en moi.... Le calme de Spinoza apaisait tout en moi.... Je sentais en le lisant comme un souffle de paix. » Il se dégage en effet de la doctrine spinoziste des conseils de résignation fière, une sorte de stoïcisme qui n'est ni sans austérité ni sans grandeur. Goethe était particulièrement sensible à cette influence du système; il s'efforce de montrer à

---

1. *Conversation avec Eckermann*, t. II, p. 265.

diverses reprises que Spinoza seul a donné à l'homme les véritables raisons du renoncement viril, qui est la grande loi de la vie, que lui seul a donné une théorie philosophique du désintéressement.

Les aperçus qu'il développe à cette occasion méritent d'être recueillis à travers les pages nombreuses où ils sont dispersés. Nous les résumons :

« Notre vie physique et sociale, dit-il, nos mœurs, nos habitudes, tout, même les événements accidentels, nous appelle au renoncement. Il est beaucoup de choses qui nous appartiennent de la manière la plus intime et que nous ne devons pas produire au dehors; celles du dehors dont nous avons besoin pour le complément de notre existence nous sont refusées; un grand nombre, au contraire, nous sont imposées, quoique étrangères et importunes. On nous dépouille de ce que nous avons acquis péniblement, de ce qu'on nous a dispensé avec bienveillance, et avant que nous soyons bien éclairés là-dessus, nous nous trouvons contraints de renoncer, d'abord en détail, puis complétement, à notre personnalité. Ajoutez qu'il est passé en coutume qu'on n'estime pas celui qui en témoigne sa mauvaise humeur. Au contraire, plus le calice est amer, plus on doit montrer un visage serein, afin que le spectateur tranquille ne soit pas blessé par quelque grimace. — Or, pour accomplir cette tâche difficile du renoncement, c'est une détestable ressource que la légéreté. C'est grâce à elle que l'homme est capable, à chaque moment, de renoncer à une chose, pourvu qu'un moment après il en puisse saisir une nouvelle, et c'est ainsi qu'à notre insu nous réparons sans cesse toute notre vie à mesure qu'elle s'écroule, mettant une passion à la place d'une autre, essayant tout successivement, occupations, inclinations, fantaisies, marottes, pour nous écrier à la fin que tout est vanité, et tenter de nous consoler avec cette maxime fausse et même blasphématoire. — Il n'y a que peu d'hommes qui sachent se préparer virilement à supporter cette impression de la vie : ce sont ceux qui, pour se dérober à toutes les résignations partielles, se résignent absolument une bonne fois. Ces hommes, à l'exemple de Spinoza, se pénètrent de la pensée de ce qui est éternel, nécessaire, légitime; ils cherchent à se former des idées qui soient indestructibles, qui, loin d'être abolies par la considération des choses passagères, en soient au contraire confirmées[1]. »

C'était là le texte habituel de ses longs entretiens spinozistes avec Jacobi. A cette époque de sa vie, Jacobi subissait la tentation de cette doctrine de l'unité absolue avec laquelle il devait rompre plus tard, non sans éclat, au grand scandale de son ami Goethe. Mais il y eut alors entre eux une heure délicieuse d'accord philosophique et d'affection intellectuelle, qui ne revint jamais.

En nous racontant ce poétique séjour qu'il fit à Pempelfort, dans la maison de son ami, et les plaisirs

---

1. *Vérité et Poésie*, quatrième partie.

philosophiques qu'il y goûta, Goethe rappelle l'impression que faisait sur son âme le désintéressement sans bornes qui éclate dans chacune des pensées de Spinoza, et que Jacobi lui faisait admirer. « Cette parole admirable : *Celui qui aime Dieu parfaitement ne doit pas demander que Dieu l'aime aussi,* » avec toutes les prémisses sur lesquelles elle repose, avec toutes les conséquences qui en découlent, remplissaient ma pensée. Être désintéressé en tout, et, plus que dans tout le reste, en amour et en amitié, était mon désir suprême, ma devise, ma pratique, en sorte que ce mot hardi qui vient après : *Si je t'aime, que t'importe?* fut le véritable cri de mon cœur. »

Tels sont, à mon sens, les véritables rapports de Goethe et de Spinoza; voilà en quoi consiste exactement cette parenté intellectuelle dont on a tant parlé, et dont Goethe lui-même parle à chaque instant. Il faut donc bien s'entendre quand on parle du spinozisme de Goethe. Spinoziste, il le fut en effet par sa prédilection pour l'auteur de l'*Éthique*, par l'impulsion générale qu'il en reçut pour sa pensée, par le sentiment de délivrance qu'il éprouva quand, après avoir erré à travers tant d'aventures dans le monde intellectuel, il rencontra un maître digne de lui, qui donna à son génie la claire révélation de ses vagues instincts, enfin par quelques aperçus qu'il transporta de la doctrine générale dans sa pensée et dans sa vie. Spinoziste, il l'est surtout par ses considérations sur la source et le principe de la moralité humaine, par ses réflexions sur la subordination nécessaire de l'individuel à l'universel, de la personnalité humaine, qui est une limite, à l'infini, qui n'en a pas, de l'homme à la nature, qui n'est que Dieu réalisé. Cependant, s'il relève dans une certaine mesure de Spinoza, c'est par l'inspiration plutôt que par le système. Il est de sa famille bien plus que de son école.

Cela ne suffit pas moins pour mettre entre Goethe et Kant, son aîné parmi les fils glorieux de l'Allemagne, tout l'intervalle qui sépare le panthéisme de la religion de la *raison pratique*, de la doctrine de l'âme spirituelle et responsable, librement soumise à un Dieu, son créateur et son juge. Lui-même avoue qu'il ne se rapprocha de la philosophie de Kant que par l'entremise de Schiller depuis l'heure, une des plus belles de sa vie, où il fit amitié d'âme et de génie, avec ce noble disciple du philosophe de Kœnigsberg. Quand on lui demandait, vers la fin de sa vie, quel était, à son sens, le plus grand des philosophes modernes : « Kant, répondait-il, voilà, sans doute possible, le plus grand. C'est celui dont la doctrine a pénétré le plus profondément dans notre civilisation allemande. — Il a aussi agi sur vous, disait-il à Eckermann, sans que vous l'ayez lu. Maintenant vous n'avez plus besoin de le lire, car ce qu'il pouvait vous donner, vous le possédez déjà. Si cependant, plus tard, vous voulez lire un ouvrage de lui, je vous recommande la *Critique du jugement*, dans laquelle il a traité supérieurement de la rhétorique, passablement de la poésie, insuffisamment des beaux-arts. — Kant ne s'est jamais occupé de moi, bien que ma nature me fît suivre un chemin semblable au sien. »

Et, développant quelques analogies bien légères, qu'il croyait saisir entre ses idées et celles du philosophe de Kœnigsberg, il rappelait qu'il avait écrit sa *Métamorphose des Plantes* avant de rien connaître de Kant, et que cependant elle était tout à fait dans l'esprit de la doctrine. La distinction du sujet qui perçoit et de l'objet perçu, et cette vue que toute créature existe pour elle-même et non pour notre usage particulier, « tout cela, dis-je, était commun à Kant et à moi, et je fus heureux de me rencontrer avec lui dans ces idées. Plus tard j'ai écrit *la Théorie de l'Expérience*, ouvrage qu'il faut considérer comme la critique du sujet et de l'objet, et comme le moyen de les concilier[1]. »

Il louait très-volontiers Kant dans les dernières années de sa vie, et sans doute la comparaison du maître avec des disciples d'une originalité aussi compromettante que Fichte ou Hegel, pour lesquels il avait un goût médiocre, rehaussait singulièrement dans son estime le vieux philosophe, qu'il n'avait connu que fort tard. « Kant a, sans contredit, rendu le plus grand service en marquant le point limité jusqu'où l'esprit humain peut s'avancer, et en laissant de côté les problèmes insolubles; mais il n'a

---

[1]. *Conversations avec Eckermann*, t. II, p. 342.

pas fermé le cercle. Après lui il y aurait encore deux grandes choses à faire. Il faudrait qu'un homme aussi remarquable que lui écrivît *la Critique des Sens* et celle *de l'Entendement humain ;* et si ces deux livres étaient tous les deux bien faits, la philosophie allemande n'aurait pas beaucoup à désirer. »

Dans une de ses dernières conversations, parcourant la longue carrière d'idées et de travaux qu'il avait remplie, et traitant au point de vue de l'histoire de son esprit la question des influences inévitables que le génie même subit, il résumait sa pensée dans ces mémorables paroles : « On parle toujours d'originalité; mais qu'entend-on par là? Dès que nous sommes nés, le monde commence à agir sur nous, et ainsi jusqu'à la fin, et en tout! Nous ne pouvons nous attribuer que notre énergie, notre force, notre vouloir! Si je pouvais énumérer toutes les dettes que j'ai contractées envers nos grands prédécesseurs et nos contemporains, ce qui me resterait serait peu de chose. Ce qui est important, c'est l'instant de notre vie où s'exerce sur nous l'influence d'un grand caractère. Lessing, Winckelmann et Kant étaient plus âgés que moi, et il a été de grande conséquence pour moi que les deux premiers agissent sur ma jeunesse et le dernier sur ma vieillesse[1]. »

Cette action de Kant sur la vieillesse de Goethe n'est guère sensible à l'œil le plus exercé, et nous

---

1. *Conversations*, tome Ier, p. 216.

ne pouvons voir dans l'aveu du poëte qu'un dernier hommage au culte philosophique de Schiller, le plus regretté des amis qui ne l'accompagnèrent pas dans la sérénité de sa glorieuse vieillesse. Du reste, il semble bien que Schiller lui-même, après avoir fait de grands efforts pour ramener Goethe à la philosophie de son maître, avait renoncé à cette vaine tentative, en sentant de plus en plus, non l'antipathie, mais l'opposition des natures. « Schiller me détournait de l'étude de Kant, disait Goethe à Eckermann ; il prétendait que Kant n'avait rien à me donner[1]. »

Je ne saurais mieux définir ce contraste que par la comparaison des impressions que produisaient sur l'un et sur l'autre, dans un âge avancé, les splendeurs de la nature. « Pendant tout l'hiver de 1802, Kant ne sortit pas une fois. Au printemps on essaya de lui faire faire quelques promenades en voiture et de le descendre dans son jardin : mais il le reconnaissait à peine, et il disait qu'il ne savait où il était. Il se sentait mal à l'aise comme dans une île déserte, et redemandait les lieux auxquels il était accoutumé (son cabinet de travail et cette chambre à coucher toujours fermée, d'où le jour et le feu étaient bannis en toute saison). Le printemps ne lui fit presque pas d'impression. Quand le soleil brillait dans le ciel, quand les arbres commençaient à fleurir, et que ses amis lui faisaient remarquer,

---

2. *Conversations*, t. 1ᵉʳ, p. 342.

pour l'égayer, ce réveil de la nature, il disait avec froideur et indifférence; « C'est de même chaque année, et toujours de même[1]. »

Au même âge, voyez quelle vivacité de sensations chez Goethe! Eckermann écrit le mercredi 11 avril 1827: « je suis allé aujourd'hui à une heure chez Goethe, qui m'avait invité à faire une promenade en voiture avant le dîner. Nous avons suivi la route d'Erfurt. Le temps était très-beau. De chaque côté de la route, les champs de blé rafraîchissaient le regard par la plus vive verdure. Goethe semblait tout sentir avec la sérénité joyeuse et la jeunesse du printemps nouveau; mais dans ses paroles respirait la sagesse du vieillard. Il prit la parole ainsi: « Je « le dis toujours, et je le répète, le monde ne pour- « rait pas subsister, s'il n'était pas si simple. Voilà « déjà maintenant des milliers d'années que ce pauvre « sol est labouré, et ses forces sont toujours les mêmes. « Un peu de pluie, un peu de soleil, et le printemps « reverdit encore, et ainsi toujours. » C'est presque le mot de Kant : « C'est de même chaque année, et toujours de même : » mais comme ces deux mots sont dits avec un accent différent! Quel contraste entre le sentiment de cette vieillesse fatiguée par le travail, décolorée au dehors, abstraite, si je puis le dire, qui s'ennuie de voir que le soleil est toujours la même chose, qui se sent mal à l'aise et s'effraye presque

---

[1]. *Fragments et Souvenirs*, par M. Cousin, p. 36. *Dernières années de Kant.*

en plein air dans son jardin, et la joyeuse vigueur de cet âge mûr de Goethe, prolongée jusqu'à ses derniers jours, toujours aussi sensible aux impressions de la nature, à la joie du printemps nouveau! Des deux plus nobles spectacles qui autrefois avaient fait l'admiration de Kant, le ciel étoilé au-dessus de sa tête, la loi morale dans sa conscience, un seul plaisait encore à son austère pensée, de plus en plus retirée du monde de la forme et de la couleur et recueillie dans le sanctuaire des idées pures. Kant ne vivait plus que par l'âme. Goethe vit par l'âme et par les sens. Il vit en communication mystérieuse avec la nature dont il a senti si profondément la vie secrète qu'il a tenté de la diviniser. On raconte que régulièrement, au commencement de chaque hiver, ses forces s'en allaient avec le soleil disparaissant, et qu'il passait les semaines qui précèdent le jour le plus court dans un état singulier d'affaissement et de tristesse[1]. Le mois de décembre 1823 avait été particulièrement pour lui une période de grave souffrance; cet état maladif, se prolongeant, semblait peu à peu l'affecter; mais le dimanche 21 décembre on avait atteint le jour de l'année le plus court, et l'espérance de voir maintenant chaque semaine les jours augmenter rapidement exerça sur lui l'influence la plus heureuse. « Aujourd'hui nous célébrons la naissance nouvelle du soleil! » s'écria-t-il joyeusement en voyant à son réveil le fidèle Eckermann

---

1. *Conversations*, t. Ier, p. 72.

entrer chez lui. La bonne humeur, la santé, toute l'activité de son esprit, tout son génie était revenu comme par enchantement. Les influences mauvaises étaient dissipées; l'hiver et la nuit s'étaient enfuis de son âme; il se sentait renaître avec le soleil.

CHAPITRE III.

HISTOIRE DE SON ESPRIT (Suite). — SA PASSION POUR L'ÉTUDE DE LA NATURE, SA VIE SCIENTIFIQUE.

S'il y a une philosophie de Goethe, ce n'est pas dans l'étude des métaphysiciens qu'il faut en chercher les origines contestables, la source plus ou moins lointaine et troublée; c'est dans l'étude directe, assidue de la nature, c'est dans les réflexions qu'elle provoque, dans les vues générales qui en résument les principaux aspects, que l'on peut espérer trouver le secret de cette philosophie, l'histoire de sa naissance et de sa formation. Le monde extérieur, voilà, selon Goethe, la source unique, éternellement féconde pour l'esprit. C'est le grand mystère qu'il révèle, sous mille formes variées, à ses amis, à ses initiés, dans ses correspondances ou ses entreliens. Quand l'honnête Eckermann presse de ses questions le poëte, l'interrogeant sur les secrets de son art, sur la méthode la plus haute et la plus sûre qu'il puisse appliquer à la culture de son esprit, pour solliciter l'inspiration ou acquérir la vraie science, je crois entendre à chaque page Wagner, le serviteur lettré, le *famulus* de Faust. « S'entretenir avec vous, monsieur le docteur, quel honneur et quel avantage! Demain vous me permettrez encore une ou deux questions. Je me suis appliqué avec zèle à l'étude; je sais beaucoup, il est vrai, mais je voudrais tout savoir. » Les réponses de Goethe sont moins troublantes et plus claires que celles de Faust. « Étudiez la nature, lui dit-il sans cesse, tout est là. Procédez toujours *objectivement*, comme je l'ai fait moi-même. On ne mérite ni le nom de poëte ni celui de savant tant qu'on n'exprime que des sentiments, des idées personnelles. Celui-là seul mérite ce titre qui sait s'assimiler le monde et le peindre, s'il est poëte, ou le décrire, s'il est savant. » Il attaquait avec vivacité la méthode et la culture d'esprit abstraite, intérieure, qui a produit dans la poésie l'infatuation personnelle, l'affectation, la manière, dans la philosophie les rêveries de l'idéalisme. Pour lui, les époques où cette tendance triomphe dans la pensée humaine, où chaque âme se replie sur soi, au lieu de s'épanouir et de se répandre au dehors, sont des époques d'analyse, de préoccupation personnelle, d'invention chimérique, sans réelle grandeur, sans fécondité véritable. « Soyez certain que l'esprit humain recule ou se dissout quand il cesse de s'occuper du monde extérieur.... Notre temps est un temps de décadence, ajoutait-il en pensant aux excès de l'esprit spéculatif et de la philosophie transcendantale, qu'il n'aimait guère; il se détourne de l'étude de la réalité, il est de plus en plus *subjectif.* Dans tout effort sérieux, durable, scientifique, il y a un mouvement de l'âme vers le monde; vous le constatez à toutes les époques qui ont vraiment marché en avant par leurs œuvres; elles sont toutes tournées vers le monde extérieur[1]. »

« Pour moi, j'ai toujours procédé objectivement; » voilà l'éloge suprême que Goethe aime à se décerner dans un langage qui ne perdrait rien à être moins elliptique. S'il y a en lui abondance inépuisable d'inspiration, vigueur calme et sans efforts, activité sans repos et sans fatigue, n'attribuez pas à quelque don exceptionnel un si rare privilége, vainqueur du temps et presque de la condition humaine; attribuez-le surtout à la supériorité de sa méthode et de sa culture intellectuelle, tout entière tournée vers le dehors, réparant les défaillances et les appauvrissements de l'esprit par un commerce assidu avec la réalité vivante du monde, toujours jeune, qui lui communique quelque chose de sa fécondité et de son éternité. Si sa force d'âme et de génie se renouvelle incessamment, c'est qu'elle participe dans sa mesure aux énergies créatrices qui renouvellent, sans

---

1. *Conversations avec Eckermann*, t. I*er*, p. 235, t. II, p. 224.

s'épuiser jamais, la vie cosmique. Il ne s'est pas enfermé dans l'enceinte glacée des mondes abstraits que crée avec une stérile puissance la raison pure ; il ne s'est pas condamné, comme tant d'autres de ses contemporains, à vivre, — si c'est là vivre, — avec les pâles abstractions qui peuplent les espaces vides, sans forme et sans lumière, de la pensée intérieure, isolée, séparée de l'espace hospitalier et bienfaisant où se déploient les magnificences du monde sensible. S'il y a eu chez lui quelque supériorité de talent, elle s'explique par ce fait seul, qu'il n'a jamais déserté la source où le talent s'avive et s'alimente. Il a toujours vécu dans la nature, avec elle, par elle ; son éternelle tentation, ç'a été l'universalité des choses qu'il a poursuivie avec des alternatives d'ardeur et de désespoir. Sa passion de connaître a égalé au moins sa puissance de créer. Sa science est presque aussi vaste que son génie. Dans le long espace d'années qu'il remplit de ses travaux poétiques et de sa gloire, il ne cessa presque pas un jour de solliciter la nature par ses méditations, par ses expériences, de l'épier pour surprendre ses révélations.

Deux des plus brillantes manifestations du monde sensible, la forme et la lumière, surtout, semblent avoir eu pour sa curiosité d'artiste et de savant un irrésistible attrait. Ces deux manifestations sont liées entre elles dans la réalité comme elles le furent dans les goûts et les études de Goethe. Sans la forme, qui donne les surfaces, la lumière n'existerait pas pour nous. Sans la lumière, que serait la forme? Pure révélation d'un sens unique, le toucher, elle n'aurait plus pour nous ce charme des ensembles harmonieux et des proportions élégantes qui ravit nos regards. La lumière ne crée pas la forme, mais elle la révèle. Lumière et forme, ces deux mots expliquent la beauté du monde visible : ils contiennent toute l'esthétique de la nature, j'oserais presque dire qu'ils résument le génie de Goethe. N'est-il pas un adorateur de la forme, celui que les Allemands appelèrent le *grand païen?* Ce qu'on nomme son hellénisme, n'est-ce pas son amour passionné de la beauté physique, épurée, idéalisée par l'art? Ses travaux scientifiques ont eu pour direction exclusive l'étude de la forme et de la couleur : soit les études morphologiques comme la *Métamorphose des plantes* ou *l'Introduction générale à l'anatomie comparée*, soit les études d'optique par lesquelles il devait renverser la théorie de Newton. Toute la destinée de ce beau génie, poétique et scientifique à la fois, semble se résumer dans ce dernier cri de Goethe mourant : *De la lumière! plus de lumière!* La passion de sa vie entière s'exprimait dans ce cri suprême; c'était son dernier regret : l'ombre où il entrait fut sa seule souffrance.

Avec ce goût inné pour les belles manifestations de la nature, il ne faut pas s'étonner si Goethe tenta de s'en emparer au moyen des arts plastiques. Ce qu'il admirait comme poëte, ce que plus tard, comme naturaliste ou physicien, il essaya d'expliquer, la forme colorée et particulièrement la forme dans les êtres organiques, la forme vivante, il voulut se l'approprier avec le crayon et le pinceau. Jusqu'à l'âge de quarante ans, il rêva la gloire du peintre et y aspira de toutes ses forces. On dirait que sa passion pour les beautés du monde sensible ne pouvait alors se satisfaire à moins d'une possession presque matérielle. Peindre ses sensations avec des mots qui, tout colorés qu'ils soient par l'âme de l'écrivain, n'en sont pas moins des signes, c'est-à-dire des abstractions, exprimer la nature par des symboles qui la détruisent d'abord pour la recomposer ensuite dans l'imagination de ceux auxquels ils s'adressent, tout cela ne lui suffisait pas. La réalité objective devenait subjective en traversant les formes logiques ou poétiques de sa pensée, en subissant la servitude des lois du langage et du rhythme. Il fallait qu'il l'atteignît plus directement en elle-même, qu'il la saisît au moins dans sa représentation réelle et concrète, qu'il s'assimilât du monde extérieur tout ce qu'il pouvait ravir, sinon la vie elle-même, la vie inimitable, du moins le mouvement, les attitudes, la couleur de la vie. « *L'œil était*, nous dit-il, *l'organe principal avec lequel j'embrassai le monde*. Où que se portât mon regard, je voyais un tableau, et ce qui me frappait, ce qui me charmait, je voulais le retenir par le dessin. Tout me manquait pour cela; cependant je m'obstinais à vouloir, sans aucun procédé technique, imiter les choses les plus admirables. Par là je m'accoutumais, il est vrai, à fixer les objets avec une grande attention ; mais je ne faisais que les saisir dans l'ensemble, le détail échappait à mon crayon inexpérimenté [1]. » Quand il parle ainsi de ses efforts inhabiles dans les arts plastiques, il les rapporte à cette période de ses premiers chagrins d'amour, de ses loisirs rêveurs à Francfort, après une première aventure de cœur, d'où il était sorti mécontent de lui-même et châtié par une étrange humiliation. Déjà dans sa seizième année, il allait demander des consolations à la grande nature, il essayait de surprendre ces belles formes qui ravissaient son génie adolescent ; mais il avoue lui-même qu'il ne réussit jamais que médiocrement dans cet art, malgré des efforts prolongés. Il accuse de bonne grâce, sinon sans regret, la lenteur de ses progrès, l'hésitation de sa manière, le manque général de vigueur dans ses dessins. Il avait le sentiment juste et délicat du pittoresque des sites, de la beauté des formes, de la distribution de la lumière et de l'ombre ; mais il était inhabile à rendre tout ce qu'il sentait si bien. Les illusions qu'il essayait de se faire ne se prolongèrent pas au delà de son voyage en Italie, qui fut pour lui comme une révélation du grand art dont il n'avait que le vague et puissant instinct. Quand il eut visité les principales œuvres qui font de ce beau pays un musée, étudié les lignes de la statue antique, vécu à Rome dans les calmes extases qu'il a si bien dé-

---

1. *Vérité et Poésie*, p. 194.

crites, en face de ce buste de Jupiter Olympien qu'il avait placé devant son lit, afin que l'image du dieu frappât ses premiers et ses derniers regards, et mît même dans ses rêves l'empreinte de la beauté, — après de longues journées passées à contempler la grande peinture italienne et les œuvres des maîtres, son parti fut pris et le sacrifice de ses illusions consommé. Il reconnut « que sa tendance vers la pratique des arts plastiques était erronée, » et il n'insista pas contre l'évidence. Tous ces efforts cependant n'avaient pas été perdus. L'œil du poète et du savant s'était exercé à saisir sous tous ses aspects la nature sensible. Goethe avait raison de dire que, lorsqu'il s'occupait de dessin ou de peinture pour devenir peintre, il suivait une voie fausse, qui eût pu lui être funeste, s'il s'y était trop longtemps obstiné; mais il constatait en même temps qu'il devait de nombreuses et très-précieuses connaissances à l'habitude prise par ses yeux de regarder les objets avec attention, dans leurs détails et dans leur ensemble. Cette occupation était parfaitement légitime et fructueuse lorsqu'il l'appliquait à son perfectionnement dans d'autres arts ou dans la science[1]. Par la suite, l'habitude qu'il avait de dessiner lui servit plus d'une fois pour saisir avec son crayon la forme idéale de la plante ou de l'animal que la réalité mobile et fuyante ne lui offrait nulle part, et que son imagination, s'aidant de nombreuses expériences et

---

1. *Conversations avec Eckermann*, t. 1er, p. 176, t. II, p. 132.

de savantes comparaisons, essayait de ravir, par une sorte de divination, à la mystérieuse nature. L'art plastique devint pour lui non plus un but, mais un moyen.

Le but de sa vie, en dehors de la poésie, ne fut plus que la science. C'est par elle qu'il tenta de s'assimiler le monde extérieur aussi complétement que cela est possible à l'homme. Et de fait, la vraie conquête de la nature sur l'homme ne s'opère que par la science. Toutes les autres manières de s'en emparer sont plus ou moins illusoires et précaires. L'art, même l'art plastique, ne la saisit que pour la transformer : c'est une création nouvelle, dont la première est l'occasion et le thème. La science seule, tout en ayant l'air de la détruire par l'analyse, en réalité la livre entièrement à l'homme, qui la recompose dans sa pensée, non plus par un jeu plus ou moins poétique d'imagination, mais par un travail régulier de synthèse. Le savant, après avoir observé et comparé les phénomènes, après les avoir généralisés en lois, tient véritablement dans sa main quelques-uns des principaux ressorts de la nature. Il voit devant lui non plus une brillante apparence, un tumulte de faits, mais un ensemble de forces dont il a pénétré les actions et les réactions réciproques, dont il a saisi l'harmonie, dont en une certaine mesure il dispose. Connaître la nature, c'est la seule manière de la posséder.

Cette connaissance a ses limites sans doute, Goethe le sait, mais des limites mobiles qui reculent continuellement devant l'effort de l'homme. L'illusion de la métaphysique est de vouloir s'élancer par la pensée au delà de ces bornes. La science positive se contente, en tout ordre de réalités, d'arriver à un *phénomène-principe*, auquel se suspend toute la chaîne des phénomènes secondaires. Aristote avait dit, après Platon, que l'étonnement est le commencement de la philosophie. A peu près dans le même sens, Goethe disait: « La situation d'esprit la plus élevée, c'est l'étonnement, » sans doute par opposition à cette situation vulgaire et basse d'intelligence où l'on accepte les phénomènes sans même les remarquer. L'ignorance étonnée est déjà un progrès sur l'ignorance qui ne s'étonne de rien. Le second état, l'état scientifique, c'est celui où l'on contemple non plus des phénomènes secondaires, mais un phénomène primordial. « Quant à arriver plus haut, quant à aller plus loin, cela nous est refusé, ici est la limite; mais d'ordinaire ce simple spectacle ne suffit pas aux hommes : ils croient qu'ils pourront pénétrer plus avant, et ils ressemblent aux enfants qui, lorsqu'ils ont regardé dans un miroir, le tournent aussitôt pour voir ce qu'il y a derrière[1]. » — « L'homme n'est pas né pour résoudre le problème du monde, mais pour chercher à se rendre compte de l'étendue du problème et se tenir ensuite sur la limite extrême de ce qu'il peut concevoir. Ses facultés, par elles-mêmes, ne sont pas capables de mesurer les mouve-

---

1. *Conversations*. t. II, p. 95.

ments de l'univers, et vouloir aborder l'ensemble des choses avec l'entendement seul, avec la pensée spéculative, quand elle n'a qu'un point de vue si restreint, c'est un travail vain. »

Ce n'est donc pas par la métaphysique, par le travail illusoire des facultés purement subjectives, que l'on pourra résoudre, même partiellement, l'énigme du monde. Ce que l'on peut en résoudre ne se révèle qu'à l'observation intelligente et passionnée de la réalité ; mais aussi quel bonheur quand il arrive que, dans ce livre divin ouvert devant nos yeux, quelque syllabe a été déchiffrée par un opiniâtre effort ! « Il n'y a rien au-dessus de la joie que nous donne l'étude de la nature. Ses secrets sont, il est vrai, d'une profondeur infinie, mais il a été permis et accordé aux hommes de regarder toujours plus avant. Et c'est justement parce que nous ne pouvons atteindre le fond qu'elle exerce sur nous un charme éternel ; toujours nous voulons approcher plus près, tenter de nouvelles découvertes. » Que de précautions ne faut-il pas pour s'assurer ou pour étendre cette précieuse conquête ! Quelle vigilance ! que de sagacité ! « Il est souvent arrivé à la nature de laisser échapper un de ses secrets malgré elle ; il faut épier l'occasion où elle se livre sans le vouloir. Tout est écrit quelque part, mais non pas où nous le supposons, ni à une seule place ; ainsi s'explique ce qu'il y a d'énigmatique, de sibyllin, de discontinu dans nos observations. La nature est un livre immense renfermant les secrets les plus merveilleux, mais ses pages sont dispersées à travers tout l'univers; l'une est dans Jupiter, l'autre dans Uranus. Les lire toutes est donc impossible, et il n'y a pas de système qui puisse triompher de cette insurmontable difficulté. » Aucune autre étude ne fait mieux juger la force d'esprit et d'âme, la vigueur intellectuelle et même morale des hommes qui s'y livrent. Elle apprend à les connaître tels qu'ils sont. « On n'aperçoit pas aussi bien ailleurs les erreurs des sens et de l'intelligence, les faiblesses et les énergies du caractère. Tout est plus ou moins élastique et incertain, et se laisse façonner plus ou moins; mais la nature n'entend pas ces plaisanteries : elle est toujours vraie, toujours sérieuse, toujours sévère; elle a toujours raison, et les fautes et les erreurs sont ici toujours de l'homme. Elle méprise l'impuissant; elle ne se donne et ne révèle ses secrets qu'au puissant, au sincère, au pur[1]. »

Cependant, quand on suit pas à pas l'histoire de l'esprit de Goethe, on est obligé de convenir que cette ardeur de savoir eut chez lui ses irrégularités et ses écarts. Nous avons vu, dans sa première jeunesse, avec quel zèle il poursuivit les sciences chimériques, un instant même l'alchimie, dont son imagination garde des traces profondes et qui tient une si grande place dans *Faust*. — *Le grand mystère* l'attire irrésistiblement. Parfois la lenteur des voies régulières irrite son impatience; il se jette dans les chemins de traverse et essaye de surprendre la nature,

---

1. *Conversations*, etc., t. II, p. 90, 94, 225, 305, 308.

quand il désespère de la comprendre. Il revient bien vite aux vraies méthodes et à l'expérimentation. Lui-même a pris soin de nous exposer la suite de ses études, l'origine et la fortune de ses idées scientifiques, soit dans une série d'articles et de mémoires sur *l'histoire de ses travaux anatomiques et de ses études botaniques*, soit dans ses *correspondances* et ses *conversations*, où, revenant sans cesse sur ses occupations favorites, il montre en pleine lumière l'irritation que lui ont causée ses deceptions et ses mécomptes scientifiques, et laisse parler en liberté cette passion d'amour-propre avec laquelle il a défendu sa gloire de physicien et de naturaliste, la seule qui lui fût contestée.

Dès l'âge de vingt ans, à Strasbourg, où il est censé étudier la jurisprudence, nous le voyons abandonner les professeurs de droit pour courir aux leçons d'anatomie, aux cliniques; puis, épris d'une science nouvelle, il étudie en géologue la vallée du Rhin ; il juge sur place la polémique superficielle et souvent puérile de l'école de Voltaire; il perd toute confiance « dans le vieil enfant opiniâtre, » lorsqu'il apprend que, pour discréditer la tradition d'un déluge, Voltaire nie l'existence des coquillages fossiles. « Pour moi, j'avais vu de mes yeux assez clairement, sur le Baschberg, que je me trouvais sur un ancien lit de mer desséché, parmi les dépouilles de ses antiques habitants. Oui, ces montagnes avaient été un jour couvertes par les flots. Si ce fut avant ou pendant le déluge, c'était pour moi une question indifférente. Il me suffisait de savoir que la vallée du Rhin avait été un golfe immense; on ne pouvait m'en ôter la conviction. » Il prenait parti pour la vraie science, celle qui n'examine que la réalité, contre la science de secte et de coterie, qui n'admet de la réalité que ce qui est favorable à son étroit point de vue; pour la théorie de Buffon, établie sur l'expérience, contre les hypothèses ridicules de Voltaire, fondées sur la passion. Du reste, il proclamait nettement qu'il n'entendait faire que de la science désintéressée, « ne songeant qu'à s'avancer dans la connaissance géologique des terres et des montagnes, quel que pût être le résultat de ses recherches[1]. » Le véritable esprit scientifique s'annonce.

A Weimar, dès le commencement de son séjour dans cette ville, qu'il devait associer à l'immortalité de son nom, c'est d'abord Linné dont il devait dire un jour « qu'après Shakspeare et Spinoza il est l'homme qui a agi sur lui avec le plus de force, » c'est Rousseau et les *Rêveries d'un Promeneur*, empreintes d'une sorte de piété végétale, qui absorbent son attention. Dans les chasses du grand-duc, il aimait à interroger les gardes et les forestiers sur les différentes essences d'arbres, sur le mode et les lois de la reproduction. Il consultait des herboristes possesseurs de recettes mystérieuses, qui de père en fils préparaient des extraits et des esprits[2]. Il par-

---

1. *Vérité et Poésie*, p. 422.
2. *OEuvres d'histoire naturelle de Goethe*, trad. Ch. Martins, p. 188.

courait les bois immenses de la Thuringe, cherchant à se rendre compte de la nature et de la formation de ce sol couvert de forêts aussi vieilles que le monde. Le docteur Bucholz, riche, plein d'ardeur et d'activité, excellent naturaliste et chimiste habile, fondait, sous les auspices du prince, une école pratique de botanique dans de vastes terrains aérés et bien exposés au soleil. Goethe s'intéressait vivement à ces essais, avec le grand-duc lui-même, avec toute la belle société de Weimar. « Les sciences et la poésie, les études profondes et la vie active se partageaient notre temps, et nous rivalisions entre nous. » Il emmenait avec lui aux bains de Carlsbad un jeune paysan, Dietrich, botaniste de race, comme beaucoup de ses compatriotes, et petit-fils d'un naturaliste de campagne, connu du grand Linné lui-même. Dietrich était avant le jour dans les bois et les prairies, et apportait, au milieu de l'élégante société réunie près de la source, un riche butin de fleurs. « Tout le monde, mais surtout ceux qui s'occupaient de cette belle étude, prenait part à mes plaisirs. C'était en effet une science bien faite pour séduire celle qui se présentait sous la forme d'un beau jeune homme, les mains chargées de plantes en fleur et donnant à chacune d'elles son origine grecque, latine ou barbare ; aussi la plupart des hommes et même quelques dames cédèrent à l'entraînement général. » C'est tout un petit tableau, qui nous donne les impressions de l'artiste mêlées aux premières joies du savant. — Dietrich ne savait rien au monde que la botanique, mais il connaissait la nomenclature de Linné et l'apprenait à Goethe par routine plutôt que par méthode. » J'entrai ainsi, d'une manière nouvelle, en communication avec la nature ; je jouissais de ses merveilles, et en même temps les dénominations scientifiques qui frappaient mon oreille étaient l'écho lointain de la science, qui me parlait du fond de son sanctuaire. »

Bientôt cependant Linné ne lui suffit plus. Cette terminologie, fondée sur les apparences extérieures, lui semblait être d'une utilité purement empirique, toute pratique; elle n'apportait aucune lumière avec elle sur le mode de production et les vrais rapports des plantes. Caractériser les genres avec certitude et leur subordonner les espèces d'après cette méthode lui parut un problème insoluble. Il lisait bien, dans les manuels linnéens, comment il fallait s'y prendre, mais il ne pouvait espérer que jamais une seule détermination resterait incontestée, puisque, du vivant même de Linné, ses genres furent divisés, morcelés, et quelques-unes de ses classes détruites. Il en concluait que le plus sagace, le plus ingénieux des naturalistes n'avait soumis qu'*en gros* et d'une manière tout artificielle la nature à ses lois. « Mon admiration pour lui n'en fut pas diminuée, mais j'étais dans une perplexité singulière, et l'on peut se figurer quels efforts un écolier *autodidactique* comme moi dut faire pour sortir d'embarras. » Il comprit qu'au lieu de passer sa vie à poursuivre et à coordonner péniblement les phénomènes innombrables que présente un seul règne, il lui restait une autre voie plus conforme à la nature de son esprit. Les phénomènes de la formation et de la transformation des êtres organisés l'avaient vivement frappé. « La nature, dit-il énergiquement, lui semblait lutter avec l'imagination à qui des deux serait plus hardie et plus conséquente dans ses créations. » Les séjours fréquents qu'il faisait alors à la campagne, furent utilisés pour l'étude autant que pour le plaisir. Ces deux sortes d'occupations si contraires s'accordaient sans peine dans la vie de Goethe, et n'en troublèrent jamais l'harmonie. Il remarqua que chaque plante choisit le site qui réunit toutes les conditions propres à la faire prospérer et à la multiplier. Il observa en outre que placées dans certains lieux, exposées à certaines influences, les espèces semblent céder à la nature en se laissant modifier ; elles deviennent alors des variétés, sans abdiquer leurs droits à une forme et à des propriétés particulières. L'idée de la métamorphose des espèces et des genres se formait peu à peu dans son esprit, timidement d'abord. « Je pressentis ces vérités en étudiant la nature sauvage, et elle jeta un jour tout nouveau pour moi sur les jardins et sur les livres. »

Mais son voyage en Italie fut une ère décisive dans l'histoire de ses idées. Goethe note ici, en passant, une observation générale d'une grande portée. « Tous les objets dont nous sommes entourés dès l'enfance conservent toujours à nos yeux quelque chose de commun et de trivial ; quoique nous ne les connaissions que très-superficiellement, nous vivons près d'eux dans un état d'indifférence tel que nous devenons incapables de fixer sur eux notre attention. Des objets nouveaux et variés éveillent au contraire l'imagination et excitent un noble enthousiasme; ils semblent nous désigner un but plus élevé, que nous nous sentons dignes d'atteindre. C'est là que réside le grand avantage des voyages, et il n'est personne qui n'en profite à sa manière. Les choses connues sont rajeunies par les rapports inattendus qui les lient à des objets nouveaux, et l'attention excitée amène des jugements comparatifs. » Le passage des Alpes opéra en lui cette révolution d'esprit en le jetant brusquement dans une zone nouvelle et le rendant attentif aux influences si actives du climat. Le jardin botanique de Padoue lui fit comprendre tout d'un coup la richesse des végétations exotiques; il fut ébloui. Un hasard lui révéla son système : un palmier en éventail attira toute son attention. Les premières feuilles qui sont simples et lancéolées, sortaient de terre; leur division allait en se compliquant de plus en plus, et enfin elles apparaissaient complétement digitées. A sa prière, le jardinier lui coupa des échantillons représentant la série de ces transformations, et il se chargea de plusieurs grands cartons pour emporter « cette trouvaille, » qui, analysée, donna naissance à une belle théorie. « Je les ai encore sous les yeux tels que je les recueillis alors, écrivait Goethe plus de quarante ans après, et je les vénère comme des fétiches qui, en éveillant et fixant

mon attention, m'ont fait entrevoir les heureux résultats que je pouvais attendre de mes travaux. »
Il se confirma dans cette idée, que ces formes qui nous frappent par leur diversité d'aspects ne sont point irrévocablement déterminées d'avance, mais qu'elles joignent à une certaine fixité une souplesse et une heureuse mobilité qui leur permettent de se plier, en se modifiant, à toutes les conditions variées que présente la surface du globe. Ces diversités de climat et de sol expliquent pour lui la transformation des genres en espèces, des espèces en variétés et de celles-ci en variétés secondaires modifiées à l'infini sous l'influence de certains agents. « Et cependant la plante reste toujours plante, quand même elle incline çà et là vers la pierre brute ou vers une forme plus élevée de la vie. Les espèces les plus éloignées conservent un air de famille qui permet toujours de les comparer ensemble. Comme on peut les comprendre toutes dans une notion commune, je me persuadai de plus en plus que cette conception pouvait être rendue plus sensible, et cette idée se présentait à mes yeux sous la forme visible d'une plante unique, type idéal de toutes les autres. Je suivis les diverses formes dans leurs transmutations, et à mon arrivée en Sicile, terme de mon voyage, l'identité primitive de toutes les parties végétales était pour moi un fait démontré dont je cherchais à rassembler et à vérifier les preuves. »

A son retour d'Italie, il compose ce célèbre essai sur la *Métamorphose des Plantes*, publié en 1790, où se développe pour la première fois cette idée, adoptée aujourd'hui avec quelques explications restrictives, mais qui marque une date dans l'histoire botanique, de la transformation d'un organe unique, les cotylédons, qui deviennent successivement tous les autres organes du végétal. Calice, corolle, étamines, pistil, fruit et graine, ces noms divers marquent autant de phases variées dans la vie de la plante, ou plutôt dans l'épanouissement ou la contraction de l'organe primitif. La fleur n'est qu'un bourgeon dont les différents verticilles, alternativement épanouis ou revenus sur eux-mêmes, forment toutes les parties du végétal. Un rameau n'est qu'une plante nouvelle portée par une tige au lieu de tenir au sol, et un arbre est l'assemblage d'un grand nombre de plantes vivant toutes sur un tronc commun. Un bourgeon et une racine, voilà toute la plante, car la tige n'est que la réunion des racines de tous les bourgeons qui descendent les unes à côté des autres pour aller s'implanter dans le sol, et la fleur elle-même n'est qu'un bourgeon métamorphosé[1]. Cette idée si simple, l'identité originelle de toutes les parties végétales, la feuille considérée comme l'organe fondamental, unique même, dont tous les autres ne sont que la transformation, est devenue élémentaire aujourd'hui ; mais le temps n'était pas venu où des naturalistes, comme Keiser, écrivent : « La métamor-

---

1. Ch. Martins, *la Métamorphose des Plantes de Goethe* et *la Loi de Symétrie d'Aug. de Candolle*.

phose est certainement la conception la plus vaste
qu'on ait eue depuis longtemps en philosophie végétale, « où Nées d'Esenbeck se propose d'étendre aux
végétaux inférieurs l'idée morphologique, où de
Candolle l'adopte en la baptisant d'un autre nom (la
théorie des *dégénérescences*), où Robert Brown,
Knight et Lindley la propagent en Angleterre, où de
Jussieu la signale avec éclat, de Mirbel l'explique
en la ramenant à une généralisation plus vaste,
Turpin lui-même la consacre par le dessin en présentant à l'Académie des sciences une esquisse idéale
de la plante primitive et de ses transformations, —
où, dans cette même Académie, Auguste Saint-Hilaire, chargé de rendre compte de l'essai de Goethe,
prononce ces mémorables paroles : « analyser devant l'Académie le livre de Goethe sur la métamorphose, ce serait comme si on allait aujourd'hui offrir
aux académies de Berlin ou de Saint-Pétersbourg un
extrait du *Genera plantarum* d'Antoine-Laurent de
Jussieu. L'ouvrage de Goethe est du petit nombre de
ceux qui non-seulement immortalisent leurs auteurs,
mais qui eux-mêmes sont immortels[1]. » Ces temps
de réparation et de justice étaient loin.

Au moment où le travail de Goethe paraît, les
grandes vues qui le soutiennent encore, malgré les
erreurs de détail, ne parviennent pas à vaincre la

---

1. *OEuvres scientifiques de Goethe*, par Ernest Faivre. — Les travaux d'histoire naturelle de Goethe forment deux ouvrages, l'un intitulé *Morphologie*, l'autre *Fragments*, 4 volumes publiés à Stuttgart en 1823.

froideur du public. On le renvoie à la littérature. Par une sorte d'instinct jaloux, l'opinion publique ne veut pas avouer qu'un esprit puisse être deux fois grand, par la poésie et par la science. Il y eut des malentendus plaisants. Un de ses amis, effrayé d'abord par la nouvelle que le poète s'occupait de botanique, se rassura sur le titre du livre. « La *Métamorphose des Plantes*, je vois ce que c'est! s'écriat-il ; vous avez traité ce sujet à la manière d'Ovide : aussi suis-je bien impatient de lire vos gracieuses allégories de Narcisse, d'Hyacinthe et de Daphné métamorphosés en fleurs. » Un autre résumait ainsi l'intention secrète de l'ouvrage : « Goethe veut enseigner aux artistes à composer des arabesques avec des végétaux grimpants qu'il suit dans leur développement successif en se rapprochant de la manière des anciens. La plante aura d'abord des feuilles trèssimples, qui iront en se composant, se décomposant, se multipliant peu à peu, et deviendront de plus en plus compliquées à mesure qu'elles s'approcheront de l'extrémité. Là elles se réuniront pour former le fleur, disséminer les graines et recommencer une vie nouvelle. C'est tout simplement l'explication de certaines décorations antiques et le moyen d'en inventer de nouvelles. »

Quant aux savants, sauf une ou deux exceptions, ils furent unanimes dans les premières années pour opprimer la belle théorie de Goethe sous le plus injurieux silence. Avec quelle amertume, se souvenant de ces injustices et de ces mécomptes, Goethe revenait plus tard sur la pédanterie inhospitalière de la fausse science ! Il l'expliquait ainsi : « Les questions scientifiques sont très-souvent des questions d'existence. Une seule découverte peut faire la célébrité d'un homme et fonder sa fortune sociale. Voilà pourquoi règnent dans les sciences cette rudesse, cette opiniâtreté, cette jalousie des aperçus découverts par les autres. Dans l'empire du beau, tout marche avec plus de douceur ; les pensées sont toutes plus ou moins une propriété innée, commune à tous les hommes ; le mérite est de savoir les mettre en œuvre, et il y a naturellement là moins de place pour la jalousie. Mais dans les sciences la forme n'est rien ; tout est dans l'aperçu découvert. Il n'y a là presque rien de commun à tous ; les phénomènes qui renferment les lois de la nature sont devant nous, comme des sphinx immobiles, fixes et muets ; chaque phénomène expliqué est une découverte, chaque découverte une propriété. Si on touche à une de ces propriétés, un homme accourt aussitôt avec toutes ses passions pour la défendre. Mais ce que les savants regardent aussi comme leur propriété, c'est ce qu'on leur a transmis et ce qu'ils ont appris à l'Université. Si quelqu'un arrive apportant du nouveau, il se met en opposition par là même avec le *credo* que depuis des années nous ressassons et répétons sans cesse aux autres, et menace de renverser ce *credo* ; alors tous les intérêts et toutes les passions se soulèvent contre lui, et on cherche par tous les moyens possibles à étouffer sa voix. On lutte contre lui comme on peut : on fait comme si on ne l'entendait pas, comme si on ne le comprenait pas ; on parle de lui avec dédain, comme si ses idées ne valaient pas la peine d'être examinées, et c'est ainsi qu'une vérité peut très-longtemps attendre pour se frayer son chemin [1]. » Ce fut toujours là le point vulnérable, sensible jusqu'à l'irritation, parfois cicatrisé, jamais guéri, de cette âme, si fière d'ailleurs et si forte.

Cependant, en attendant le succès de sa doctrine de la métamorphose et comme consolation inespérée des mécomptes du présent, Goethe rencontra l'amitié de Schiller, qu'il dut précisément à ses travaux de naturaliste. Ce fut en 1794 que se fit cette rencontre, qui eut dans sa vie intellectuelle l'importance d'un événement. « Au milieu de ce pénible conflit, tous mes désirs, toutes mes espérances furent dépassés par mes relations avec Schiller, qui prirent alors naissance, et que je puis regarder comme le plus grand bonheur qui me fût réservé dans mon âge mûr. J'en eus l'obligation à mes travaux sur la métamorphose des plantes, par lesquels furent écartés les malentendus qui m'avaient longtemps éloigné de lui. » Ces malentendus étaient de plus d'un genre. Il serait puéril de prétendre les réduire à une misérable question d'amour-propre. Les deux âmes de Schiller et de Goethe étaient faites de ce métal divin que n'altère pas l'odieuse aigreur de l'envie. Ils

---

1. *Conversations*, t. 1er, p. 75.

montrèrent tous deux plus tard, dans une magnifique fraternité de génie, combien la gloire de l'un était chère à l'autre; mais des méthodes différentes de travail, des idées opposées sur la source de l'inspiration et même sur certains caractères de l'art, l'opposition de l'hellénisme, qui s'épure de plus en plus dans l'intelligence de Goethe par la connaissance de l'art antique, avec ce romantisme désordonné et paradoxal qui avait éclaté dans les premières œuvres de Schiller, *les Brigands, Don Carlos*, et surtout la culture profondément kantienne et idéaliste de l'un en contraste avec le panthéisme naturaliste de l'autre, tout cela faisait que, malgré les essais d'amis communs et les tentations du voisinage, un rapprochement semblait impossible. Nul ne pouvait nier, dit spirituellement Goethe, qu'entre deux antipodes intellectuels il y avait plus qu'un diamètre terrestre. On vit cependant qu'il pouvait exister entre eux une relation.

Un jour, à Iéna, le hasard, qui fut ce jour-là une providence, les fit se rencontrer à la sortie d'une séance de la Société des sciences naturelles. La conversation s'engagea. Schiller paraissait s'intéresser à ce qui s'était dit, mais il critiqua cette méthode morcelée et fragmentaire qui dominait alors dans la science. Goethe, qui se trouvait là sur son terrain, charmé d'y voir venir Schiller, répondit qu'il y avait peut-être une autre manière de traiter la nature, qui, au lieu de la prendre par fragments isolés, la présentait vivante et agissante, tendant de l'ensemble aux parties. Schiller, attiré, suivit son illustre interlocuteur et franchit la porte de sa maison. Goethe, pour qui la présence d'un hôte pareil valait le plus grand auditoire, exposa vivement la métamorphose des plantes, et en quelques traits de plume caractéristiques il fit naître sous ses yeux une plante symbolique. Son hôte écoutait, considérait la figure avec un grand intérêt, comprenait tout, mais pour tout ramener à son idéalisme. « Ce n'est pas là une expérience, s'écria-t-il, c'est une pure conception de votre esprit, c'est une idée. » La vieille querelle, entretenue à distance, allait d'un coup se réveiller. Goethe la détourna d'un mot ingénieux. « Je suis fort satisfait, répondit-il, d'avoir des idées sans le savoir, et de les voir même de mes yeux. » La discussion resta pacifique sans cesser d'être vive; à la fin, une trêve fut conclue. Puisque Schiller appelait *idée* ce que Goethe appelait *expérience*, il y avait donc entre l'un et l'autre quelque accommodement, quelque relation. Le premier pas était fait, « et c'est ainsi que, par la grande lutte entre le sujet et l'objet, cette lutte qui ne sera peut-être jamais terminée, nous scellâmes une alliance qui ne fut jamais rompue et qui fut suivie des plus heureux résultats. Pour moi en particulier, ce fut un nouveau printemps dans lequel on vit tout germer, tout éclore, la séve s'épanouir en rameau et s'élancer joyeusement au dehors [1]. »

---

1. *Annales*, p. 223.

Il était dans la destinée de Goethe, et je dirai même dans la condition humaine, de voir contester par les savants ou systématiquement supprimer par leur indifférence affectée le premier résultat de ses expériences et de ses institutions en histoire naturelle. Il ne fut pas plus heureux pour ses travaux d'anatomie qu'il ne l'avait été d'abord pour la métamorphose des plantes. A Weimar, il était devenu passionné pour la botanique. A Iéna, il était devenu anatomiste. Il avait suivi les cours, disséqué sous la direction du professeur Loder[1]; dès l'année 1730, il était sur la voie d'une idée féconde, qui n'est rien moins que l'idée-mère de l'anatomie philosophique. Il nous dit que dès cette époque il travaillait à l'établissement d'un type organique : il lui fallait par conséquent admettre que toutes les parties de l'animal, prises ensemble ou isolément, doivent se trouver dans tous les animaux. Or Camper et Blumenbach niaient l'existence chez l'homme de l'os intermaxillaire, et fondaient sur ce caractère une différence essentielle entre l'homme et le singe. Goethe essaya de prouver que c'était une erreur, et par une série d'expériences et de dessins comparatifs il réussit à donner à son opinion la force d'une démonstration. Il publia ses recherches en 1786 dans un mémoire intitulé : *De l'existence d'un os intermaxillaire supérieur chez l'homme comme chez les animaux.* Ce fut une des grandes émotions de sa vie. Je

---

1. *Œuvres d'histoire naturelle de Goethe*, p. 98.

doute qu'aucune création de son art lui ait donné une joie aussi vive que la découverte de cet os équivoque, restitué au squelette humain. Il écrit à Mme de Stein qu'il en est ému jusqu'au fond des entrailles. Malheureusement les partisans de Camper et Camper lui-même restèrent incrédules. Ce n'est que plus tard que la modeste découverte du poëte obtint droit de cité dans la science. Une idée beaucoup plus importante, l'analogie du crâne et de la vertèbre, conçue par lui dès 1790, ne fut développée qu'en 1820. La conséquence de ces divers travaux était la conception du type ostéologique. C'est dans cet ordre d'études que l'esprit généralisateur du poëte pouvait se déployer à l'aise. Dans une foule de mémoires, dont le plus important est l'*Introduction à l'anatomie comparée fondée sur l'ostéologie*, Goethe, poursuivant pour l'organisme animal cette vue d'unité qu'il a montrée réalisée dans le monde végétal, s'efforce de ramener tous les animaux à un seul type et tous les os du squelette à un os unique (la vertèbre), comme il a ramené tous les organes des plantes au cotylédon. Dans ce travail, comme dans ceux qui le suivirent à différents intervalles, tous consacrés à la zoologie, se trouvent répandus, à travers bien des témérités et des opinions paradoxales, une multitude de principes simples et larges qui depuis ce temps ont passé dans la science. N'oublions pas parmi les travaux scientifiques du grand poëte, le mémoire important sur *l'Expérience considérée comme médiatrice entre le sujet et l'objet* (1793).

Il fallait bien que la part du poëte se marquât même dans le savant, et que l'imagination, cette faculté maîtresse de la poésie, troublât, au moins une fois, dans cet ordre d'études, l'équilibre de cette belle intelligence. Il y eut toujours, on l'a vu, dans ce cerveau si merveilleusement organisé, un coin pour le chimérique. C'est là qu'avait régné, dans sa première jeunesse, la chimie mystique de Mlle de Klettenberg; c'est là qu'avait dominé pendant quelque temps Paracelse, là enfin que l'illuminisme humanitaire de Lavater avait pénétré un jour. Plus tard, par l'effet d'une combinaison singulière entre l'esprit scientifique et l'esprit de chimère, c'est là que prirent naissance les illusions systématiques, les expériences ingénieusement fausses, les raisonnements pleins d'une ruse innocente sur lesquels se fondait dans l'esprit du poëte la trop célèbre théorie des couleurs. On le surprend encore une fois abandonnant la voie des belles découvertes pour se jeter dans de véritables aventures d'idées avec cette intrépidité qui ne sert qu'à mener plus loin dans le faux un vigoureux esprit. Il n'entreprend rien moins que de faire la guerre à Newton, de renverser sa théorie sur la composition du rayon lumineux et de renouveler l'optique[1]. Tandis que toute la physique moderne est d'accord pour admettre, d'après l'expérience positive du prisme, que la couleur provient

---

1. Voir l'analyse détaillée et l'historique de cette théorie des couleurs, chapitres IV, V, VI, VII, dans la deuxième partie des *Œuvres scientifiques de Goethe*, par M. Ernest Faivre.

de la lumière, et que les objets diversement colorés ne font que réaliser les conditions diverses à l'aide desquelles le rayon lumineux est décomposé en ses couleurs primitives, Goethe imagine et pose en principe que l'obscur a une réalité aussi bien que le clair, et que la clarté et l'obscurité sont dans une perpétuelle opposition. Tout son système s'ensuit. L'obscur ayant une valeur objective comme le clair et se trouvant en antagonisme perpétuel avec lui, les couleurs s'expliquent par un mélange de l'obscur et du clair à différents degrés. Du côté lumineux naissent le jaune, le jaune orangé et le rouge, par suite d'un affaiblissement graduel de l'intensité lumineuse; le jaune n'est donc qu'un blanc légèrement obscurci. Du côté de l'obscurité se développent le bleu, le violet, le rouge; le bleu n'est donc qu'un noir légèrement éclairci. Le rouge établit la transition entre la lumière et l'ombre; il est la synthèse de l'une et de l'autre. Ce faux système et les expériences illusoires par lesquelles il essaye de le soutenir remplissent plusieurs années de sa vie. Au milieu du bouleversement de l'Allemagne, pendant que sa patrie est en feu, à l'heure suprême de la bataille d'Iéna, Goethe ne rêve que chambre obscure, microscope solaire, prismes, lentilles. L'ennemi de la patrie n'est pas pour lui Napoléon, c'est Newton. En 1810 enfin, après d'innombrables travaux, il publie le *Traité des Couleurs*, ouvrage considérable par la force de conception dans les détails, par les ressources d'esprit, par les recherches historiques, par l'ingénieuse variété des expériences et les ravissantes applications que l'auteur fait de sa théorie aux beaux-arts, autant qu'illusoire par son hypothèse fondamentale et stérile pour le vrai progrès de la science. Hegel seul, parmi les hommes célèbres de son temps, adopte avec un enthousiasme compromettant cette théorie, qui semblait inventée pour fournir à son système une application inespérée. Quelle bonne fortune pour l'antinomie fondamentale de l'être et du non-être réconciliés dans le devenir que cette *thèse* du clair, cette *antithèse* de l'obscur, réconciliées dans la gradation et la dégradation des couleurs, qui ne sont, dans cet ordre de phénomènes, qu'un perpétuel devenir! Mais, hélas! que valait le suffrage de Hegel lui-même au prix de la grande humiliation qui vint de Paris? Malgré les vives sollicitations et l'active influence de M. Reinhard, l'Académie des sciences refuse de faire un rapport. L'un des commissaires garde le silence; Delambre se borne à dire : « Des observations, des expériences, et surtout ne commençons point par attaquer Newton! » Cuvier, plus dédaigneux encore, déclare qu'un tel travail n'est pas fait pour occuper une académie, et l'on passe à l'ordre du jour.

Ainsi cette guerre, imprudemment entreprise contre Newton, se terminait par un désastre. On peut dire que ce fut là le grand souci de la vie de Goethe, bien plus encore que l'insuccès provisoire de ses essais en histoire naturelle. Sans doute il sentait instinctivement que la *Métamorphose des plantes* aurait son jour dans la science. Cette assurance dans l'avenir l'abandonnait un peu quand il s'agissait de sa chère théorie, si rudement malmenée dans le monde scientifique, et que ses infortunes lui rendaient plus chère encore. Il y revient constamment, se plaignant de l'ingratitude des hommes, accusant les coalitions, les coteries, le pédantisme, l'érudition officielle, le grimoire d'école, mais surtout l'infatuation des mathématiciens, qui, l'attaquant du côté de ses ignorances, lui déniaient le droit de traiter de l'optique sans avoir la clef de la haute physique, le calcul, le nombre. Cela du moins nous a valu cette charmante tirade, le meilleur résultat de la *Théorie des couleurs* : « J'honore les mathématiques comme la science la plus élevée et la plus utile tant qu'on l'emploie là où elle est à sa place; mais je ne peux approuver qu'on en fasse abus en dehors de son domaine, et là où la noble science semble une niaiserie. Comme si un objet n'existait que si on peut le prouver par les mathématiques! Ne serait-il pas fou celui qui ne voudrait croire à l'amour de sa maîtresse que si elle peut le lui prouver mathématiquement? Elle lui prouvera mathématiquement sa dot, mais non son amour. Ce ne sont pas non plus les mathématiciens qui ont trouvé la métamorphose des plantes! Je suis venu à bout de tout sans mathématiques, et il a bien fallu que les mathématiciens en reconnaissent la valeur. Pour comprendre les phénomènes de la *Théorie des couleurs*, il ne faut rien de plus qu'une observation nette et une tête saine ; ce sont deux choses plus rares qu'on ne croit. »

Vers la fin de sa vie, il lui vint un disciple ; mais quel disciple modeste ! Eckermann, longtemps endoctriné, Eckermann, son confident, d'ailleurs parfaitement étranger à toute science positive, se crut un jour touché de la grâce, se mit à étudier avec ferveur le beau livre si mal reçu par les hommes ingrats, et commença lui-même à faire des expériences dans le sens de la théorie. Quelle ne fut pas la joie de Goethe ! « C'est que, disait-il naïvement, je ne fais pas trop de cas de tout ce que j'ai produit comme poëte. D'excellents poëtes ont vécu en même temps que moi, de plus grands que moi ont vécu avant moi, et il en viendra de pareils après moi ; mais que j'aie été dans mon siècle le seul qui, dans la science difficile de la *Théorie des couleurs*, ait vu la vérité, voilà ce dont je suis fier et ce qui me donne le sentiment de ma supériorité sur un grand nombre d'hommes. » Eckermann, avec son enthousiaste ignorance, entrait de plus en plus dans la théorie. O fragilité des espérances humaines ! Être sur le point d'avoir un disciple, n'en avoir qu'un et le perdre ! Il arrive un jour à Eckermann de découvrir dans la *Théorie des couleurs* une explication contraire aux faits. Après bien des hésitations, avec des circonlocutions, il confesse à Goethe la tentation, le doute dont il est assailli. A peine a-t-il commencé à parler que le visage serein et calme de Goethe s'assombrit, et le disciple éperdu voit trop clairement que le maître n'accueille pas ses critiques. Les épigrammes, l'ironie, tombent sur lui. « La seule chose bonne qui soit en vous, lui fut-il dit d'un air sec, c'est qu'au moins vous, vous êtes assez honnête pour dire tout droit ce que vous pensez; » puis, se ravisant, un peu confus peut-être de sa rapide colère : « Il se passe pour ma *Théorie des couleurs*, continua Goethe d'un air plus gai, ce qui s'est passé pour la doctrine chrétienne. On croit quelque temps avoir des disciples fidèles, et avant que l'on y ait pris garde, ils se séparent de vous et forment une secte! Vous êtes un hérétique comme les autres, car vous n'êtes pas le premier qui m'ait abandonné. Je me suis séparé des hommes les meilleurs pour des divergences sur quelques points de cette théorie. » Et il lui cita des noms connus, en le reconduisant doucement jusqu'à la porte, sans pouvoir s'empêcher, sur le seuil, de lui jeter encore, moitié riant, moitié se moquant, quelques mots sur les hérétiques et l'hérésie[1].

Cet insuccès persistant et définitif fut le seul chagrin qui, dans les dernières années de Goethe, déconcerta parfois son tranquille bonheur au milieu des enthousiasmes de sa patrie, et vint troubler la sérénité de sa vivante apothéose. Depuis 1815, ses belles découvertes en botanique, ses vues élevées en anatomie, étaient sorties victorieusement de l'ombre et dominaient l'indifférence injuste de la science aussi bien que la défiance systématique de l'opinion.

1. *Conversations*, t. II, p. 98; — t. Ier, p. 225, etc.

Les relations de Goethe s'étendent presque dans tout le monde civilisé, une vaste correspondance le tient au niveau des idées et en commerce avec toutes les grandes intelligences scientifiques de son temps, à Berlin, à Londres, à Paris. La dernière période de cette longue vie s'écoule et s'achève ainsi dans cette incroyable activité d'esprit, enfin triomphante sur les principaux points, et dans la joie calme de cette curiosité universelle que l'âge n'a pu refroidir. Tous les progrès de la botanique, de l'anatomie, de la physique, de la chimie, de la géologie[1], dont il a toujours étudié avec passion les différents systèmes, tous les travaux, les découvertes, les grandes expériences, lui deviennent présents et familiers. Il se tient là, à Weimar, dans son cabinet d'études, comme dans un centre d'observation où convergent les idées nouvelles. Il ne reste étranger à aucun succès, à aucun talent, à aucune question, à aucun débat. A quatre-vingts ans et plus, tandis qu'il résume et refond ses travaux scientifiques, tandis qu'il écrit le quatrième livre de ses *Mémoires* et qu'il

---

1. Pour être complet dans nos indications, il faudrait marquer ici la place des grandes vues de Goethe en géologie et la situation qu'il a prise dans la querelle des Plutoniens et des Neptuniens. — Goethe géologue est le père de l'importante théorie du métamorphisme (encore l'idée de la métamorphose !), qui semble gagner de jour en jour un plus grand nombre de partisans dans la science. Mais nous aimons mieux renvoyer le lecteur, sur cette question spéciale, à l'ouvrage de M. Faivre, aux traductions et aux notes de M. Martins, pour ne pas réduire en fragment trop multipliés et comme en poussière d'idées notre exposition philosophique.

achève les dernières scènes de *Faust*, il suit avec un intérêt vif et un jugement excellent, tantôt ces belles leçons par lesquelles MM. Guizot, Cousin, Villemain, renouvelaient dans tous les genres, dans l'histoire, dans la critique et la philosophie, l'esprit français, tantôt les phases si animées de ce grand duel scientifique que se livraient Cuvier et Geoffroy Saint-Hilaire sur les principes de la nature, et qui partageaient l'Europe et la science : heures mémorables où la Sorbonne et l'Institut tenaient ainsi le monde savant sous le charme de leurs talents et sous l'empire de leurs idées !

Quelle belle scène que celle où nous saisissons, lors de ce grand débat, sous la prose d'ordinaire un peu endormie d'Eckermann et cette fois éveillée, les ardeurs toujours jeunes du génie ! Les nouvelles de la révolution de juillet arrivaient à Weimar le lundi 2 août 1830. Toute la ville était en mouvement. Eckermann alla chez Goethe dans le cours de l'après-midi. « Eh bien ! lui cria Goethe en le voyant, que pensez-vous de ce grand événement ? Le volcan a fait explosion : tout est en flammes, ce n'est plus un débat à huis-clos ! — C'est une terrible aventure, répondit Eckermann ; mais dans des circonstances pareilles, avec un pareil ministère, pouvait-on attendre une autre fin que le renvoi de la famille royale ? — Nous ne nous entendons pas, mon bon ami, dit Goethe. Je ne vous parle pas de ces gens-là. Il s'agit pour moi de bien autre chose ! Je vous parle de la discussion, si importante pour la science, qui a éclaté publiquement entre Cuvier et Geoffroy Saint-Hilaire. » Et comme Eckermann restait muet et interdit : « Le fait est de la plus extrême importance, continua Goethe, et vous ne pouvez vous faire une idée de ce que j'ai éprouvé à la nouvelle de la séance du 19 juillet. Et voyez combien est grand en France l'intérêt de cette affaire, puisque, malgré les terribles agitations de la politique, la salle était pleine à cette séance. La méthode synthétique ne reculera plus maintenant, voilà ce qui vaut mieux que tout. La question est devenue publique, on ne l'étouffera plus.... Voilà cinquante ans que je travaille à cette grande question ; j'ai commencé seul ; j'ai rencontré plus tard quelques secours, et enfin à ma grande joie j'ai été dépassé par des esprits de ma famille. Quand j'ai envoyé à Pierre Camper un premier aperçu sur l'os intermaxillaire, à ma grande tristesse, je suis resté complétement incompris ; je ne réussis pas mieux avec Blumenbach : cependant, après des relations personnelles, il se rangea à mon avis. J'ai ensuite gagné des partisans dans Sœmmering, Oken, Dalton, Carus et d'autres hommes également remarquables ; mais voilà que Geoffroy Saint-Hilaire passe de notre côté, et avec lui tous ses grands disciples, tous ses partisans français ! Cet événement est pour moi d'une importance incroyable, et c'est avec raison que je me réjouis d'avoir assez vécu pour voir le triomphe général d'une théorie à laquelle j'ai consacré ma vie, et qui est spécialement la mienne. » Geoffroy Saint-Hilaire a pris en main la défense de la *grande idée.* « Et maintenant je peux mourir ! » s'écrie Goethe, non pas sans avoir consacré ses dernières veilles à un long et fidèle mémoire sur la discussion de l'Institut. Il mourait en effet quelques mois après avoir initié l'Allemagne à ses grandes espérances.

Telle fut la vieillesse et telle aussi la vie scientifique de Goethe. On s'étonne, quand on vient à penser que dans l'intervalle de ces travaux, qui suffiraient à remplir une laborieuse existence, le même esprit produisait sans relâche des œuvres dont quelques-unes feront l'admiration de tous les siècles. Le caractère de ce génie, c'est l'immensité. S'il existe des génies plus profonds, je n'en connais pas de plus vastes, et dont l'activité se soit portée aussi loin en même temps dans toutes les directions de la pensée.

CHAPITRE IV.

LA PHILOSOPHIE DE GOETHE. — SES IDÉES SUR LA MÉTHODE SYNTHÉTIQUE. — SES RAPPORTS AVEC GEOFFROY SAINT-HILAIRE.

Goethe n'est plus à juger comme naturaliste, et notre incompétence personnelle se garderait bien d'ajouter une appréciation à toutes celles dont il a été l'objet. Les savants les plus autorisés ont analysé ses travaux, exposé ses idées pour les approuver ou les discuter : en Allemagne, Clemens, Carus, Oken, Schmidt, Bertholdt, Helmholtz, et le dernier de tous, Virchow; en Angleterre, Lewes au second volume de sa *Vie de Goethe;* en France, dès 1836, Étienne Geoffroy Saint-Hilaire dans les *Compte-Rendus* de l'Académie des sciences, M. Charles Martins, auteur d'une excellente traduction des œuvres d'histoire naturelle du poëte, avec des éclaircissements et des notes qui nous ont été d'un grand secours; en 1838, M. Littré, qui a publié à l'occasion de cette traduction, un savant article[1]; tout récemment enfin, l'ouvrage de M. Ernest Faivre, conclusion naturelle de ces divers travaux qu'il résume et qu'il complète par une analyse très-détaillée des meilleurs écrits du poëte sur la botanique, l'anatomie comparée, la géologie et l'optique, en même temps que par une appréciation générale de ses doctrines en histoire naturelle. MM. Ch. Martins et Faivre, ont étudié avec un tel soin cette partie des œuvres de Goethe, qu'ils ont fait leurs obligés de tous ceux qui reviennent à ce grand sujet. Si ce n'est pas précisément une découverte, c'est du moins en France une prise de possession.

L'objet que nous nous proposon. ici n'est pas le même. Nous ne prétendons examiner les travaux scientifiques de Goethe que dans leurs rapports avec sa philosophie. Un esprit généralisateur comme celui-là n'a pu se restreindre à quelques découvertes ni à quelques aperçus de détail. Il a certainement cédé à l'attrait souverain des grandes vues; il a dû concevoir à sa façon la nature après en avoir observé les phénomènes avec toute l'attention dont il était capable. Comment cette conception de la nature s'est-elle progressivement formée dans son esprit? Par quels degrés de généralisations successives sa pensée s'est-elle élevée jusqu'à ces hauts sommets d'où elle domine encore une partie de son temps et

---

1. *Revue des Deux-Mondes* du 1er avril 1838.

de son pays ? Telle est la question que nous avions constamment devant les yeux lorsque nous parcourions avec curiosité ces riches domaines, moins spécialement réservés que l'on ne pourrait le croire, accessibles même aux profanes, la *Morphologie* et les *Fragments d'histoire naturelle*. Dans le savant nous cherchions le philosophe. L'avons-nous trouvé ? tenons-nous enfin les véritables sources de la philosophie de Goethe ?

Si l'on a suivi, dans le tableau que nous venons de tracer, les travaux scientifiques de Goethe, on a pu voir que ses découvertes positives ne sont pas très-nombreuses : c'est la métamorphose des plantes, c'est l'os intermaxillaire rétabli dans le squelette humain, c'est l'analogie du crâne et de la vertèbre. Encore la priorité de cette dernière théorie, les vertèbres crâniennes, lui a-t-elle été vivement disputée, soit par Oken, qui en a donné en 1807 le développement scientifique, soit par d'autres adversaires qui ont signalé pour la première fois cette vue dans les leçons du professeur Peter Franck dès 1792, tandis que l'*Histoire de mes travaux anatomiques*, où Goethe a publié ses idées sur ce sujet, n'a paru qu'en 1820. Néanmoins l'auteur déclare expressément « que depuis trente années il était convaincu de cette affinité secrète du crâne et de la vertèbre, » et la preuve en est dans ses lettres et ses cahiers de morphologie. Quoi qu'il en soit de cette contestation et de bien d'autres qui n'ont épargné ni sa découverte de l'os intermaxillaire, ni même sa théorie de la métamorphose des plantes, dont la *Philosophie botanique* de Linné contient le germe[1], ce n'est pas dans les résultats positifs des travaux de Goethe qu'il faut chercher la mesure de sa valeur scientifique. Elle est ailleurs, dans les aperçus philosophiques sur la science de la nature répandus à travers tous ses écrits d'une main presque prodigue. C'est là qu'on peut prendre une juste idée de cet esprit si compréhensif et si pénétrant.

De l'aveu de tous les grands naturalistes du dix-neuvième siècle, de Cuvier lui-même comme de Geoffroy Saint-Hilaire et de Humboldt, Goethe a marqué avec décision les voies nouvelles où cette science allait s'avancer à grands pas. Il a défini en traits parfois admirables la méthode synthétique; il a exposé sous mille formes variées et traduit dans les plus élégantes formules les beaux résultats de cette méthode : l'unité organique, qu'il appelle *unité de type*, et toutes les lois qui en dépendent, celle des métamorphoses, la connexion des parties, le balancement des organes[2]. Il n'est resté étranger à aucune de ces grandes conceptions qui ont fondé

---

1. « Principium florum et foliorum idem est. »
2. Peut-on exprimer avec plus de grâce et de précision à la fois cette loi du balancement des organes que ne l'a fait Goethe dans les lignes suivantes : « La nature, comme doit le faire un bon administrateur, s'est fixé une certaine somme à dépenser, un certain budget; elle se réserve un droit absolu de virement d'un chapitre à un autre, mais elle ne dépasse jamais dans les dépenses le total fixé. Si elle a trop dépensé d'un côté, elle fait ailleurs une économie égale, et toujours elle arrive à une balance en équilibre parfait. » (Mémoire de Goethe sur la discussion de Geoffroy Saint-Hilaire et de Cuvier.)

ou renouvelé l'anatomie philosophique ; il les a toutes pressenties ou devinées dans le même temps que ceux qui en ont été les plus grands interprètes. Il s'est emparé dans ce siècle, avec une force et une autorité qu'aucun autre jusqu'à Geoffroy Saint-Hilaire n'a égalées, de cette idée maîtresse de la science, à savoir que, pour l'accomplissement des actes de la vie, la nature semble s'être dissipée dans la profusion des détails, dans la multiplicité des organes et la variété des formes, mais que, pour le regard de l'observateur attentif au fond des choses, cette diversité de formes et d'organes recouvre une unité mystérieuse, sensible par ses effets, qui rattache les êtres les uns aux autres et les domine tous, — qu'une industrie suprême compense par la généralité des lois l'incroyable fécondité des combinaisons, — que partout, prodigue de variétés, avare d'innovations, l'énergie créatrice diversifie à l'infini la vie en lui assignant, dans quelques conditions très-simples et très-générales, une limite qu'elle ne peut franchir, — enfin que tout, dans le *cosmos*, semble obéir à des règles uniformes et constantes qui, bien observées, saisies dans leur simplicité essentielle à travers le tumulte des faits et la complexité des phénomènes, nous révèle le procédé fondamental, la loi même du travail de la nature. Cette conviction, qui anime tous les écrits de Goethe et inspire tous ses travaux, n'est-elle pas le résultat le plus élevé de l'étude du monde organique et la marque même de l'esprit scientifique? Si elle s'est égarée en s'exagérant sous l'obsession de l'idée spinoziste, si elle a fini par aboutir à une conception panthéistique de la nature, c'est qu'alors Goethe a cessé d'être fidèle à ce même esprit scientifique qui n'autorise pas de semblables conclusions. Le métaphysicien a fini par entraîner le naturaliste.

Une des parties les plus remarquables de sa philosophie naturelle est sans contredit l'ensemble de ses vues sur la méthode. Il prétend se tenir à distance des témérités de la philosophie spéculative qui, partant de ce principe que l'acte de la connaissance est identique à l'acte de la création, déduit l'objet du sujet, les formes de la nature des conceptions et des lois de l'esprit, construit le monde *a priori*, le crée par sa pensée, supprimant ou mutilant les faits, les pliant de gré ou de force sous l'impérieux niveau de la théorie, poursuivant dans chacune des parties la représentation de la totalité, ramenant enfin la libre variété des phénomènes et des êtres au système le plus rigoureux de l'identité comme Schelling et ses disciples naturalistes, Oken et Spix, comme Hegel, quand il déclare « que la nature étant l'idée réfléchie hors d'elle-même, déterminée et comme *antériorisée*, ses beautés ne peuvent avoir rien de supérieur à nos œuvres. » C'est là évidemment ce qui faisait dire à Goethe que « les théories sont d'ordinaire l'œuvre précipitée d'un esprit impatient qui voudrait se débarrasser des phénomènes et qui leur substitue des images, des conceptions, souvent même des mots et rien de plus…. Quelque effort, ajoutait-il, que fasse l'idéalisme contre les choses telles qu'elles sont en soi, il se heurte toujours contre les objets extérieurs qui ne cessent d'embarrasser sa route.... Les idéalistes font de vains efforts pour arriver du *moi* au *non-moi*. »

Mais il se tient à égale distance de l'empirisme baconien et les timidités de l'expérimentation exclusive ne lui plaisaient guère plus que les excès de l'idéalisme. Il ne pouvait souffrir cette méthode fragmentaire qui s'enferme dans quelque étroite spécialité, notant les détails, classant, étiquetant, sans jeter jamais ses regards au dehors, et dans le bonheur tranquille et vulgaire des classifications artificielles, des nomenclatures, perdant de vue les rapports et l'harmonie des êtres. C'est là le triste état où se trouvait la science de l'anatomie, quand il commença de l'étudier. Les observations isolées s'accumulaient, nous dit-il; quelques-unes étaient le résultat de recherches suivies, d'autres le produit du hasard ; mais bien des erreurs s'y étaient glissées, parce que ces observations n'étaient ni coordonnées entre elles ni généralisées. D'autres étaient tout à fait incomplètes et une terminologie vicieuse imposait des noms différents à des organes analogues.... Le défaut le plus grave était le manque d'un point central, autour duquel on pût grouper les faits, d'un point de vue d'où il fût possible de prendre des idées d'ensemble.... De plus, on partait de principes dont la vérité n'était pas suffisamment établie. Les uns s'en tenaient platement aux faits matériels, sans les féconder par la réflexion ; les autres cherchaient à sortir d'embarras au moyen des causes finales, et tandis que les premiers ne s'élevaient jamais à l'idée d'un ensemble vivant, les autres s'éloignaient sans cesse du but qu'ils croyaient atteindre, se perdant en vaines spéculations sur l'âme des animaux, sur d'autres questions aussi inutiles, au lieu de s'attacher au témoignage des sens et à l'observation [1].

Ces vues critiques sont exposées dans un petit traité dont le titre significatif est : *De l'expérience considérée comme médiatrice entre l'objet et le sujet* (1793). La conclusion s'annonce d'elle-même. Dans l'observation minutieuse, l'esprit est absorbé par les détails de l'objet : il ne réagit pas sur ce qu'il examine, il ne le domine pas ; il devient le contemplateur passif du fait. Dans la spéculation pure, l'esprit tout entier a la prétention insensée de créer l'objet, de le tirer avec sa réalité et ses phénomènes des profondeurs de sa propre pensée. Cette grande querelle du sujet et de l'objet, c'est l'expérience bien comprise, bien dirigée, qui la termine. Elle se fait médiatrice entre les deux termes et les réconcilie dans une méthode féconde, qui est un empirisme sans doute, mais relevé, éclairé par l'entendement. La véritable expérience fait donc sa part équitable à l'intelligence, qui saisit, compare, coordonne et perfectionne l'observation ; elle applique et emploie *cette force indépendante et en quelque*

---

1. *Œuvres d'histoire naturelle*, trad. Ch. Martins, p. 6.

sorte créatrice, mais en la régularisant, en la surveillant, en s'y confiant sans s'y abandonner. Les conditions de cette surveillance sont établies avec le plus grand soin : il faut se tenir en garde contre toute précipitation, en garde surtout contre ses propres résultats, s'observer incessamment soi-même. L'origine la plus ordinaire des erreurs scientifiques étant dans le parti pris de l'observateur, qui cherche à faire cadrer immédiatement une observation avec son opinion préconçue ou sa manière de voir, l'art est de varier les *expériences isolées* et de les lier entre elles. On arrive ainsi à former, sur un sujet déterminé, une série d'expériences que Goethe appelle *congénères*, qui se touchent immédiatement, qui se lient entre elles, comme les faits dans la réalité, et qui, lorsqu'on les considère dans leur ensemble, ne forment, à proprement parler, qu'une seule expérience, présentée sous mille points de vue différents. Une observation de ce genre qui en renferme plusieurs est évidemment d'un ordre plus relevé; elle est l'analogue de la formule algébrique, qui représente des milliers de calculs arithmétiques isolés. Ces sortes d'expériences capitalisées, si je puis dire, sont comme les démonstrations mathématiques plutôt encore des *exposés*, des *récapitulations*, que des *arguments*. L'avantage en est considérable ; les éléments de ces observations d'un ordre supérieur consistent en un grand nombre d'expériences isolées; chacun peut les examiner et les juger en détail pour s'assurer que la formule générale est bien l'expression de tous les cas individuels. Dans l'autre méthode, au contraire, qui consiste à soutenir son opinion par des expériences isolées qu'on transforme en arguments, on ne fait le plus souvent que surprendre le jugement sans amener la conviction [1].

Mais c'est dans les *Pensées* [2] que l'on pourrait recueillir les plus belles vues sur l'art d'interroger la nature, sur la nécessité d'établir l'expérience comme intermédiaire entre l'esprit et le monde extérieur, sur la fécondité de la synthèse, sans laquelle l'analyse languit et meurt dans l'inutile nomenclature des détails, sur le sens intérieur des grandes découvertes et l'harmonie préétablie entre la réalité, qui est dans l'objet, et la vérité, qui est dans l'esprit. Cette forme libre des *aphorismes* convient mieux à Goethe que le développement continu d'un principe philosophique. On sent qu'il a beaucoup médité sur ces grands sujets, mais que le temps ou le goût lui a manqué pour donner une forme régulière à ses méditations. En général, il aime peu tout ce qui ressemble au didactique. Aussi ses réflexions se présentent sans ordre, elles se ramassent dans des maximes elliptiques, heurtées, pressées, qui éclatent et produisent sur l'esprit du lecteur l'effet d'une scintillation continuelle d'éclairs. Plusieurs, dans la précipitation de la formule qui les a retenues et fixées au passage, sont restées obscures, d'autres sont fort

1. *Œuvres d'histoire naturelle de Goethe*, trad. Ch. Martins, p. 13, etc.
2. *Œuvres de Goethe*, traduction Porchat, t. Ier, p. 479.

contestables et impliquent une conception arbitraire de la nature ; mais combien il y en a qui, semées au hasard, jetées avec une sorte de négligence ironique ou de hautaine indifférence, ouvrent à l'esprit de soudains et grands aperçus sur la réalité ou sur la science! Nous en rappellerons quelques-unes qui résument l'esprit philosophique de sa méthode dans sa hardiesse et ses témérités. « — Propriété fondamentale de l'unité vivante : se diviser, se réunir, se déployer dans l'universel, persister dans le particulier, se transformer, se spécifier.... Formation et dépérissement, création et destruction, naissance et mort, tout agit pêle-mêle. » De là nécessité d'appliquer l'analyse et la synthèse à cette réalité fuyante : « si toute la nature est une composition et une décomposition perpétuelle, il s'ensuit qu'en observant cet état de choses prodigieux, les hommes devront faire comme la nature, composer et décomposer tour à tour. » Et ailleurs : « Pour me préserver d'erreurs, je considère tous les phénomènes comme indépendants les uns des autres, et je m'efforce de les isoler. Ensuite je les considère comme des termes corrélatifs, et par l'enchaînement ils prennent une véritable vie. » — Du reste qu'y a-t-il au fond de cette querelle éternelle de l'universel et du particulier ? « Qu'est-ce que l'universel ? Le cas individuel. Qu'est-ce que le particulier ? Des millions de cas. L'universel et le particulier coïncident. Le particulier est l'universel manifesté dans diverses conditions. Pour concevoir que le ciel est bleu partout, on n'a pas besoin de faire le tour du monde. » A qui sait comprendre les choses, toute réalité est déjà théorie, car tout fait contient l'universel. L'art est de l'y saisir et de l'en dégager. On voit d'après cela à quoi se réduit le débat séculaire entre l'analyse et la synthèse, entre la perception du *particulier* ou du détail et l'intuition de l'*universel* ou de l'ensemble. « Ceux que j'appellerais *universalistes* sont persuadés qu'avec des déviations, il est vrai, et des diversités infinies tout est présent partout et qu'on peut même espérer de le découvrir; les autres que je nommerai *singularistes* tendent toujours à relever les exceptions dans les cas où le type tout entier n'est pas exprimé; en quoi ils ont raison. Leur tort est seulement de méconnaître la forme fondamentale, lorsqu'elle s'enveloppe, et de la nier, lorsqu'elle se cache. »

L'esprit analytique est le sens de l'individuel, l'esprit synthétique le sens de l'universel. Toutes ces querelles de l'analyse et de la synthèse sont vaines; elles ne dureraient pas longtemps, si ces deux termes ne représentaient deux familles d'esprits originellement et éternellement distinctes. Chaque analyse suppose une synthèse perdue ou pressentie, et si elle travaille pour quelque chose, c'est pour la retrouver. De son côté, le véritable esprit synthétique ne néglige pas l'analyse. « Pendant toute ma vie, j'ai suivi la double méthode synthétique et analytique; c'était pour moi comme la systole et la diastole de l'esprit humain, comme une seconde respiration plus intime qui ne saurait s'arrêter, dont le double mouvement se continue toujours.... Séparer et unir sont les deux actes nécessaires de l'entendement. On est forcé, qu'on le veuille ou non, d'aller du particulier au général et du général au particulier ; plus ces fonctions intellectuelles que je compare à l'inspiration et à l'expiration s'exécuteront avec force, plus la vie scientifique du monde sera florissante. » Il faut se servir de toutes les ressources de l'esprit. L'induction que Goethe semble confondre avec la construction *a priori* et qui lie arbitrairement des faits entre eux, lui paraît funeste ; mais l'exposition par analogie lui semble aussi utile qu'agréable. « Le cas analogue ne prétend pas s'imposer ni rien prouver, il se place en regard d'un autre sans se lier à lui. » Dans les sciences de la nature comme dans les autres, tout se réduit en définitive à savoir si la nature nous a donné pour cela les facultés intellectuelles et morales : les facultés intellectuelles, c'est-à-dire l'intuition et le don d'observation, les facultés morales, afin d'écarter, disait Goethe, les mauvais génies qui pourraient nous empêcher de rendre hommage à la vérité. Ces mauvais génies qu'il s'agit de conjurer, sont la passion, l'amour-propre, la prévention, le préjugé.

L'esprit synthétique, étant le sens de l'universel, est par excellence l'instrument des grandes découvertes. « Tout ce que nous appelons invention, découverte, dans le sens élevé, est la mise en pratique, la réalisation remarquable d'un sentiment originel de vérité, qui, longtemps cultivé dans le silence, conduit inopinément, avec la vitesse de l'éclair, à une conception féconde. C'est une révélation qui se développe de l'intérieur à l'extérieur, qui fait pressentir à l'homme sa ressemblance avec la Divinité. C'est une synthèse du monde et de l'esprit qui nous donne la plus délicieuse assurance de l'éternelle harmonie de l'être. » Ce sens intuitif peut arriver dans certaines natures privilégiées à une sorte d'identité momentanée avec la réalité. « Il est un empirisme délicat qui s'identifie profondément avec l'objet, et par là devient science; mais cette exaltation des facultés intellectuelles appartient à une époque très-avancée. » Toute cette théorie de l'invention ou de la découverte repose sur cet aphorisme, empreint d'une sorte d'inspiration platonicienne : « Il existe dans la réalité, dans l'objet, une loi inconnue qui répond à une loi inconnue dans le sujet, l'esprit humain. » Le génie consiste à découvrir cette loi cachée dans les profondeurs muettes des choses, et dont il porte en soi la formule encore inaperçue.

Voilà ce que l'Allemagne a nommé le *réalisme* de Goethe, et ce que lui-même appelle l'*empirisme intellectuel*. Empirisme sans doute, puisque Goethe ne souffre pas que l'on construise *a priori* le monde, qui, étant l'épanouissement libre et varié de la vie, ne peut se réduire aux formes étroites d'un système; mais empirisme dirigé par l'intuition, guidé par la plus belle et la plus pure lumière de la raison, essayant de réaliser « cette synthèse du monde et de l'esprit » qui s'accomplit par la conformité d'une grande conception avec la loi des choses ; — empirisme singulièrement large, puisqu'il ne se refuse même pas à concevoir un certain idéal qui, pour nous aider à comprendre la réalité, la corrige ou la complète sur certains points (par exemple le type anatomique, vrai sans être réel). La difficulté est de distinguer cet idéal, qui n'est que la perfection de la réalité conçue par l'esprit, des conceptions vaines et pourtant spécieuses des spéculatifs purs. « Il faut une tournure d'esprit particulière, disait Goethe, pour saisir dans son véritable caractère la réalité sans forme et la distinguer des chimères qui s'imposent vivement à nous avec une certaine réalité. » Cet empirisme peut se résumer ainsi : la contemplation des grandes lois générales pressenties par la raison, confirmées par l'expérience.

En lisant les *Pensées* de Goethe sur les sciences naturelles, on croit assister à cet entretien d'Iéna, qui après avoir commencé par une discussion vive entre Goethe et Schiller sur les principes de la méthode, finit par une immortelle amitié. Quelques jours après cette rencontre mémorable, Schiller, le grand disciple de Kant, Schiller l'idéaliste, encore sous l'impression de cette activité universelle et de cette puissance du génie qui ce soir là lui avaient été révélées avec tant de force, essayait de s'en rendre compte à lui-même en écrivant à son ami : « Nos derniers entretiens ont remué la masse entière de nos idées.... Votre intuition est si juste qu'elle contient largement et parfaitement tout ce que l'analyse a tant de peine à chercher de tout côté…. Pour vous éclairer sur les détails de la nature, vous en embrassez l'ensemble et c'est dans l'universalité des phénomènes que vous cherchez l'explication de l'individuel. » Et Schiller dans la perplexité de sa conscience philosophique, disputée par l'ancienne foi qui y règne encore et la nouvelle influence qui s'est révélée à lui, fait les plus ingénieux efforts pour établir « une belleconcordance, » une harmonie vraiment préétablie entre les principaux résultats de la méthode de Goethe et la philosophie de la nature qui lui vient de Kœnigsberg. Toute cette lettre mérite d'être étudiée de près et avec la plus grande attention : on y entend comme l'écho de cette parole harmonieuse et puissante à laquelle on ne résistait pas et dont Schiller lui-même a senti un jour, malgré certaines préventions, l'ascendant vainqueur.

Goethe voyait un des beaux modèles de l'esprit synthétique dans Platon, dont il devinait le génie par une sorte d'affinité à travers les siècles plutôt qu'il ne le connaissait avec précision. Pour échapper à la diversité infinie, au morcellement et à la complication des sciences naturelles telles qu'elles ont été faites par les modernes, pour se réfugier dans la simplicité, il faut toujours se poser cette question : « Comment Platon aurait-il procédé en présence de la nature telle qu'elle nous apparaît aujourd'hui dans la diversité plus grande qu'elle déploie, nonobstant son inaltérable unité[1] ? » L'auteur du *Timée* s'offrait

1. *Pensées*, traduction citée, t. Ier, p. 501-506.

à lui comme un des esprits les mieux faits « pour s'identifier avec la nature par l'intelligence et le sentiment, » tandis qu'Aristote ne se l'appropriait que par l'observation, et encore, dit-il, par une observation précipitée qui passe immédiatement des phénomènes à l'explication, « ce qui amène des décisions théoriques tout à fait insuffisantes. »

Mais c'est surtout dans Geoffroy Saint-Hilaire et dans Cuvier que se sont révélés avec éclat les dissentiments profonds qui séparent ces deux races éternelles d'esprits. Le savant qui analyse, nous dit Goethe dans un parallèle très-étudié, a besoin d'une perspicacité si subtile, d'une attention si persévérante et si soutenue, d'une telle habileté à apercevoir les plus petites nuances dans la forme des organes, et d'une telle lucidité intellectuelle pour bien déterminer ces différences, qu'on ne peut trop lui reprocher d'être fier de son travail.... Il n'est pas disposé à partager la gloire ainsi acquise avec un savant qui, en apparence, a simplifié et facilité de beaucoup ce travail, et qui veut atteindre comme d'un bond au but que l'on ne touche qu'à force de fatigues, de peines, d'assiduité et de persévérance. — Le savant qui part de l'idée croit de son côté pouvoir être fier d'être arrivé à une large conception sous laquelle doivent venir peu à peu se ranger et s'ordonner toutes les expériences; il vit avec la pleine certitude que chaque fait isolé viendra confirmer la vérité générale qu'il a exprimée d'avance. Le savant qui distingue, qui différencie, qui fait tout reposer sur l'expérience, ne veut pas accorder que dans l'ensemble se trouve une vue, un pressentiment de l'individuel ; il déclare qu'il y a prétention insupportable et présomption à vouloir saisir et connaître ce que l'on ne voit pas avec les yeux, ce que la main ne peut toucher. L'autre savant, appuyé sur certains principes, acceptant pour guides certaines grandes idées, refuse de se soumettre à cet empirisme. — L'un, c'est Cuvier, travaillant sans cesse à établir entre les objets des *différences*, à les décrire avec une précision incomparable, à se rendre maître d'une quantité infinie de détails. L'autre, c'est Geoffroy Saint-Hilaire, s'efforçant de découvrir les *analogies* et de pressentir les affinités secrètes qui rapprochent les créatures. L'un va de l'individu à l'ensemble, dont il suppose l'existence, tout en le croyant inaccessible à la science. L'autre a au fond de sa pensée l'idée de l'ensemble et vit dans la conviction que c'est de l'ensemble que part et se développe peu à peu l'être individuel[1]. — Les sympathies de Goethe ne purent être un instant douteuses ; il faut l'entendre quand il laisse parler sa joie en dehors des mémoires et des compte-rendus destinés à une publicité qui lui impose la plus grande réserve. « Désormais, s'écrie-t-il, en France aussi, dans l'étude de la nature, l'esprit dominera et sera souverain de la matière. On jettera des regards dans les grandes lois de la création, dans le laboratoire

---

[1]. *Mémoire sur les Principes de Philosophie zoologique discutés en mars 1830 au sein de l'Académie des sciences.*

secret de Dieu! Si nous ne connaissons que la méthode analytique, si nous ne nous occupons que de la partie matérielle, si nous ne sentons pas le souffle de l'esprit qui donne à tout sa forme et qui, par une loi intime, empêche toute déviation, qu'est-ce donc que l'étude de la nature[1]? »

Aristote et Cuvier! voilà donc ces deux grands noms condamnés par le triomphe de la méthode synthétique à une sorte d'ostracisme dans la science! Il faut donc croire « qu'ils ne savaient pas jeter des regards dans les grandes lois de la création, qu'ils ne s'occupaient que de la partie matérielle, qu'avec eux et sous leur empire l'esprit n'aurait pas dominé et ne serait pas aujourd'hui le souverain de la matière. » Eh quoi! Aristote, que nous sommes habitués à considérer comme le plus glorieux ancêtre de la science de la nature, Cuvier, dont le nom nous paraissait être placé dans l'admiration publique à cette hauteur qu'aucun autre ne dépasse, pas même celui de son illustre adversaire! Ces sortes de parallèles sont-ils aussi exacts qu'ils sont habiles? Éloquents comme la passion, sont-ils justes comme doit l'être une sentence rendue dans un des grands débats qui ont divisé et qui divisent encore le monde savant? Est-il vrai que Cuvier dans cette querelle mémorable soit le représentant exclusif de la méthode analytique? ne représente-t-il que cela? Et pour généraliser la question, peut-on admettre que de grands esprits, versés profon-

1. *Conversations*, t. II, p. 233.

dément dans l'étude de la nature et passionnés pour elle, aient été privés de ce sens supérieur de l'universel, l'esprit synthétique, le sens de l'unité dans la variété ?

Nous ne pouvons le croire. Aristote, que Goethe nous représente comme voué au travail inférieur de l'analyse minutieuse à laquelle il n'échappe que par des observations précipitées, sans aucune des intuitions et des pressentiments de Platon, — Aristote, dont Geoffroy Saint-Hilaire attaque avec tant de vivacité, dans ses *Principes de philosophie zoologique*, la méthode superficielle, fondée sur les *analogies purement extérieures* (ce que son critique appelle dérisoirement *les à peu près semblables*), c'est lui, — ne l'oublions pas, — qui, infiniment plus instruit que Platon dans les sciences naturelles, maître d'une quantité incroyable de détails, mais assez fort pour ne pas s'absorber dans l'énumération de ces stériles richesses, en a su tirer, par le travail fécond de l'esprit, le véritable trésor qu'elles contenaient, les lois générales cachées sous cet amas de faits. Le véritable Aristote, non pas cet Aristote de la scolastique, dont Descartes nous a fait un épouvantail, ni cet Aristote de fantaisie que Geoffroy Saint-Hilaire et Goethe ont construit arbitrairement pour se donner à eux-mêmes dans l'antiquité un adversaire considérable, je ne crains pas de dire qu'il est le précurseur sinon de l'anatomie comparée, au moins de la philosophie zoologique. Il n'est pas vrai, comme le lui reproche Geoffroy Saint-Hilaire, qu'il ne soit pas allé, dans l'étude comparée des animaux, au delà des *formes extérieures* et des *fonctions*. Et sans accorder à son redoutable critique que la considération de la fonction soit un préjugé anti-scientifique, sans faire un reproche à Aristote d'y avoir voué une partie considérable de ses études et de ses observations, ne devons-nous pas rappeler toutes ces grandes idées qui régissent la foule des détails rassemblés dans l'*Histoire des animaux*, dans le traité des *Parties des animaux*, dans le petit écrit sur *la Génération?* Si l'on se reporte à la date, c'est pour nous le comble de l'étonnement que de retrouver, à travers tant d'erreurs ou d'ignorances trop concevables, ces pressentiments des plus belles lois, des plus hautes généralités que la science moderne devait établir, telles que l'idée du plan symétrique suivi dans l'organisme animal, la fixité et la permanence des espèces, la loi de continuité qui unit les espèces entre elles et les genres les uns aux autres, la loi de la dépendance des parties, celle de l'économie organique qui n'accroît une partie qu'aux dépens d'une autre, l'identité de la nutrition et de la génération, l'une renouvelant le type dans l'individu, l'autre le renouvelant dans l'espèce, enfin des vues si neuves, d'une précocité presque incroyable dans cette enfance de la science, sur les phénomènes de l'embryogénie et sur ceux de la tératologie, qu'Aristote affirme « n'être pas contraires à la loi, » voilà certes qui montre assez nettement avec quelle puissance de pensée le maître a dominé l'ensemble des manifestations naturelles dont la multitude désordonnée aurait dispersé ou accablé tout autre esprit[1]. Nous insistons sur ce grand nom d'Aristote, parce qu'il a été particulièrement maltraité par l'école de la synthèse, et qu'il semble que cette école doive triompher aisément d'un adversaire placé par le hasard de sa naissance aux origines mêmes de la science; mais les anticipations vraiment merveilleuses de ce beau génie doivent le protéger contre des critiques qui l'ont trop peu connu, et qui, en attaquant le vieux maître, avaient en vue des rivaux autrement redoutables, plus jeunes et vivants.

Si nous descendons le cours des siècles, que de noms d'observateurs et de naturalistes excellents n'aurions-nous pas à défendre contre l'arrêt trop sommaire de proscription lancé par Goethe du haut de la science moderne? Partout il laisse percer cette conviction, qu'avec Geoffroy Saint-Hilaire il a inauguré une ère nouvelle dans l'histoire des sciences de la nature; mais, pour ne citer que Linné, dont Goethe parle avec vénération, tout en lui accordant peu de chose en dehors de la perception fine des détails et du sens des classifications, n'est-ce pas lui qui a fourni les germes de presque toutes les idées générales écloses plus tard dans la physiologie végétale? N'est-ce pas dans sa *Philosophie botanique* qu'a été prise l'idée-mère de la métamorphose des plantes (*Principium florum et foliorum idem est*)? N'est-ce pas enfin cet esprit si pénétrant et si juste qui a

---

[1]. Consulter sur ce sujet une excellente étude, présentée sous la forme modeste d'une thèse à la Faculté des lettres de Paris : *Aristotelis philosophia zoologica*, par M. Philibert, 1865.

exprimé avec précision la loi de continuité dans l'organisme végétal (*natura non facit saltus*) et le principe de la constance dans la position relative des organes, dans la disposition générale des parties de la fleur (*situs partium constantissimus*), principe qui, transporté dans l'anatomie comparée, deviendra la loi de la connexion des organes? N'y a-t-il pas là une application vraiment remarquable de la méthode synthétique que Linné pratiquait sans la connaître, par le seul instinct d'un esprit supérieur que sa supériorité met de niveau, en tout ordre de science, avec les lois générales? Enfin avons-nous à défendre Cuvier contre les critiques qui ne l'ont pas épargné? A qui persuadera-t-on qu'il n'avait pas le sens véritablement synthétique, le sens intuitif et divinateur, le sens par excellence des grandes découvertes en histoire naturelle, celui qui, en s'emparant avec tant de puissance du principe de la connexion des caractères, à l'aide de ce principe, a reconstruit avec les plus informes débris tout un monde organique enfoui, disparu dans les profondeurs de la terre et dans la nuit des temps?

Ce sont là des divisions trop artificielles, trop arbitraires, introduites par Goethe et Geoffroy Saint-Hilaire dans l'histoire des méthodes et des sciences de la nature. La vérité, c'est qu'il y a, là comme ailleurs, de grands et de petits esprits : — ceux-ci, analystes minutieux, « observateurs pointilleux, » toujours préoccupés du détail, le partageant, quand ils l'ont saisi, en mille détails nouveaux, divisant et subdivisant jusqu'à réduire chaque objet en poussière, accablés de la masse des faits et succombant sous le poids des nomenclatures, incapables de s'élever au point de vue synthétique de l'observation ; — ceux-là que la multitude et la diversité des phénomènes ne dissipent et ne distraient pas, qui portent sans fléchir le poids du détail et embrassent la réalité dans ses harmonies en même temps qu'ils en saisissent l'infinie complexité. Telle est la nature, identique au fond, de tous les grands observateurs, avec des nuances et des variétés de tempérament intellectuel. Il est impossible d'être un Aristote, un Linné, un Cuvier, sans avoir, non pas à quelque degré, mais au plus haut degré possible, le sens synthétique ou comparatif, le sens de l'ensemble et des rapports des êtres, si bien décrit d'ailleurs par Goethe et avec une si admirable précision, mais trop soigneusement réservé par lui aux naturalistes de sa famille ou de son école.

Pour revenir au grand débat qui a été le point de départ de ces réflexions, Cuvier n'a jamais nié l'analogie des êtres et des parties dont se compose l'organisme. En quoi donc consiste la différence qui le sépare de son rival, et qui a fini par mettre entre eux et leurs écoles un abîme? En cela d'abord que les analogies ne recouvrent pas à ses yeux les variétés irréductibles, fixes, que les ressemblances ne lui cachent pas les différences, que la *théorie des analogues* ne doit pas, à son avis, abolir la notion de l'espèce, — en cela aussi que Cuvier ne se sert pas du même critère que Geoffroy Saint-Hilaire pour déterminer les *analogues*. Il les détermine par la fonction, tandis que Saint-Hilaire emploie pour cela la liaison anatomique entre un organe et un autre, le principe des connexions. Ainsi l'un maintient énergiquement la notion de l'espèce et la considération des fonctions; l'autre tend à supprimer l'espèce et combat de toutes ses forces l'idée de la fonction, comme un reste de la théorie superstitieuse des causes finales. « Je ne connais pas, répète à chaque instant Geoffroy Saint-Hilaire, d'animal qui doive jouer un rôle dans la nature. C'est faire engendrer la cause par l'effet que de parler de l'usage des parties. Il faut considérer uniquement la constitution de l'animal, la disposition des parties, leurs relations. L'effet vient de la structure; la fonction de l'animal lui est assignée par son organisme : elle en est une conséquence, non un principe.... La nature n'a aucun égard à l'usage des parties; elle les établit d'après un plan, d'après un type, sans en prévoir ni en désirer l'usage. » Voilà les véritables points du débat : l'idée de la fonction d'une part, l'élément anatomique de l'autre, pris comme point de départ dans la comparaison des êtres et poussés aussi loin que possible par deux esprits également intraitables et vigoureux; — en outre, chez Geoffroy Saint-Hilaire, l'analogie entre les êtres portée jusqu'à son dernier terme, la suppression des différences fixes et des limites immuables; chez Cuvier, la défense énergique de la notion d'espèce. Au fond, il semble bien que ce qui rend ces deux esprits et ces deux écoles irréconciliables, c'est moins une question de méthode qu'une question métaphysique vaguement entrevue sous l'autre. La métaphysique explique bien des choses, et on la retrouve, cachée souvent avec un soin inutile, dans les discussions purement scientifiques où elle nous aide à comprendre les passions opiniâtres, violentes, qui se mêlent à la recherche du vrai et en troublent à chaque instant l'heureuse impassibilité. Ce qui effraye Cuvier, ce qui le sépare de son adversaire, c'est l'extension menaçante donnée par Geoffroy Saint-Hilaire à l'idée d'unité. Au terme de cette tendance exagérée, si rien ne la combat et ne la contient, il n'y a pas moins que l'idée d'une substance unique, dont toutes les formes variées des êtres particuliers ne sont que des modifications passagères, et qui ne se révèle que par ses métamorphoses.

CHAPITRE V.

LA PHILOSOPHIE DE GOETHE (SUITE). — SES IDÉES SUR LA
MÉTAMORPHOSE ET SUR LES CAUSES FINALES.

La doctrine de l'unité de substance est la conclusion entrevue de tous les travaux de M. Geoffroy Saint-Hilaire. Il serait injuste cependant de prétendre qu'il arrive jusqu'au panthéisme. Il est trop pénétré de l'esprit positif pour permettre à des conceptions purement métaphysiques d'intervenir directement dans ses travaux ; mais admirez comme cette tendance, commune à Geoffroy Saint-Hilaire et à Goethe, se développe chez le poëte, que ne retiennent ni les mêmes scrupules, ni les mêmes devoirs scientifiques ! C'est ici que nous pourrons voir à l'œuvre deux esprits bien distincts, que l'on rencontre souvent dans Goethe et qui viennent se confondre dans ses conceptions sur l'unité de type, sur l'origine commune et les perpétuelles transformations des êtres. Il y a, chez lui, un naturaliste excellent, rempli de sagacité, pénétrant et ingénieux. Il y a en même temps un philosophe trop pressé de conclure et qui conclut selon ses instincts et ses prédilections. Des deux sens qui, réunis et contrôlés l'un par l'autre, forment l'art suprême de l'expérience, le sens de l'observation et celui de l'intuition, l'un, l'intuitif, se donne trop souvent chez lui libre carrière, tantôt précédant l'autre, tantôt dépassant les données que l'autre lui fournit. Goethe oublie les excellents conseils qu'il a développés dans le mémoire sur *l'Expérience considérée comme médiatrice entre le sujet et l'objet*, et dont le premier était « de se tenir en garde surtout contre ses propres résultats, surtout contre soi-même. » Il se précipite immédiatement dans des conséquences extrêmes qui sont plutôt dans la logique de son esprit ou de sa passion que dans celle des choses. Il arrive d'un bond à la doctrine de l'unité absolue, laquelle ne relève ni de la physique, ni de la physiologie, ni de l'anatomie comparée, mais uniquement de la métaphysique. Il a étudié avec passion la nature; mais, ne l'oublions pas, il a apporté dans cette étude des préoccupations philosophiques. Nous l'avons démontré, il est spinoziste d'esprit, sinon de système, — d'instinct, sinon d'école. Son spinozisme le domine et l'entraîne. Est-ce là ce qu'il voulait dire lorsque, répondant à la lettre dans laquelle Schiller exalte les dons magnifiques de la nature à son égard et particulièrement cet esprit synthétique qu'il porte dans l'étude de la réalité vivante, Goethe, après avoir remercié son nouvel ami de l'intérêt si vif qu'il prend à ses travaux, ajoute ces paroles étranges : « Des rapports plus fréquents et plus intimes vous feront voir qu'il y a en moi quelque chose de ténébreux et d'indécis que, malgré la conscience parfaite que j'en ai, je ne puis vaincre toujours. Ces sortes de phénomènes ne sont pas rares dans les natures humaines, et, pourvu qu'ils ne soient pas trop tyranniques, nous aimons à nous laisser gouverner par eux. » Ce *quelque chose d'indécis et de ténébreux* qui s'agite en lui au milieu de ses travaux scientifiques, n'est-ce pas la lutte confuse de l'esprit désintéressé d'observation, qui recherche les lois générales, avec l'instinct spinoziste qui ne veut les voir que d'une certaine manière et leur impose une couleur, un aspect déterminés ?

Je le croirais d'autant plus volontiers, qu'à certains moments, par échappées, s'affranchissant de l'unité spinoziste, il signale admirablement le péril de l'analogie et de la métamorphose, si on ne les arrête pas dans leur développement. « L'idée de la métamorphose est un don sublime, mais dangereux. Elle mène à l'*amorphe*, elle détruit, dissout la science. Semblable à la force centrifuge, elle se perdrait à l'infini, si elle n'avait un contre-poids ; ce contre-poids, c'est le besoin de spécifier, la persistance tenace de tout ce qui est une fois arrivé à la réalité. » — « Cette idée est encore nouvelle parmi nous, elle domine avec la puissance de la première impression les esprits qu'elle entraîne ; il serait difficile, peut-être impossible, de prédire jusqu'où elle entraînera la science. » — « Chaque être, dit-il encore, est l'analogue de tous les êtres : c'est pourquoi l'existence nous paraît tout à la fois isolée et enchaînée. Si l'on suit trop l'analogie, tout s'identifie et se confond ; si on l'évite, tout se disperse à l'infini. Dans l'un et l'autre cas, l'observation est comme frappée de torpeur, tantôt par excès de vie, tantôt par une sorte de mort. » On ne peut pas dire qu'il ait ignoré le péril, voyez cependant comme il s'y jette de gaieté de cœur. Comment comprendre par exemple ce passage, sinon dans un sens panthéistique, dans le sens de l'évolution et de la mobilité perpétuelle de l'être sous des apparences qui n'ont rien de fixe ni de déterminé? Au début de la *Morphologie*, il essaye de définir la forme, objet presque exclusif de ses études anatomiques : « L'allemand, pour exprimer l'ensemble d'un être existant, se sert de ce mot *forme* (*gestalt*) ; en employant ce mot, il fait abstraction de la mobilité des parties ; il admet que le tout, qui résulte de l'assemblage de celles qui se conviennent, porte un caractère invariable et absolu. Pourtant, si nous examinons toutes les formes organiques, nous trouvons qu'il n'y a rien de fixe, d'immobile, ni d'absolu, mais que toutes sont entraînées par un mouvement continuel. Voilà pourquoi notre langue a le mot *formation* (*bildung*), qui se dit aussi bien de ce qui a été déjà produit que de ce qui le sera par la suite. Si nous employons ce mot *forme*, il ne sera pour nous que le représentant d'une notion, d'une idée ou d'un phénomène réalisé et existant seulement pour le moment. Ce qui vient d'être formé se transforme à l'instant, et pour avoir une idée vivante et vraie de la nature, nous devons la considérer comme toujours mobile et changeante. » Un pur hégélien ne parlerait pas autrement.

La métamorphose est partout, selon Goethe; elle est dans chaque être organisé, plante ou animal. Seulement, dans les êtres inférieurs, elle s'indique et ne s'achève pas; toutes les parties demeurent assez semblables entre elles pour que l'une puisse remplir les fonctions de l'autre et se substituer à elle. Il n'y a de différences tranchées que dans les animaux les plus parfaits. Ici la loi de la métamorphose va jusqu'au bout, elle commence dès le moment de la conception; l'être complet résulte d'une transformation des parties identiques. Dans ces organisations régulières, tous les organes ont une forme, une place, un nombre déterminés. C'est cela qui nous explique cette harmonie parfaite que nous attribuons à une intention bienveillante de l'activité créatrice. Nous ne cessons d'admirer l'accord parfait entre toutes ces parties, qui nous semblent non-seulement hétérogènes, mais encore antagonistes, tant leurs formes, leur destination, leurs fonctions, sont différentes; mais nous sommes ici sous l'empire d'une illusion. Au fond, toutes ces parties sont homogènes : originellement identiques, elles se sont modifiées insensiblement, mais elles n'ont changé que d'apparence[1]. Ainsi le principe des métamorphoses réduit chaque être organique à sa plus simple expression; la fleur n'est qu'un cotylédon transformé, l'animal une vertèbre modifiée; chaque être est dans un travail perpétuel de formation et de transformation. Néanmoins ce travail suit certaines lois universelles, constantes : c'est ce qui permet d'établir un *type*. Ce type lui-même est d'une telle élasticité, d'une telle docilité aux circonstances extérieures de sol, de climat, d'habitudes, de nourriture, qu'il en résulte des genres et des espèces.

Tels sont les principes d'où dépend toute la science des êtres organiques. Identité originelle des parties, transformation simultanée ou successive, distinction des parties dans les êtres supérieurs, voilà ce qui constitue l'individu. Constance, universalité, développement régulier de ce travail de transformation, voilà ce qui constitue le type. Élasticité du type dans lequel la nature peut se jouer à son aise selon la diversité des circonstances extérieures, voilà ce qui explique l'espèce.

Après cela, il ne faut pas nous étonner de ces assertions qui abondent dans les *Pensées* de Goethe et dans ses fragments sur l'histoire naturelle: « Les formes répandues autour de nous ne sont point primitivement déterminées. — Nous croyons à la mobi-

---

1. *OEuvres d'histoire naturelle*, trad. Martins, p. 16, 78, etc.

lité perpétuelle des formes dans la réalité. Il s'agirait seulement de savoir pourquoi certaines conformations extérieures génériques, spécifiques ou individuelles se conservent sans altération pendant un grand nombre de générations. — Système naturel contradiction formelle; il ne peut y avoir de système dans la nature; elle est vivante et renferme la vie : elle passe par des modifications insensibles d'un centre inconnu à une circonférence qu'on ne saurait atteindre. » Ainsi plus d'espèces, plus de genres originellement déterminés. Toutes les formes organiques dérivent les unes des autres par des transformations lentes, comme tous les organes de l'individu ne sont que des transformations successives de parties identiques. — Il faut aller jusqu'au terme de la doctrine de l'unité. Y a-t-il même une distinction originelle à établir entre les formes végétales et les formes animales ? Goethe ne fait guère que poser la question; mais on devine sa pensée. « Lorsqu'on observe des plantes et des animaux inférieurs, on peut à peine les distinguer. Un point vital immobile ou doué de mouvements à peine sensibles, voilà tout ce que nous apercevons. Ce point peut-il devenir l'un ou l'autre suivant les circonstances, plante sous l'influence de la lumière, animal sous l'influence de l'obscurité? *Quoique l'observation et l'analogie indiquent qu'il en doit être ainsi, nous n'oserions l'affirmer;* mais ce qu'on peut assurer, c'est que les êtres issus de ce principe intermédiaire entre les deux règnes se perfectionnent suivant deux directions contraires. La plante devient un arbre durable et résistant, l'animal s'élève dans l'homme au plus haut point de spontanéité et de mobilité. »

Goethe va plus loin que M. Darwin[1]; non-seulement il fait dériver toutes les espèces de chaque règne d'un genre supérieur qui les contient tous, mais il ramène, par une hypothèse qui lui semble infiniment vraisemblable, les deux règnes eux-mêmes, animal et végétal, à n'être que les transformations du *point vital*, selon la double et contraire influence de la lumière ou de l'obscurité. Le commencement de tout organisme, le principe de toute vie est la cellule. Elle est la même pour les deux règnes, pour tous les genres et toutes les espèces des deux règnes. La métamorphose suffit à tout expliquer. — Et la cellule elle-même ne devra-t-elle pas sa naissance équivoque à quelque affinité chimique qui reliera entre eux les deux mondes, organique et inorganique, et qui fera le passage entre la mort et la vie?

La forme soumise à une perpétuelle métamorphose dans l'individu comme dans l'espèce, le type purement idéal réalisant l'unité dans la variabilité indéfinie des formes, chaque espèce, chaque genre, chaque règne, dérivant, par des transformations successives, d'une substance unique parfaitement ho-

---

1. Ch. Darwin, *On the origin of species by means of natural sélection*, 1859.

mogène et simple, voilà le spectacle que la nature offre à nos yeux. Ainsi tout se transforme et se dissout. Dans ce travail perpétuel de composition et de décomposition où se joue de toute éternité l'activité créatrice des forces vitales, aucun point d'appui pour notre entendement. Les individus et les genres n'ont qu'une fixité apparente, relative, momentanée, rien qui arrête cette universelle fluidité, cette mobilité vertigineuse des formes. — Les espèces ne sont plus des moules fixes dans lesquels se modèle la matière vivante. Le moule est brisé, et la substance, animée d'une vie mobile, revêtue d'une forme singulièrement fluide elle-même, coule indifféremment, à travers la nature, de la plante à l'homme et de l'homme à la plante, selon les circonstances propices ou les pentes du sol. — On voit se produire ici, en toute liberté, cette inspiration philosophique de l'unité absolue, qui est le mauvais génie de Goethe naturaliste, et qui déconcerte à chaque instant son talent d'observateur. Dans de pareilles conceptions, il n'y a plus rien de scientifique. La théorie de M. Darwin, moins absolue d'ailleurs, moins radicale, s'est entourée de nombreuses expériences, d'observations admirables, d'analogies infiniment ingénieuses. Malgré tout, elle n'a pas traversé la région des hypothèses, elle n'est pas encore parvenue au plein jour de la science, et tout porte à croire qu'elle n'y arrivera pas. C'est encore une nébuleuse en voie de formation. Que dire de ces applications sans mesure de la loi de la métamorphose à laquelle

Goethe prétend tout réduire, — la vie de l'individu, le type, les espèces, les règnes? Cela mène à l'*amorphe*, comme dit Goethe lui-même. Cela dissout et détruit tout, science et réalité. En tout cas, ce n'est pas une théorie scientifique, c'est du spinozisme poétique.

Laissons là ces conséquences extrêmes de l'esprit synthétique porté au delà du terme où l'observation l'abandonne, et qu'il ne serait pas juste de transformer en vues scientifiques, car peut-être ne sont-elles, dans la pensée de Goethe, que des tentatives hasardeuses, « une de ces navigations vers les îles imaginaires, » dans lesquelles il nous dit lui-même qu'il aime à s'aventurer. Revenons à la science proprement dite, ou du moins à une question limitrophe, celle des causes finales. Comme tous les partisans de l'unité de composition organique, avec autant de vivacité que Geoffroy Saint-Hilaire et par les mêmes raisons, Goethe repousse de la science la considération des causes finales, et ses écrits d'histoire naturelle sont remplis d'épigrammes contre les naturalistes « qui prétendent travailler pour la plus grande gloire de Dieu. » Il semble, au premier abord, que cette exclusion soit logique pour ceux qui admettent que la grande loi de la nature soit l'unité d'un dessein suivi dans la formation des êtres. Dès lors, ce n'est point par la considération des fins que doit se déterminer l'organe, c'est uniquement par sa position relative et sa correspondance anatomique. Les fonctions sont un résultat, non un but. L'animal subit le genre de vie que lui imposent les particularités de son organisation. Le naturaliste étudie le jeu de ces appareils, et s'il a le droit d'admirer les perfections du plus grand nombre, il a aussi celui de constater l'imperfection de quelques autres et l'inutilité pratique de ceux qui ne remplissent aucune fonction. Un organe ne peut donc se caractériser par son usage, car le même organe remplit les rôles les plus divers, et réciproquement la même fonction peut être accomplie par des organes très-différents. De plus il y a des organes atrophiés ou incomplets qui, dans certains animaux, ne servent absolument à rien. Ces faits et d'autres analogues sont la condamnation des causes finales. Telle est la doctrine constante de Geoffroy Saint-Hilaire et de son école. Goethe se garde bien d'y contredire, et dans ses entretiens il abordait volontiers ce sujet. Un jour entre autres, il le traita avec des développements qui méritent d'être étudiés. S'il n'ajoute pas d'arguments à ceux de Geoffroy Saint-Hilaire, il les résume et les renouvelle avec une verve singulière. « Il est naturel à l'homme de se considérer comme le but de la création et de n'estimer les choses que par rapport à lui et qu'autant qu'elles le servent et lui sont utiles. Il s'empare du monde végétal et animal, et, trouvant que les autres créatures sont pour lui une nourriture agréable, il reconnaît là son Dieu et glorifie sa bonté.... Raisonnant en particulier comme en général, il ne manque pas de transporter dans la science cette vue prise dans la vie, et dans les parties diverses d'un être organisé il cherche le but, l'utilité. Cela peut aller ainsi quelque temps, et parfois dans la science réussir; mais bien vite il rencontrera des phénomènes qui dépasseront son système, qui exigeront un point de vue plus élevé, ou sinon le laisseront engagé dans d'évidentes contradictions. Ces *professeurs d'utilité* disent bien : Le bœuf a des cornes pour se défendre; mais moi je demanderai : Et le mouton, pourquoi n'en a-t-il pas, et lorsqu'il en a, pourquoi sont-elles enroulées autour de son oreille, de telle façon qu'elles ne lui servent à rien? Mais c'est autre chose si je dis : Le bœuf se défend avec ses cornes *parce qu'il* les a. — La question du but, la question *pourquoi* n'a absolument rien de scientifique. On va plus loin avec la question *comment*, car si je demande : Comment les cornes viennent-elles au bœuf? ma question me conduit à examiner son organisation, et j'apprends alors pourquoi le lion n'a pas et ne peut pas avoir de cornes.... Les professeurs d'utilité croiraient perdre leur Dieu s'ils ne devaient pas adorer *celui* qui a donné au bœuf les cornes afin qu'il s'en servît pour sa défense; mais on me permettra d'adorer *celui* dont la force créatrice était si grande, qu'ayant fait des milliers de plantes, il en fit encore une qui les contenait toutes, et qu'ayant fait des milliers d'animaux, il en fit un qui les contenait tous : l'homme. — Que l'on vénère *celui* qui nous donne à manger et à boire autant qu'il est nécessaire, moi j'adore *celui* qui a déposé dans l'univers une telle force productrice, que la millionnième partie seulement de cette force arrivant à la vie, aussitôt un monde de créatures fourmille de telle sorte, que ni la guerre, ni l'eau, ni le feu ne peuvent rien contre lui ! Voilà mon Dieu ! »

Ce n'est pas le moment de discuter cette éternelle, cette grande question de la finalité dans la nature. Nous nous garderons bien de tirer un trop sévère parti contre Goethe de quelques contradictions dans lesquelles il est aisé de le surprendre, comme lorsque, examinant, dans une série d'analyses comparées, le bras de l'homme et les membres antérieurs des animaux, il arrive à parler des mains et des avant-bras de l'écureuil. Voici un passage que signerait le plus déterminé partisan des causes finales : « C'est le lieu de faire remarquer que les deux dents de devant des rongeurs sont attachés à l'os intermaxillaire. Il est bien curieux que, *par une mystérieuse harmonie*, le développement des dents de devant soit ici en rapport avec la souplesse de la main. Chez les autres animaux, les dents saisissent directement la nourriture; chez ceux-ci, elle est portée adroitement à la bouche par les mains; les dents n'ont donc plus qu'à ronger, et ce travail devient en quelque sorte technique. » Quelques pages plus haut, dans ce même mémoire où il examine les dessins du grand ouvrage de d'Alton sur l'ostéologie au point de vue de ce qu'il appelle lui-même la *fonction* des

---

1. *Conversations*, t. II, p. 258.

parties, je rencontre ces lignes curieuses : « Nous voyons d'abord présenté sous divers aspects cet os que nous considérons comme le premier de la structure animale (l'os intermaxillaire); cet os est celui à l'aide duquel chaque créature prend la nourriture qui lui est le mieux appropriée; il doit donc différer comme diffère cette nourriture elle-même. Chez le chevreuil, nous trouvons un petit arc osseux sans dents, pour arracher l'herbe et les feuilles; chez le bœuf, nous trouvons à peu près les mêmes formes, mais plus larges, plus épaisses, plus fortes, en harmonie avec les besoins de l'animal[1]. » Tant il est difficile en histoire naturelle, quand on veut s'éclairer sur les analogies et les différences des êtres, de se priver absolument de la considération de la fonction que Goethe lui-même définit admirablement « l'être en activité. »

Nous ne voulons pas engager le débat; nous nous contenterons de poser une question aux partisans absolus de Geoffroy Saint-Hilaire. — Le raisonnement par lequel ils excluent de leur méthode la considération de la fonction, pour s'en tenir à l'unité organique et à la loi des connexions, est-il d'une logique aussi solide qu'elle est spécieuse? Au fond, l'unité de dessein, suivie aussi loin que possible dans la nature sans compromettre les différences spécifiques, est-elle contraire aux causes finales? Est-il

---

[1]. Seconde partie du *Mémoire sur les Principes de Philosophie zoologique*, discutés au sein de l'Académie des sciences.

vrai qu'elle en soit la condamnation ? On nous [dit qu'un organe remplit dans deux êtres les rôles les plus divers, que réciproquement la même fonction peut être remplie par des organes très-différents, qu'on rencontre certains organes si peu développés chez quelques animaux qu'ils ne leur servent absolument à rien. Soit. Qu'on accumule autant que l'on voudra les exemples de cas analogues, qui seraient, ajoute-t-on, des antinomies dans la théorie des causes finales et qui s'accordent à merveille avec le principe de l'unité organique. Qu'est-ce que cela prouve ? C'est que la conformation de chaque animal peut s'expliquer de deux manières, qui tantôt se rencontrent, tantôt se suppléent réciproquement dans l'anatomie comparée : d'abord par sa fin propre, par sa fonction, puis par la forme du genre supérieur auquel appartient son espèce et qui a laissé de lui-même comme un témoignage, un indice persistant dans beaucoup de cas, même quand ce commencement d'organe ne peut plus être d'aucune utilité. Ces deux points de vue se concilient sans peine dans une méthode moins exclusive et plus analogue à la nature, parce qu'elle est moins systématique. Qu'une pièce osseuse en effet soit à la fois l'instrument d'une fonction et l'élément d'un plan général, les naturalistes les plus autorisés démontrent qu'il n'y a là aucune espèce de contradiction. On comprend aussi que cette pièce puisse se modifier sous une double influence, et que ces modifications puissent être indépendantes l'une de l'autre Tantôt la fonction suffit à expliquer les déviations, les changements survenus dans l'organe; tantôt c'est l'unité du type qu'il faut suivre pour en rendre compte : il semble alors que la nature ait voulu nous rappeler par ces modifications la constance de ses lois et marquer là l'empreinte de son dessein primitif. Goethe a traduit ces deux principes avec une précision qui ne laisse rien à désirer quand il a dit : « L'ostéogénie est constante en ce qu'un os est toujours à la même place et en ce qu'il a toujours la même destination. » Pourquoi donc alors attaquer si vivement les causes finales, qui, bien comprises et sagement expliquées, ne sont que la recherche de cette destination ?

En prenant la question à un point de vue purement philosophique, on pourrait dire, sans offenser assurément la religion de Goethe, ce grand adorateur de la nature, que l'unité de composition, de plan, de type, est elle-même une cause finale de l'ordre le plus élevé, qu'elle contient en soi toute une esthétique du monde organique, qu'elle en explique les admirables harmonies, qu'elle suffirait pour justifier toute la création, qu'elle révèle, à qui sait la saisir, cette raison du meilleur qu'Aristote impose comme règle au développement du monde; qu'enfin à elle seule elle rendrait compte des beautés de ce *cosmos* qu'Alexandre de Humboldt a défini avec une poétique grandeur « l'ordre dans l'univers et la magnificence dans l'ordre. »

Nous nous étions proposé de montrer dans les travaux scientifiques de Goethe une des sources les plus authentiques de sa philosophie. Toutes ces conceptions que nous venons d'analyser, sur la méthode synthétique, sur la forme et la métamorphose, sur l'unité du type, les espèces et les causes finales, nous ont amené insensiblement de la philosophie naturelle à la métaphysique. Nous y pénétrerons à la suite de Goethe. Il y a en effet une métaphysique de la nature, nous dit Goethe, « mais non celle de l'école qui se paye de mots[1]. » Goethe nous doit son dernier mot. Il nous le donnera, n'en doutez pas. Il nous dira quel est le vrai nom de ces énergies créatrices, de cette activité universelle qui remplit la nature, et qui, agitant, animant la substance vague du monde, l'amène successivement, à travers des évolutions variées, à la forme, à la vie, à la pensée.

1. *Pensées en prose.*

CHAPITRE VI.

LA PHILOSOPHIE DE GOETHE (SUITE). — SES CONCEPTIONS SUR
LE PRINCIPE DE LA NATURE ET SUR DIEU.

Les idées générales de Goethe sur la nature préparent et annoncent ce qu'il appelle lui-même sa métaphysique. Deux noms résument ses tendances philosophiques : Spinoza et Geoffroy Saint-Hilaire. Dès sa vingtième année, nous avons vu Goethe subir avec une sorte d'ivresse le prestige de l'*Éthique* librement interprétée. D'autre part, toute sa vie scientifique a été une sorte d'anticipation de la méthode et des travaux de Saint-Hilaire, et nous savons de quel cri de triomphe vraiment fraternel le poëte a salué, au déclin de ses années, l'avénement dans la science de l'illustre adversaire de Cuvier. C'est là qu'il faut chercher la double origine de la philosophie de Goethe : elle sort, comme une conclusion spontanée, de l'étude du monde extérieur observé avec la préoccupation de l'unité absolue ; elle sort de la contemplation des lois générales vues à travers un spinozisme poétique. Cette interprétation de la nature a conduit Goethe aux applications les plus hasardeuses de deux principes vrais en soi, l'unité de type et la loi des métamorphoses, mais qui, poussés au delà de toute mesure, détruisent les différences fixes, irréductibles, entre les variétés des êtres et les ordres distincts des phénomènes de la vie, et réduisent la réalité vivante à n'être plus que le théâtre mobile de transformations sans fin : conception systématique et outrée, où l'idée du phénomène s'exagère jusqu'à faire disparaître de la scène de la nature les substances particulières pour n'y conserver qu'une substance vague, commune à tous les êtres, unique et universelle, qui passe à travers toutes les formes animales ou végétales, indifférente à toutes et ne se fixant nulle part. C'est ainsi que partout, dans les travaux de Goethe sur l'histoire naturelle, on sent comme une perturbation constante, une déviation produite par l'attraction souveraine de l'idée qui ne cesse pas d'agir à distance sur sa pensée, l'unité spinoziste. S'il n'y a pas dans ses conclusions en histoire naturelle une métaphysique déterminée, il y a déjà une tendance marquée qui l'entraîne irrésistiblement, à travers les phénomènes et les lois générales, vers certaines solutions sur le problème des causes et des origines.

Et cependant qui plus que Goethe se défia jamais

de la métaphysique? qui jamais, avec plus de vivacité que lui, l'a dénoncée comme l'éternelle ouvrière de l'illusion humaine, comme une maîtresse d'erreurs? La suprême louange qu'il accordait à Kant, c'était d'avoir marqué des bornes à la curiosité effrénée qui nous entraîne dans « les choses d'un autre monde. » Il veut rester sur la terre; il prend pied dans cette réalité dont il fait partie, et, s'appropriant une pensée de Hamann, il déclare qu'on n'en peut franchir les limites que dans l'entraînement d'une sorte de délire. « L'homme est, comme être réel, placé au milieu d'un monde réel, et doué d'organes tels qu'il peut reconnaître et produire le réel…. Tous les hommes en santé ont le sentiment de leur existence et d'un monde extérieur qui les environne. Cependant il se trouve aussi dans le cerveau une place vide, c'est-à-dire une place où nul objet ne se réfléchit, tout comme dans l'œil même il se trouve une petite place qui ne voit pas : si l'homme porte son attention particulièrement sur cette place, et qu'il s'y enfonce, il tombe dans une maladie mentale. Il y devine *des choses d'un autre monde;* il y fait naître des chimères démesurées et sans formes qui remplissent l'âme d'angoisses, comme ferait un espace ténébreux et vide, — et qui poursuivent, avec plus d'acharnement que des spectres, l'homme qui ne sait pas s'en délivrer[1]. » On croit entendre Lucrèce retraçant dans des tableaux ineffaçables les

---

1. *Pensées en prose*, *Maximes et Réflexions*, quatrième partie.

vaines terreurs de l'humanité, les hallucinations religieuses dont nous troublons notre vie, les ombres malsaines de dieux cruels et faux que nous évoquons follement quand nous devrions les conjurer par le mépris, les rejeter dans le néant, et qui font de notre existence un Tartare anticipé ou plutôt le seul Tartare qui existe réellement, celui que nous nous construisons nous-mêmes :

Hinc Acherusia fit stultorum denique vita[1].

Ce n'est pas le seul rapprochement qui s'offre à la critique entre les deux poëtes. Nous aurons l'occasion de revenir avec plus de développement sur ces curieuses analogies qui, à travers tant de siècles, dans des civilisations si différentes, avec des maîtres aussi opposés qu'Épicure et Spinoza, permettent de placer en regard ces deux grands noms, Goethe et Lucrèce.

Goethe essaye en vain de se soustraire à la métaphysique. A moins d'être sceptique absolu, on n'y échappe pas. La négation même, dans cet ordre de problèmes, implique une certaine manière de les résoudre, une solution telle quelle, mais enfin une solution. Goethe a beau dire que « nous vivons en deçà des phénomènes dérivés et que nous ne savons en aucune façon comment parvenir à la question première. » Il y parvient pourtant; il a même sa façon très-personnelle de la résoudre. Il avoue aussi « qu'on ne saurait parler pertinemment sur maints pro-

1. *De Natura rerum*, lib. III.

blèmes que présentent les sciences naturelles, à moins d'appeler à son aide la métaphysique, mais non celle de l'école qui se paye de mots : ce que nous avons en vue a existé avant la physique, existe avec elle et subsistera longtemps après[1]. » Il faut donc bien, quoi qu'on en ait, en passer par là. Il faut arriver à une philosophie première. Le seul point est de ne pas se payer de mots.

Pour cela, Goethe prend contre lui-même deux précautions : la première est de se tenir aussi près que possible de la réalité, de ne pas sortir de ce monde que lui révèle l'expérience, de ne pas placer en dehors, dans des espaces que personne n'a pénétrés, les causes primordiales qu'il croit saisir. En second lieu, il s'engage à ne pas attribuer une force démonstrative à cet ordre de conceptions qui ne reposent pas directement sur un phénomène sensible, sur une expérience positive. Il ne veut pas se priver des ressources de tout genre que donne à l'esprit la puissance qu'il a de croire; mais il s'oblige à ne pas confondre ce qu'il croit et ce qu'il sait. Même dans les hautes spéculations auxquelles sa pensée se laisse parfois entraîner, dans cette magnifique inspiration dont il fut comme saisi et possédé le jour des funérailles de Wieland, alors même il n'oublie pas et ne laisse pas oublier aux autres que ce ne sont là que de belles inductions dont l'enchaînement et la splendeur le ravissent. « Pour savoir avec précision

---

1. *Pensées sur les Sciences naturelles. Réflexions et Aphorismes.*

quelque chose, répète-t-il sans cesse, il faudrait tout savoir. Les idées qui ne trouvent pas dans le monde des sens un appui solide, quelle que soit toute la valeur qu'elles conservent pour moi, ne sont pas dans mon esprit des certitudes, parce qu'en face de la nature, je ne veux pas supposer et croire, mais savoir.... Ah! si nous connaissions bien notre cervelle et le lien qui l'unit à Uranus, et les milliers de fils entremêlés sur lesquels passe et repasse la pensée! Mais nous n'avons le sentiment des éclairs de la pensée qu'au moment où ils nous frappent. Nous ne connaissons que les ganglions, les parties extérieures de la cervelle; de sa nature intime, nous ne savons pour ainsi dire rien. Que voulons-nous donc savoir de Dieu? »

La foi, c'est-à-dire dans le langage de Goethe, l'intuition philosophique, non fondée sur les expériences positives, vient combler les lacunes de la science. Il ne la repousse pas, bien au contraire; mais il lui trace son rôle et ses limites. A la base même de toute théorie physique, il y a des phénomènes primitifs « dont il est inutile de vouloir, par des recherches, troubler et déranger la divine simplicité, et qu'il faut bien abandonner à la raison pure. » De même à l'origine de toute philosophie, il y a *tout un ordre de sentiments divins* qui s'imposent à nous d'une façon immédiate. Il est naturel d'admettre que la science ne peut exister que comme un fragment informe dans une planète comme la nôtre, qui n'est elle-même que le fragment d'un monde brisé; toute observation y reste forcément imparfaite, mais les limites imposées à notre observation ne s'imposent pas à notre foi. « Faisons d'ardents efforts pour pénétrer par les deux côtés; mais en même temps conservons sévèrement entre eux la ligne de démarcation. Ne cherchons pas les preuves de ce qui n'est pas susceptible d'être prouvé, car autrement nous laisserons dans notre construction prétendue scientifique des témoignages de notre insuffisance que la postérité découvrira tôt ou tard. Où la science suffit, la foi nous est inutile; mais où la science perd sa force et paraît insuffisante, il ne faut pas contester ses droits à la foi[1]. » Et ailleurs, résumant sous une forme familière et vive les services intérieurs, secrets que cette foi philosophique, rend à chacun de nous, « c'est un capital particulier, une réserve, disait-il, comme il existe des caisses publiques d'épargne et de secours où l'on puise pour donner aux gens le nécessaire dans les jours de détresse. Ici le croyant se paye, dans le silence, à lui-même ses intérêts[2]. »

On voit que, si Goethe a une métaphysique, ce n'est qu'une métaphysique de vraisemblances. On comprend d'ailleurs que ce probabilisme philosophique s'élève ou s'abaisse selon les circonstances, sous l'empire des diverses émotions qui traversent notre vie. Pour continuer la métaphore de Goethe,

---

1. *Conversations avec Falk*, janvier 1813, trad. Délerot.
2. *Pensées en prose*, **Maximes et Réflexions**, troisième partie.

c'est un capital tout idéal dont on dispose à son gré, et qui, semblable à un trésor magique, augmente à mesure qu'on y puise. Aux heures où la jeunesse abonde en nous, où l'immense inconnu s'ouvre devant nous comme une conquête assurée, où toutes les facultés s'éveillent à la fois, où le joyeux tumulte de leur fécondité semble mettre dans notre existence je ne sais quoi d'infini, quand toutes les joies de la terre conspirent pour la félicité d'un seul, quand l'âme s'exalte dans sa force et que l'orgueil de la vie l'enivre, qui donc alors parmi ces fiers possesseurs de la nature et ces conquérants du monde intellectuel, qui donc irait demander des ressources précaires à des idées douteuses, si éloignées de la brillante réalité? Le trésor intérieur, négligé, s'appauvrit de jour en jour. Mais quoi ! dans la vie la plus belle et la plus riante, n'y a-t-il pas « des jours de détresse? » Ne peut-il pas arriver au plus triomphant des poëtes, au plus applaudi des écrivains, à celui même que tout un siècle, tout un grand pays admire et envie, d'être saisi au milieu de sa gloire par quelque angoisse secrète? C'est surtout au penchant de la vie, au delà de ce sommet que l'on pensait d'abord ne jamais atteindre et après lequel la descente semble si rapide, quand la fécondité de la pensée, sans s'épuiser, se ralentit et que déjà se rétrécit devant nos yeux cette carrière dont les limites lointaines paraissaient autrefois se confondre avec l'immensité, quand il n'y a plus rien d'inconnu à attendre de nos facultés ni de la vie, et que le long de la route parcourue on marque derrière soi tant d'étapes du nom de quelque ami, parti joyeux, lui aussi, vers l'aube et tombé sous le poids du jour, c'est alors que se produisent dans les plus fermes esprits ces retours mélancoliques sur l'insuffisance de la nature à remplir la capacité d'une âme, ces appels passionnés à quelque chose d'au delà. Goethe, malgré toute sa stoïque fierté, n'a pas échappé à cette loi. Il a eu, lui aussi, ses jours de dénûment intérieur, pendant lesquels il semble puiser plus largement au trésor secret de ces intuitions primitives, de cette foi philosophique, follement dissipé et jeté au vent dans le premier enivrement de la vie. Il exprime alors, avec une sorte de solennité, des doctrines plus conformes aux instincts religieux du genre humain. Il est d'autant plus libre de le faire qu'il n'est lié à aucun système. Qu'on y prenne garde cependant : même alors, je crains qu'il n'exprime des émotions esthétiques plutôt que des convictions. Ce sont des idées dont la beauté le charme plutôt que leur vérité ne le persuade. L'artiste s'émeut quand le philosophe sourit encore. Des critiques délicats ont pu s'y tromper. Quelques-uns ont cru découvrir dans la seconde partie de sa carrière, et particulièrement depuis son union avec Schiller, une modification profonde dans ses doctrines philosophiques et religieuses[1]. Je n'y peux voir, quant à

---

1. Pour ne citer qu'un nom, M. Saint-René Taillandier dans le commentaire ingénieux et souvent éloquent dont il a éclairé la *Correspondance de Schiller et de Goethe.*

moi, que l'accent plus grave que donne l'âge sur toutes ces questions, même quand on en rejette les solutions connues, et aussi peut-être, à certains instants, quelque fluctuation dans *cette métaphysique de probabilités* qui s'étend au delà de ses bornes ordinaires ou se resserre dans ses plus étroites limites, selon les impressions de l'heure, de la saison, selon le cours variable de la vie intérieure.

C'est avec ces réserves qu'il convient d'étudier les conceptions philosophiques de Goethe. Nous ne devons nous attacher, pour être critique exact, qu'à ce qui est à peu près constant dans sa manière de voir sur ces grands sujets, négligeant le détail, qui est infini, et les variations, qui sont illimitées, n'insistant pas trop sur certaines contradictions qui ne sont que la marque de ce libre esprit, si fier de s'être maintenu indépendant en face de toute philosophie et sans doute aussi en face de la sienne. Parfois en effet il semble qu'il craigne de s'asservir à sa propre pensée et qu'il s'efforce d'y échapper par quelque trait de scepticisme ou par l'ironie, qui est la forme esthétique de son affranchissement.

C'est vers l'automne de 1792 que Goethe fut amené à exprimer pour la première fois, dans un certain enchaînement, ses idées sur la nature et sur Dieu. Nous le retrouvons dans ce même château de Pempelfort où dix-sept années auparavant il avait reçu, par une belle nuit d'été, l'initiation à la doctrine spinoziste. Il revenait de cette campagne de France qu'il a racontée avec une simplicité pittoresque, et qui s'était terminée si brusquement, dans les défilés de l'Argonne, devant la belle attitude d'une armée improvisée sous les ordres de Dumouriez. Le poëte avait dû suivre dans ces tristes aventures de l'armée prussienne et du corps des émigrés le duc de Weimar, qui espérait naïvement le conduire jusqu'à Paris dans une fête perpétuelle. Ce fut pour Goethe, après trois mois de souffrances et d'humiliations vivement ressenties, un repos délicieux que ce séjour au milieu de la famille de Jacobi. Il y retrouva la charmante et hospitalière société d'autrefois, le maître de la maison toujours gai et animé, les sœurs bienveillantes et instruites, le fils sérieux et donnant déjà des espérances, les filles belles, sincères, aimables, faisant souvenir de leur mère, trop tôt disparue, et des heureux jours passés autrefois avec elle sous le rayonnement de son affectueux sourire. Des femmes distinguées comme la princesse Gallitzin, des hommes supérieurs par leurs talents ou leur caractère comme Hemsterhuis, complétaient le cercle de famille dans lequel Goethe revenait prendre sa place.

Mais quelque chose était changé. Ces dix-sept années avaient séparé profondément Jacobi et Goethe, sans qu'ils s'en doutassent. C'est un des plus cruels étonnements que nous donne la vie, quand elle nous a tenus longtemps éloignés d'un ami, de nous le rendre si différent de ce que nous l'imaginions, si différent de nous-mêmes! Nous avons cru conserver fidèlement dans notre souvenir sa physionomie morale ; mais à notre insu cette image s'est continuellement modifiée, altérée, sous l'impression des changements qui se sont opérés en nous dans notre manière d'être ou de sentir. Cette image, qui est notre œuvre, notre création, a suivi toutes les phases de notre développement intérieur. Nous l'avons associée à notre vie, nous avons reconstruit le passé lui-même à notre actuelle ressemblance. Au terme de quelques années, la métamorphose est accomplie. Aussi, quand la réalité se représente devant nous, nous sommes en quelque sorte dépaysés dans nos souvenirs. L'ami de notre jeunesse s'est développé de son côté à sa manière, suivant les circonstances ou les pentes secrètes de son esprit. Il peut arriver même que sa culture intellectuelle se soit faite dans une direction absolument contraire à la nôtre. La surprise de la première heure est douloureuse, et souvent le coup est si rude que l'amitié n'en revient pas; elle s'évanouit avec l'image secrètement caressée. On ne parle plus la même langue, on ne s'entend pas. Il y a là quelqu'un que j'ai aimé autrefois; mais est-ce encore mon ami? Eh quoi! il parle, et je ne le comprends plus!

C'est un peu là l'histoire de cette seconde rencontre entre Goethe et Jacobi : ils ne parlaient plus la même langue. Jacobi s'était de plus en plus détaché du spinozisme, qui ne l'avait un instant séduit que par son côté mystique. Depuis plusieurs années déjà, il avait commencé à répandre autour de lui, discrètement d'abord, cette doctrine du *sentiment*

(*Gefühl*), à laquelle devaient se rattacher plus tard un développement important de la philosophie allemande, une génération d'écrivains et de penseurs, tous ceux, ou à peu près, qui voulurent se maintenir libres en face de la philosophie transcendante, en face de Schelling et de Hegel, tels que les frères Schlegel, Ancillon, Fries, de Wette, et bien d'autres, tous, avec des nuances diverses, admirateurs de Jacobi, qu'ils appelaient avec quelque emphase le Platon de l'Allemagne, quand il en était tout au plus le Jean-Jacques Rousseau.

En 1792, Jacobi n'était pas encore parvenu à ce haut degré d'influence philosophique et de direction des âmes ; mais il n'était plus spinoziste, et son intelligence laissait entrevoir dans ses claires et calmes profondeurs les premiers germes déjà organisés du système. Les intuitions et les révélations du cœur lui paraissaient irrésistibles ; il s'y confiait sans réserve, et ainsi se formait en lui cette doctrine qu'il devait opposer plus tard avec une douce et invincible énergie aux assauts du scepticisme et du panthéisme, devenus un jour les maîtres, les tyrans de la patrie allemande.

Pendant que son ancien ami se réfugiait ainsi dans les clartés intérieures du dogmatisme sentimental, Goethe s'était développé à peu près exclusivement, pendant ces vingt dernières années, dans le sens de son *réalisme* scientifique, ou, pour parler un langage qui nous est plus familier, dans le sens du naturalisme pur et simple, débarrassé de toute idée transcendante. A vrai dire, il ne s'occupait plus depuis quelque temps que de sciences positives, car des ouvrages aussi singuliers que le *Voyage des Sept frères* et le *Grand Cophte* ne peuvent guère être cités à côté du *Mémoire sur l'os intermaxillaire* ou de l'*Essai sur la Métamorphose des plantes*. Dans ses tristes loisirs du bivac, pendant la campagne de France, il ne s'était occupé avec quelque suite que de ses expériences sur les couleurs. Il s'était distrait des longues stations sous la pluie et dans la boue en Champagne, près d'une misérable flaque d'eau, en observant le jeu d'un phénomène d'optique. C'est dans cette disposition d'esprit qu'il arrivait au milieu de la brillante société de Pempelfort, légèrement idéaliste et sentimentale à l'image du maître. Il ne faut pas s'étonner si la première rencontre fut un choc assez rude entre les deux intelligences, devenues si contraires l'une à l'autre, malgré le souvenir persistant de l'ancienne amitié.

Goethe nous a conservé les détails de cette rencontre, qui marque une date importante dans l'histoire de ses idées philosophiques. Il nous retrace son arrivée au château par un soir d'hiver, à la clarté des lanternes, la vive surprise de ses hôtes, la réception, qui fut des plus amicales, les propos de tout genre « que le revoir éveille » prolongés fort avant dans la nuit, mais surtout cela une teinte de tristesse patriotique, l'impression profonde d'un affreux silence qui avait duré près de quatre semaines, et l'incertitude toujours croissante par le défaut absolu de nouvelles, terminée par la catastrophe. Les jours suivants, on chercha une diversion à ces douleurs publiques dans les discussions morales et littéraires. Les sujets ne manquaient pas; mais dès les premiers mots il devint trop clair que l'on ne s'entendait plus. La poésie grecque ne put même pas amener Goethe et Jacobi sur un terrain commun. *Iphigénie*, *OEdipe à Colone*, restèrent sans effet. « La sainteté sublime de la tragédie grecque parut tout à à fait insupportable à mon esprit, exclusivement tourné vers la nature et endurci par une affreuse campagne. » Il ne put en écouter cent vers. Ses amis se résignèrent avec tristesse à voir ses sentiments si changés ; on aborda, mais avec précaution, d'autres sujets sans plus de succès. La conversation hésitait ; elle ne fut jamais très-liée et très-approfondie sur les questions littéraires qui surgirent, parce qu'on voulait éviter tout ce qui manifestait l'opposition des sentiments. Soins inutiles! il arriva un soir que la philosophie fut mise sur le tapis, et l'opposition éclata.

La discussion fut vive, mais là au moins elle alla au fond des choses, et les derniers voiles furent déchirés. Dans les vifs récits qu'il nous en a laissés, Goethe avoue qu'avec sa passion ardente pour ce qu'il reconnaissait comme naturel et vrai, il dut se permettre bien des impertinences choquantes contre ce qui lui semblait être une fausse tendance, sans doute la doctrine du *sentiment*. Persuadé de son bon droit, il poursuivait son chemin « avec l'ingénuité du *Hu-*

ron de Voltaire. » Il dut paraître à la fois « insupportable et charmant. » Du reste il prit plaisir à ces orageux débats. Ses idées philosophiques, qui ne s'étaient pas encore révélées à lui-même avec ordre, avec suite, sous de claires formules, gagnaient beaucoup à cette exposition, dans le feu de la controverse. Il lui venait en parlant des lumières nouvelles, et chez lui la verve du discours improvisé était particulièrement favorable à l'invention; mais il ne savait procéder que d'une manière dogmatique, il n'avait pas le don de la polémique. Souvent aussi la conversation dans sa forme ordinaire lui causant un insupportable ennui, il l'animait et la poussait hors de ses limites par de violents paradoxes. Il portait alors sa pensée si loin et jusqu'à des conséquences si extrêmes, qu'il semblait jouer le rôle du *mauvais principe*. Dès lors la conversation s'arrêtait : on ne pouvait plus admettre son opinion comme sérieuse, parce qu'elle n'était pas solide, ni comme plaisante, parce qu'elle était trop dure. On finissait par l'appeler un fanfaron d'impiété, un hypocrite retourné, et l'on faisait la paix[1].

Telles étaient les soirées de Pempelfort. Combien différentes de ces poétiques nuits d'autrefois, passées dans de longs et graves entretiens, où deux belles intelligences se sentaient vivre ensemble dans une commune pensée! Que les temps et les idées étaient changés! Essayons de nous faire, d'après les

---

1. *Campagne de France.*

indications que Gœthe nous a fournies sur ce second séjour chez Jacobi, en les complétant par ses correspondances et ses entretiens, une idée de cette philosophie hardie qui jeta un si grand trouble dans l'aimable société de Pempelfort. Ne tenons pas compte des exagérations et des paradoxes dont Goethe s'accuse avec tant de bonne foi; ne considérons que les idées principales et l'enchaînement de ces idées.

Nous retrouvons dans les souvenirs de Goethe la confirmation du plan que nous avons suivi pour l'exposition de sa philosophie. Le point de départ de son exposition, devant ses amis, fut pris dans ses études d'histoire naturelle. Personne parmi eux ne pouvait comprendre la passion sérieuse avec laquelle il s'était attaché à de pareils objets, la métamorphose des plantes, le type ostéologique, l'analogie du crâne et de la vertèbre. « Personne ne voyait comme cette passion naissait des entrailles de son être. On regardait ses efforts comme une erreur fantasque, on estimait qu'il pouvait faire quelque chose de mieux, laisser son talent suivre son ancienne direction. » Il reprit par la base toutes ses idées morphologiques; il les exposa dans le meilleur ordre et, à ce qu'il lui semblait, avec la force de l'évidence; mais déjà, dans l'explication qu'il donnait de ces phénomènes, on pressentait, sans les bien voir encore, de secrets périls. « Je vis avec chagrin tous les esprits possédés de l'idée fixe que rien ne peut naître que ce qui est déjà. En conséquence, je dus m'entendre dire encore que tout être vivant était sorti d'un œuf, sur quoi je reproduisis, avec une certaine amertume cachée sous le badinage, l'ancienne question : « Lequel a existé le premier, de la poule ou de l'œuf? » — « La doctrine de l'emboîtement paraissait fort plausible à mes hôtes, et l'on trouvait très-édifiant de contempler la nature avec Bonnet. »

Des questions d'histoire naturelle, on passa bien vite à la philosophie. On aborda le problème de l'essence de la matière. — La matière est-elle en soi inerte et morte? Dans ce cas, il faut bien en effet que d'une manière ou d'une autre elle soit animée, stimulée, excitée à vivre, et cette stimulation à la vie, elle ne peut la recevoir que du dehors, puisqu'elle n'en possède pas en elle-même le principe. D'une façon ou d'une autre, on arrive ainsi à quelque chose qui, de quelque nom qu'on l'appelle, est la création. Or c'est à quoi Goethe ne pouvait consentir. Il était « inabordable » à cette manière de penser qui présentait comme un article de foi la mort préalable de la matière. La physique nous apprend que les forces d'attraction et de répulsion lui sont essentielles, et que l'une ne peut être séparée de l'autre dans l'idée de la substance matérielle. « De là ressortait pour lui la polarité primitive de tous les êtres, laquelle pénètre et vivifie l'infinie variété des phénomènes. » Il voyait partout sourdre la vie dans la matière : soit qu'il la considérât en physicien ou en chimiste, la vie à son premier degré lui apparaissait sous la forme de l'attraction et de la répulsion innées à la molécule; soit qu'il la considérât en naturaliste, il trouvait là surtout la vie, dans cette force de métamorphose qui transforme dans l'individu un organe en tous les autres organes, identiques à leur origine, distincts dans l'achèvement du corps organisé. Par ces deux voies, il arrivait à ce principe de la matière essentiellement vivante, qu'il appelait l'*hylozoïsme* (ὕλη, ζωή), et qui devint l'article fondamental de son *credo* philosophique. « Prenez une pierre, un échantillon de granit : vous y trouverez inscrite la loi la plus ancienne de la nature. Considérez bien cet échantillon : vous y voyez un élément qui en cherche un autre, le pénètre, et par cette combinaison en crée un troisième. C'est là au fond le résumé de toutes les opérations de la nature. Oui, là est écrit un document de l'histoire primitive du monde. — Ceci est de l'argile, disent nos naturalistes, cela est du silice! Ceci est ceci, et cela est cela! Quand je sais tous ces noms, qu'est-ce que j'ai gagné? Ce que je veux connaître, c'est ce qui dans l'univers anime chaque élément, de telle sorte qu'il cherche les autres, se soumet à eux ou les domine, suivant que la loi qu'il a en lui le destine à un rôle plus ou moins élevé[1]. »

Les affinités chimiques, les forces d'attraction et de répulsion, la polarité primitive de tous les êtres, autant de noms différents donnés par la science à cette impulsion initiale de la vie déposée dans chaque molécule de la matière, et qui est le ressort de

---

1. *Conversations*, t. I, p. 429.

son activité inépuisable, le principe de toutes ses métamorphoses. Cependant chaque partie de la substance universelle, dépositaire d'un fragment de la force universelle, n'est pas destinée au même rôle que toute autre partie ; les éléments se cherchent les uns les autres pour se soumettre ou dominer. De même, dans l'ordre supérieur des phénomènes cosmiques, chaque fragment de la vie universelle que nous appelons une *âme* est destiné dans l'organisme des mondes à un rôle plus ou moins élevé. Ainsi se crée l'ordre par la hiérarchie des phénomènes et des êtres. Goethe empruntait à Leibnitz son langage pour traduire ici sa pensée. « Les derniers éléments primitifs de tous les êtres, et pour ainsi dire les points initiaux de tout ce qui apparaît dans la nature, se partagent en différentes classes. On peut les appeler des *âmes*, puisqu'elles animent tout, mais appelons-les plutôt *monades;* gardons cette vieille expression leibnitzienne pour mieux exprimer la simplicité de l'essence la plus simple. — Il y en a de si petites, de si faibles, qu'elles ne sont propres qu'à une existence et à un service subordonnés ; d'autres au contraire sont très-puissantes et très-énergiques. Celles-ci attirent de force dans leur cercle tous les éléments inférieurs qui les approchent, et les font devenir ainsi partie intégrante de ce qu'elles doivent animer, soit d'un corps humain, soit d'une plante, soit d'un animal, soit d'une organisation plus haute, par exemple d'une étoile. Elles exercent cette puissance attractive jusqu'au jour où apparaît formé tout entier le monde, petit ou grand, dont elles portaient au fond d'elles-mêmes la pensée. Il n'y a que ces monades attractives qui méritent vraiment le nom d'*âmes*. Il y a donc des monades de mondes, des âmes de mondes, comme des monades, des âmes de fourmis. Ces âmes si différentes sont, dans leur origine première, des essences, sinon identiques, du moins parentes par leur nature. Chaque soleil, chaque planète porte en soi-même une haute idée, l'idée d'une destinée, qui rend son développement aussi régulier et soumis à la même loi que le développement d'un rosier, qui doit être tour à tour feuille, tige et corolle. Vous pouvez nommer cette puissance une *idée*, une *monade*, comme vous voudrez, pourvu que vous compreniez bien que cette *idée*, cette *intention* intérieure est invisible, et antérieure au développement qui apparaît dans la nature et qui émane d'elle[1]. »

La vie est donc partout dans la matière, répandue à flots comme d'une source intarissable, et la remplissant d'une activité incessante, réglée par certaines *intentions* qui deviennent des êtres, chaque être n'étant qu'une *intention*, une *idée* réalisée. Où résident ces *intentions* avant d'agir plastiquement dans la matière? De quel ciel intelligible tombent ces *idées*? On ne le dit pas, et tout cela est bien étrange dans une philosophie qui n'admet aucun principe antérieur ou supérieur à la nature. Il ne

---

1. *Conversations*, p. 341.

faut pas trop presser dans le détail ces différentes conceptions de Goethe sous peine d'en voir sortir, sinon des contradictions, du moins des conséquences fort difficiles à concilier entre elles. Qu'il nous suffise de saisir dans son ensemble cette philosophie de la nature très-brillante, très-spécieuse quand elle jaillit en aperçus étincelants de la pensée fortement émue du poëte, mais assurément peu solide dans son enchaînement et sa structure. Comment concilier cette théorie leibnitzienne des monades, qui semblent fonder l'individualité des êtres, avec l'unité absolue dont Goethe poursuit obstinément la tyrannique chimère? Comment comprendre ces points initiaux, ces forces immatérielles, *âmes* ou *monades* antérieures au développement des phénomènes, ces éléments spiritualisés qui semblent composer une matière idéale dans une doctrine si profondément empirique, attachée par tant d'autres principes et de si ardentes convictions, à la réalité concrète, palpable, visible? La matière idéale se conçoit dans la théorie de Leibnitz; elle en est la plus haute conception. Le monde des monades est un monde spiritualisé, puisque les monades sont des atomes métaphysiques, selon l'expression si forte de Leibnitz. Il ne peut en être ainsi dans la philosophie de Goethe, qui professe une si grande horreur pour les êtres métaphysiques. Faudra-t-il admettre que les monades soient présentes, intimes à la matière, sans être la matière elle-même? Mais alors en soi que peut-elle être? Elle est donc non pas vivante par elle-même, mais seulement par ce principe de vie qui lui vient du dehors? La difficulté revient toujours. Ou la matière s'explique par la monade, qui en sera l'élément même, et dès lors la matière se subtilise, elle se dissipe et s'évanouit dans une substance purement idéale; ou bien elle reçoit la monade du dehors et lui obéit, mais alors elle n'a pas la vie en soi, elle est inerte, elle est morte, ce que Goethe ne pouvait souffrir.

N'insistons pas sur cet ordre de critiques. Ce que Goethe voulait rendre sensible à tous en empruntant à Leibnitz cette théorie des monades, c'est l'idée du dynamisme universel, qui est l'âme de sa philosophie naturelle; ce qu'il voulait montrer énergiquement, c'est son éloignement pour les théories atomistiques et mécaniques. Là se manifeste clairement l'opposition éternelle entre deux explications de la nature aussi anciennes que la philosophie, puisqu'elles séparaient déjà les philosophes ioniens, — Héraclite, qui voyait partout la force sous le symbole du feu dans l'univers, — Démocrite, qui faisait naître le monde d'une combinaison d'éléments inertes. Le mécanisme explique tout par des combinaisons et des groupements d'atomes primitifs, éternels. Toutes les variétés des phénomènes, la naissance, la vie, la mort, ne sont que le résultat mécanique de compositions et de décompositions, la manifestation de systèmes d'atomes qui se réunissent ou se séparent. Le dynamisme au contraire ramène tous les phénomènes et tous les êtres à l'idée de force. Le monde est l'expression soit de forces opposées et harmonisées entre elles, soit d'une force unique dont la métamorphose perpétuelle fait l'universalité des êtres. On comprend du reste, sans qu'il soit nécessaire d'y insister, que l'une ou l'autre de ces explications puisse être dans une certaine relation avec les deux philosophies opposées du matérialisme et du panthéisme. Et bien que l'explication *seconde* des choses soit jusqu'à un certain point indépendante de l'explication *première* ou métaphysique, l'histoire atteste ce fait constant qu'il y a affinité naturelle — d'une part entre l'explication mécanique du monde et l'hypothèse qui supprime Dieu, — d'autre part entre la théorie dynamique du monde et l'hypothèse qui le divinise dans son principe. On comprend d'ailleurs sans trop de peine que la théorie mécanique, établissant la pure nécessité mathématique dans les actions et les réactions qui forment la vie du monde, rende inutile la notion d'un principe divin, et au contraire que, dans la théorie d'une force unique, universelle, toujours en acte, formant la variété des êtres par ses métamorphoses, il n'y ait pas loin de concevoir l'universalité mystérieuse de cette force à la diviniser.

La force cosmique, le monde animé, vivant de toute éternité, voilà l'idée chère au poëte. Son attachement à cette idée nous donne la raison de certaines sympathies et antipathies philosophiques qui sans cela resteraient inexplicables. A un point de vue superficiel, il semble qu'il n'y ait que des nuances bien légères entre les différentes théories de la nature que la philosophie française vit éclore de toutes parts dans la dernière moitié du dix-huitième siècle, entre celle de d'Holbach par exemple et celle de Diderot. Comment donc comprendre que l'un des noms attire tous les anathèmes de Goethe, et que l'autre au contraire soit traité par lui avec les plus grands égards? Quand il rencontre dans ses souvenirs le *Système de la Nature*, il n'a pas assez de mépris pour ce manuel du matérialisme vulgaire, « véritable quintessence de la vieillesse, fade et insipide. » Quel désert, quel vide il a senti dans ce triste et nébuleux athéisme, où disparaissait la terre avec la variété infinie de ses figures, le ciel avec toutes ses étoiles, où toute chose, tout être, même ce qui apparait comme plus élevé que la nature, ou du moins comme une nature plus élevée dans la nature, se réduisait à une matière pesante, qui se meut, il est vrai, mais sans direction et sans forme, et qui, par ce mouvement purement mécanique à droite, à gauche, de tous côtés, aurait produit sans autre secours les immenses phénomènes de l'être¹! Goethe flétrit, comme il convient, cette philosophie « cadavéreuse. » Diderot, malgré quelques apparences et de tristes concessions à ses amis, pense tout autrement, avec une tout autre vigueur, et sa philosophie n'aboutit pas à ce matérialisme lourd. Dans plusieurs passages de ses derniers ouvrages philo-

---

1. *Vérité et Poésie*, p. 425.

sophiques, tels que le *Traité sur l'interprétation de la nature* et le *Rêve de d'Alembert*, se révèlent des vues qui n'ont plus rien de commun avec la philosophie mécanique : par exemple la théorie de la molécule douée d'une force active, qui explique bien des choses, la conception « d'un seul grand individu vivant, le tout, » qui a une singulière analogie avec le dieu de Lessing, de Novalis, et, si l'on ne raffine pas trop, avec celui de Goethe. Le poëte ne s'est donc pas trompé dans ses sympathies pour Diderot. Il a reconnu en lui un esprit de sa famille; mais, selon lui, ces esprits sont rares en France, et Diderot peut être considéré comme une exception dans sa patrie. Toute la philosophie du xviii° siècle, selon Goethe, a été infestée par ce grossier matérialisme, et celle du xix° a beaucoup de peine à s'en affranchir. Chose étrange! quarante ans plus tard, en 1829, le spiritualisme de M. Cousin lui-même ne semblait pas encore à Goethe assez purifié de la contagion de ces théories malsaines du dernier siècle que la jeune philosophie française avait mis sa gloire à renverser. Il écrivait à son ami Zelter : « Je dois accorder les plus grands éloges à ces Français pour toute la partie qui touche à la morale pratique, mais leur manière de contempler la nature ne me plaît pas autant[1]. » On croirait qu'il ne peut souffrir que la nouvelle philosophie prenne pour point de départ la distinction des êtres, la

---

1. *Conversations*, t. II, p. 169.

réalité de l'âme et celle de Dieu, mises à part de la réalité du monde. Point, le reproche est tout autrement imprévu. « Je respecte leur méthode, fondée sur l'expérience, mais je trouve que dans tout ce qui touche à la spéculation pure ils ne parviennent point à se débarrasser de certaines conceptions mécaniques et atomistiques. » M. Cousin soupçonné d'une parenté secrète d'idées avec le baron d'Holbach! Le trait est plaisant.

Le dynamisme de Goethe se rattachait étroitement à son panthéisme. La force infinie circule dans le monde illimité. L'univers, c'est l'immensité vivante. Partout où s'étend l'espace, la vie y pénètre; elle y réside, sinon en acte (car il y a des parties de matière où elle semble suspendue, comme dans le monde inorganique), du moins en puissance : si elle n'y est pas actuellement, elle y a été hier, elle y sera demain. Or cette immense circulation de la vie, cet infini de la force qui remplit l'infini de l'espace et du temps, ce travail inépuisable de l'existence absolue, ces énergies éternellement créatrices, tout ce vaste système d'*idées* actives et de *monades* qui élaborent sans trêve la substance et lui imposent la forme, qu'est-ce donc que tout cela? Le savant dans ses mémoires l'appelle la nature; le philosophe, dans ses libres spéculations, l'appelle d'un nom cher au genre humain, — Dieu.

Voilà le dieu que Goethe adore. Ce dieu n'a rien de transcendant : il est la vie du monde; il l'anime et le pénètre; il y est si profondément mêlé, qu'on ne peut l'en distinguer que par ses manifestations, non par sa substance. Dieu ne crée pas en dehors de lui, il n'organise pas la matière par un acte de causalité transitive; la cause est tout intérieure, l'acte divin est immanent. « Que serait un Dieu qui donnerait seulement l'impulsion du dehors, qui ferait tourner l'univers en cercle autour de son doigt? Il lui sied de mouvoir le monde dans l'intérieur, de porter la nature en lui, de résider lui-même dans la nature, si bien que ce qui vit et opère et existe en lui ne soit jamais dépourvu de sa force, de son esprit…. Dans l'intérieur est aussi un univers : de là l'usage louable des peuples que chacun nomme Dieu, et même son Dieu, ce qu'il connaît de meilleur, lui abandonne le ciel et la terre, le craigne et, s'il est possible, l'aime[1]. » Comment l'action éternelle opère-t-elle? Nous en sentons, nous en voyons les effets. C'est donc sur une expérience positive que repose la réalité de cette action; mais que peut-elle être en soi, dans son principe? quelle image ou quelle idée pouvons-nous nous en faire?

Toutes les philosophies et les religions échouent quand elles veulent traduire l'ineffable et nous en donner quelque pressentiment. C'est là que la foi philosophique se donne libre carrière. C'est là, nous dit Goethe dans un passage remarquable où il résume à sa manière l'histoire des religions, qu'il faut chercher l'origine et la raison de cette variété

---

1. *Poésies, — Dieu et le Monde.*

infinie des symboles. Au fond, nous autres hommes, devant le grand tableau surnaturel du monde, nous jouons tous plus ou moins le rôle d'un ignorant que l'on place devant un tableau un peu compliqué. Les parties éclairées, attrayantes, nous attirent, les parties sombres et désagréables nous repoussent, l'ensemble nous trouble, et nous cherchons en vain à nous faire une idée claire d'un être unique à qui nous puissions attribuer tant d'éléments contraires. — Si cet être voulait dès maintenant nous transmettre et nous révéler ses secrets, nous ne les comprendrions pas, nous ne saurions qu'en faire. A ce point de vue, il est donc juste que les religions soient l'œuvre d'hommes supérieurs, et, comme telles, proportionnées aux besoins et aux facultés d'une grande masse de leurs égaux. Si elles étaient l'œuvre immédiate de Dieu, personne ne les comprendrait. La religion des anciens Grecs se bornait à incarner dans différentes divinités les manifestations diverses du premier principe. Ces divinités isolées étaient des êtres limités ; il restait, pour les lier toutes ensemble, une place vide. Les Grecs inventèrent l'idée du *Fatum*, qu'ils mettaient au-dessus de tout ; mais comme cet être restait toujours de tous côtés impénétrable, la difficulté était plutôt éludée que résolue. Le Christ eut l'idée d'un Dieu unique auquel il donna toutes les perfections qu'il sentait en lui-même. Ce Dieu, essence de sa belle âme, était plein de bonté et d'amour, et tout à fait digne que les meilleurs des hommes se donnassent à lui et en acceptassent l'idée comme le lien le plus doux qui pût les unir avec le ciel; mais ce grand être, que nous nommons la Divinité, ne se manifeste pas seulement dans l'homme, il se manifeste aussi dans une riche et puissante nature et dans les immenses événements du monde. Une image de lui, formée à l'aide des seules qualités de l'homme, ne peut donc suffire, et l'observateur rencontrera bientôt des lacunes et des contradictions qui le conduiront au doute, même au désespoir, s'il n'est pas assez médiocre d'esprit pour se laisser calmer par une défaite spécieuse[1].

Osons nous élever à un point de vue plus large. Spinoza nous en donne l'exemple et la leçon. Que les œuvres et les manifestations de Dieu dans le monde, l'étendue et la pensée, nous servent de point d'appui pour arriver jusqu'à l'intuition de la substance qui les soutient et les produit. « Aucun être ne peut tomber dans le néant, s'écrie Goethe dans la belle poésie intitulée *Testament*; l'essence éternelle ne cesse de se mouvoir en tous sens. Attachez-vous à la substance avec bonheur. La substance est impérissable, car des lois protégent les trésors vivants dont se pare l'univers. » Du reste, n'espérons pas de grandes lumières sur cette substance. Goethe se retranche dans l'obscur et l'impénétrable pour n'en rien dire ou pour en parler d'une manière si vague, qu'en vérité le silence serait aussi clair. C'est

---

1. *Conversations de Goethe*, t. II, p. 264 et sqq.

ici que l'on surprend la faiblesse et l'inanité d'un des plus beaux génies du panthéisme dans ses inutiles efforts pour donner quelque précision à sa pensée. Est-ce dire quelque chose que d'écrire en vers harmonieux cette profession de foi : « Voici bien des années que mon esprit avec joie, avec zèle, s'était efforcé de rechercher, de découvrir comment la nature vivante opère dans la création. Et c'est l'éternelle unité qui se manifeste sous mille formes : le grand en petit, le petit en grand, toute chose selon sa propre loi, sans cesse alternant, se maintenant, près et loin, loin et près, formant, transformant !... Pour admirer, je suis là[1] ! »

Un jour, pressé par Falk de questions qui ne veulent pas rester sur un éternel peut-être, il accorde qu'on peut se représenter Dieu au centre de l'univers, dont il fait partie lui-même, comme une monade dominante, douée d'amour, et se servant de toutes les monades de cet univers, comme notre âme se sert des monades inférieures soumises à notre dépendance. — Ailleurs, dans des vers qui paraissent être sortis d'une pensée fortement émue par une lecture du *Timée* ou par quelque brillante leçon de Schelling, Goethe célèbre *l'âme du monde*. Cette âme distribue leur tâche sublime aux forces et aux lois. « Levez-vous de ce saint banquet et dispersez-vous dans toutes les régions; élevez-vous avec enthousiasme dans l'univers et le

---

1. *Poésies*, — *Dieu et le Monde*.

remplissez. Déjà vous bercez dans des lointains immenses l'heureux songe des dieux, et vous brillez, astres nouveaux, parmi les astres vos frères, dans les champs semés de lumière.... Vous vous emparez des terres informes, et vous déployez votre jeune force créatrice, afin qu'elles s'animent et qu'elles s'animent de plus en plus dans leur vol mesuré.... Et, faisant votre période, vous produisez dans les airs émus les fleurs diverses ; vous imposez à la pierre, au fond de ses abîmes, ses formes permanentes. — Alors, avec une audace divine, chaque chose s'efforce de se surpasser ; l'eau stérile veut verdoyer, et chaque grain de poussière s'anime.... Bientôt s'éveille, pour contempler la douce lumière, une multitude aux mille formes, et vous êtes saisi d'étonnement dans les campagnes heureuses, premier couple d'amants ! — Bientôt s'épuise une ardeur infinie dans l'échange délicieux des regards, et vous recevez avec reconnaissance la plus belle vie, qui émane de l'être universel et que vous lui rendez. »

On dirait un hymne de Proclus. Il y a là comme un souffle d'inspiration mystique. Jouissons en artistes de cette belle poésie ; mais après ? Nous sentons-nous éclairés ? Qu'apercevons-nous à travers tous ces symboles ? Ce chœur magique des forces qui se disperse à travers l'immensité, pour y répandre la vie sous la règle des lois et des nombres divins, représente-t-il l'activité aveugle du *cosmos* ou la cause vraiment cause, la raison active ? La question n'est guère douteuse, si l'on rapproche ces beaux vers de tant d'autres passages d'où il résulte que ce travail si brillant et si fécond de la nature n'est intelligent que par ses effets et pour qui sait en comprendre l'harmonie, non par son principe, qui est la vie, l'art suprême, mais sans le savoir. La technique divine de la nature est instinct, non pensée ; elle est souverainement inconsciente d'elle-même. Rien de plus merveilleux que l'œuvre de la création incessante, éternelle ; c'est toute une esthétique en acte : elle travaille en vue de l'unité, de la règle suprême du type, avec quelle variété de combinaisons! Une sorte de fantaisie et de caprice y trouve même sa place. « La création, dit quelque part le poëte philosophe, repose tout entière sur le dessin, sur la plastique. » Cependant le principe divin qui travaille dans la nature n'est pas comme l'artiste qui compose son œuvre d'après de claires idées, avec une conscience nette et précise du but qu'il veut atteindre. Il y a quelque chose d'aveugle et de fortuit dans les coups de son art. « Il faut se représenter la nature comme un joueur qui, devant la table de jeu, crie constamment : *au double !* c'est-à-dire ajoute toujours ce que son bonheur lui a donné à sa mise nouvelle, et cela à l'infini. Pierres, bêtes, plantes, après avoir été ainsi formées par ces heureux coups de dés, sont de nouveau remises au jeu. Et qui sait si l'homme n'est pas la réussite d'un coup qui visait très-haut[1]? »

---

1. *Conversations*, t. I, p. 426.

CHAPITRE VI.

A travers toutes ces magnificences de la poésie, que de nuages accumulés! Quels amas d'épaisses ténèbres, ou quel vide sous ce voile étincelant! On ne peut même se faire une idée nette de la manière dont Goethe conçoit l'ordre et la succession des existences dans l'univers divinisé. Il semble parfois que pour lui, comme pour les platoniciens d'Alexandrie, la vie, la pensée, l'art suprême, descendent d'un premier principe dans le monde inférieur, dans la matière, qui ne serait que l'obscurcissement de la divine splendeur. Ailleurs il semble bien que l'on doive au contraire concevoir la vie, la pensée, comme la production lente des règnes inférieurs, montant par un progrès constant vers la lumière. La création pour lui est-elle l'acte d'une nature supérieure dans la nature? est-elle au contraire, comme pour Hegel, une ascension? On n'en sait rien.

Ce qui semble du moins constant dans la pensée de Goethe, c'est que Dieu est là seulement où est le mouvement actuel, la transformation, la vie, et qu'ailleurs Dieu n'est qu'en puissance. « La Divinité est agissante dans ce qui vit, mais non dans ce qui est mort; elle est dans tout ce qui naît et se transforme, mais non dans ce qui est né et déjà immobile. » La minéralogie n'a rien de divin, si on la compare aux sciences de l'organisme, parce qu'elle ne porte que sur des objets morts. Et reprenant à son compte cette parole de Diderot : « Si Dieu n'est pas encore, il sera peut-être, » Goethe s'écriait : « Pourquoi a-t-on pris de l'ombrage de cette parole?

On conçoit très-bien l'existence de planètes que les monades supérieures ont abandonnées déjà, ou dans lesquelles les monades n'ont pas encore reçu le don de la parole. Il ne faut par exemple qu'une constellation qui ne se rencontre pas tous les jours, il est vrai, pour que l'eau disparaisse et que la terre se sèche. De même qu'il y a des planètes d'hommes, il peut y avoir très-bien des planètes de poissons et des planètes d'oiseaux où *Dieu n'existera pas*. L'homme est le premier entretien de la nature avec Dieu ; mais je ne doute pas que sur d'autres planètes cet entretien ne se fasse d'une manière bien plus haute, bien plus profonde, bien plus raisonnable [1]. » Si nous comprenons ce langage légèrement sibyllin, il semble qu'il ne puisse avoir qu'un sens, c'est que Dieu est la vie universelle, partout et toujours agissante, mais que cette puissance, cette technique suprême ne se connaît que là où se produit une intelligence pour la recueillir errante, dispersée à travers les mondes, pour la réfléchir et la fixer au foyer de la conscience. Dieu n'existe, au sens propre du mot, qu'au moment où « le coup de dé de la nature » amène le chiffre le plus haut, quand, par le concours de toutes les énergies créatrices, une forme supérieure s'est rencontrée, et dans cette forme une pensée qui nomme Dieu, et en le nommant le crée ; mais ce Dieu, nous le connaissons, c'est le Dieu-nature. Il n'était pas besoin d'invoquer Spinoza pour le donner au genre

---

1. *Conversations*, t. II, p. 348 et 90.

humain et le substituer « à *celui* que le Christ appelait son père. » — « Que l'on me demande s'il est dans ma nature de témoigner au Christ une respectueuse adoration, je réponds : Certainement. Je m'incline devant lui comme devant la révélation divine des plus hauts principes de moralité. Que l'on me demande s'il est dans ma nature de révérer le soleil, je réponds encore : Certainement, car il est aussi une révélation de la Divinité suprême, et même la révélation la plus puissante qu'il nous soit donné de connaître, à nous, enfants de la terre. Je révère en lui la lumière et la force fécondante de Dieu, par laquelle nous vivons, nous nous mouvons, nous sommes, nous et les plantes et les animaux avec nous[1]. » Nous voilà en plein naturalisme. Que Spinoza est loin !

1. *Conversations*, t. II, p. 318.

CHAPITRE VII.

PHILOSOPHIE DE GOETHE. (SUITE.) — SES CONCEPTIONS SUR
LA DESTINÉE HUMAINE.

Les conceptions de Goethe sur les principes de la moralité et sur l'ensemble de la destinée humaine sont en rapport avec l'esprit général de sa philosophie. La nature étant pénétrée, vivifiée par le divin, étant Dieu réalisé, la moralité la plus haute est l'infaillible effet de l'instinct, la révélation intérieure du principe divin, qui tend à mettre l'homme en harmonie avec l'univers. La moralité humaine repose, comme l'art, sur de grands instincts, sur un sentiment sérieux, profond, inébranlable de la beauté des actes, comme l'art repose sur le sentiment juste et délicat de la beauté des formes. Chaque vie humaine est une œuvre d'art que chacun compose à son gré, d'après sa libre inspiration; mais de même qu'il y a des œuvres d'art dont le sentiment affecté ou absurde excite notre rire et notre pitié, ainsi il y a des existences manquées, dénuées de toute proportion, privées d'harmonie, en désaccord avec elles-mêmes, pitoyables ou ridicules, quand elles ne sont pas remplies de la plus triste ou de la plus criminelle dépravation. La moralité n'est, à proprement parler, qu'une forme de l'esthétique, — l'esthétique appliquée à la vie.

La véritable source de la moralité pour le genre humain est la contemplation des existences belles, nobles et héroïques. Un jour qu'on demandait à Goethe, à l'occasion d'une lecture de l'*Antigone* de Sophocle, d'où est venue dans le monde la moralité: « De Dieu même, comme tout autre bien, dit Goethe; ce n'est pas un produit de la réflexion humaine, c'est une belle essence qui est créée avec nous, innée en nous. Elle existe plus ou moins dans l'homme en général; elle existe à un degré dans quelques-uns, elle est un don spécial de certaines âmes. Celles-là ont révélé par des actions ou par des doctrines ce qu'elles renfermaient de divin dans leurs profondeurs; leur apparition a par sa beauté saisi les hommes, qui ont été puissamment entraînés à les honorer et à rivaliser avec elles [1]. » La plus haute leçon de morale est donc le spectacle de la vie d'un homme de bien qui nous inspire le désir de l'imiter; mais Goethe, avec

1. *Conversations*, t. I. p. 330.

son goût pour l'expérience, reconnaissait qu'il y avait une autre manière d'arriver à connaître ce que vaut la beauté morale, le bien. L'observation de la vie amène irrésistiblement à cette conclusion, que l'abandon de l'homme à ses instincts inférieurs, l'égoïsme, le vice, a pour conséquence la destruction du bonheur général et du bonheur particulier qui en fait partie. Au contraire ce qui est noble et juste ne peut manquer d'accroître le bonheur de tous comme celui de chaque individu. La beauté morale peut devenir ainsi une doctrine et se répandre sous la forme de la parole dans les multitudes.

Pour les natures supérieures, tous ces intermédiaires sont inutiles, car il se produit en elles une révélation permanente du beau moral à laquelle elles peuvent s'abandonner en toute sécurité. Elles-mêmes, par leur propre force, apprennent à s'affranchir de toutes les servitudes, de tous les jougs de la superstition ou de l'opinion. « Portez votre regard au dedans de vous-mêmes : dans les profondeurs de votre être, vous trouverez un guide auquel tout noble esprit se confie sans réserve. Aucune règle ne peut là vous manquer, car la conscience libre est le soleil de votre jour moral[1]. » La véritable règle est celle que toute âme noble puise en soi. — Dans la même veine d'idées, je rencontre un aperçu singulièrement délicat, c'est cette maxime que je voudrais voir inscrite en lettres d'or à côté des plus

---

1. *Poésies*, — *Dieu et le Monde*, — *Testament*.

belles inspirations morales de Kant : « Le devoir consiste à aimer ce que l'on se commande à soi-même[1]. » Cela me semble être un amendement très-heureux à la doctrine trop dure de l'*impératif catégorique*. La perfection morale pour l'austère penseur de Kœnigsberg est d'accomplir, coûte que coûte, ce que la raison pratique commande, sans même y mêler une émotion. Il ne se soucie guère d'intéresser la sensibilité à l'accomplissement des ordres de la raison. Il s'en défie même, il redoute la moindre intervention du sentiment dans le commandement abstrait, conçu sous sa forme la plus universelle. On dirait qu'il craint d'attendrir ou d'affaiblir le devoir, s'il nous incline à l'aimer. Il y a là un stoïcisme transcendant que la nature repousse. Schiller lui-même, sans doute sous l'influence de Goethe, exprimait une critique très-fine à l'égard de cette morale trop scrupuleuse, dans cette épigramme célèbre : J'ai du plaisir à faire le bien ; cela m'inquiète. » — Goethe, d'un seul mot, rétablit la vérité morale, humaine en même temps. Son instinct esthétique l'avertit qu'il y a une lacune grave dans la doctrine de Kant. Il a compris que le devoir n'est pas complet quand on se borne à faire ce que la raison nous demande. Il faut de plus le sentir, l'aimer. Faire son devoir en l'aimant est à coup sûr quelque chose de plus beau, de plus complet que de le faire simplement, durement, si je puis dire,

---

1. *Pensées en prose, Maximes et Réflexions*, septième partie.

sans émotion, sans goût. Il y a donc une perfection morale, sinon plus haute, du moins plus délicate que celle de Kant : c'est celle dont Goethe nous donne l'idée, et qui à la beauté abstraite du devoir conçu et accompli ajoute la beauté vivante de la plus noble des émotions, celle du devoir nonseulement conçu et accompli, mais aimé dans son accomplissement, même quand il nous déchire le cœur.

La règle suprême de l'homme digne de ce nom est de conserver intacte la liberté intérieure. N'y laissons porter atteinte ni par les hommes, ni par les événements du dehors. Il y a en effet une double fatalité qui se déploie dans le monde et nous menace, celle qui vient de la société et celle qui vient de la nature. Défions-nous des vues mesquines et basses, des préjugés sociaux, des intérêts sordides que recommande l'expérience vulgaire, de ses petits raisonnements, qui peuvent, si nous n'y prenons garde, envelopper notre glorieuse et féconde activité, l'étouffer dans un réseau tissu par la sottise humaine, l'arracher aux sommets lumineux qu'elle habite, la réduire sous le plus humiliant niveau. Il y a deux manières pour un homme qui sent sa valeur et sa force de s'affranchir de cette tyrannie des petites choses et des petites gens : les grandes actions qui font les héros, comme Napoléon, les grandes pensées qui font les poëtes et les penseurs, comme Shakspeare et Spinoza. L'héroïsme n'est pas à la disposition de toutes les destinées. Il y a bien des cœurs héroïques que des circonstances inéluctables renferment dans la sphère de la vie privée, qui seront exclus à tout jamais du droit glorieux de se peindre dans leurs actes et de faire à leur image l'histoire de leur temps et de leur pays ; mais la haute culture intellectuelle est toujours à notre portée ; c'est peut-être le plus grand et le plus bel emploi de notre activité. On le voit, Goethe est sur ce point tout à fait Grec et platonicien. Il ne cesse pas de recommander l'exercice de la pensée comme l'acte par excellence. Par l'art et par la science, nous réalisons ce qu'il peut y avoir d'exquis et de divin dans une vie humaine. « Quand vous vous serez pénétré de cette vérité : « Il n'y a de vrai, de « vraiment existant pour vous que ce qui rend votre « esprit fécond, » alors observez le cours général du monde, et, le laissant suivre sa route, associez-vous à la minorité. — Dans tous les temps, ce que le philosophe, le poëte a préféré, c'est travailler en silence aux créations de son esprit ; ce sera là votre sort, le plus enviable de tous. Vous jouirez par avance des sentiments qui doivent remplir un jour les plus nobles âmes[1]. » On sait si Goethe a été fidèle à ce précepte.

Mais il est une autre fatalité plus difficile à vaincre que celle qui nous vient des hommes, c'est celle qui nous vient de la nature Et je ne parle pas seulement de cette fatalité purement physique que nous

---

1. *Testament.*

subissons durant tout le cours de notre vie, et à laquelle les conditions de cette vie nous livrent sans défense : les influences diverses des jours, des nuits, des saisons, du climat, les désordres ou les troubles de notre organisation, toutes les circonstances de la nature animale qui font la souffrance, la maladie, la mort. Je parle de cette fatalité qui frappe en nous plus haut, celle qui frappe au cœur : la passion, la douleur, le sentiment de l'irréparable dans les biens perdus, la nécessité de sacrifier ce qui nous est le plus cher, d'immoler ce qui nous semble même plus précieux que la vie, le bonheur. C'est ici qu'il faut faire appel à toutes les énergies intérieures dont se compose notre liberté.

Goethe ne nous donne pour cela aucun des conseils que prêche l'ascétisme. Il ne nous recommande pas l'abstinence. Au contraire, il nous invite à jouir librement des biens de la nature, qui est notre mère, des dons de la vie, qui est divine. Ce qu'il pardonne le moins au christianisme, c'est sa morale mystique, irréconciliable ennemie de toute sensualité. Ce qu'il lui reproche avec une amertume passionnée, c'est d'avoir « assombri en une vallée de larmes et de misère le lumineux séjour de la terre de Dieu. » Comme philosophe, il se proclame l'apôtre de la félicité. Il recommande la jouissance, il la déclare légitime et y convie les hommes. « Vaste monde et large vie.... une pensée sereine et des intentions pures, » voilà sa devise. Il la traduit sous une forme poétique dans ces deux strophes de son *Tes-*

tament : « Les sens sont aussi un guide pour vous; si votre raison se tient éveillée, ils ne vous montreront pas d'erreurs. D'un vif regard observez avec joie, et d'un pas assuré et modeste marchez à travers les plaines de ce monde comblé de riches dons. Que votre jouissance soit modérée dans l'abondance des biens ! Que la raison soit toujours là, quand la vie jouit de la vie ! C'est ainsi que le passé cesse d'être éphémère, c'est ainsi que l'avenir est d'avance vivant en nous; c'est ainsi que du moment présent on fait l'éternité. »

Mais quoi ! la nature, si maternelle dans ses dons, ne nous les accorde pas toujours. Souvent, après nous les avoir montrés en perspective, elle nous les retire rudement au moment où nous allions en jouir. Il est même des existences si déshéritées qu'elles n'ont jamais connu des choses humaines que les larmes, jamais le divin sourire. Que dire de ces coups subits qui viennent dévaster une vie au moment où elle se croyait le plus florissante? Il y a bien des ruines déjà dans la plus courte vie et dans la plus heureuse. C'est surtout contre ces fatalités qu'il faut assurer notre indépendance. Il ne dépend pas de nous d'être frappés; il dépend de nous de maîtriser notre cœur. La douleur énerve l'homme, elle le diminue, elle lui enlève sa force, sa virilité, le goût de l'action et de la pensée. Tuons en nous la douleur, pour qu'elle ne tue pas tout ce qu'il y a de grand en nous. Deux ressources nous sont données pour cela : réfléchir au peu que nous sommes dans la nature, et tendre tous les ressorts de notre liberté pour rester impassibles sous la catastrophe. Élevons notre pensée jusqu'à l'universel. Habituons-nous de bonne heure à l'idée des choses éternelles, à la contemplation de la substance. Relisons les admirables conseils de Spinoza sur le renoncement. Pénétrons-nous de plus en plus de cette maxime que la nature n'a égard qu'à l'ensemble des choses, que toute personnalité humaine, que la nôtre, n'est que la plus éphémère éclosion d'un phénomène à la surface de l'infini. Quand les pensées éternelles auront ainsi fait leur séjour habituel de notre raison, que seront pour elle les accidents qui jettent dans le désespoir les hommes vulgaires ou frivoles? Un détail nécessaire de l'ordre universel, dans lequel la mort est l'aliment de la vie, dans lequel la loi toujours agissante de la métamorphose semble incessamment tout détruire pour tout renouveler. Et du moment que le sage aura compris cette loi divine, il ne s'abandonnera plus à des lamentations enfantines sur ce qui doit être. Comprendre, c'est voir la nécessité des choses. Et quelle folie n'est-ce pas de se révolter contre ce qui ne peut pas être autrement qu'il n'est? Il sait bien qu'il n'est pas exempt lui-même de ce verdict universel de l'impassible nature. Il s'y soumet d'un cœur aussi résolu que son esprit est clairvoyant et calme. Il dira avec le poëte : « Ame du monde, viens nous pénétrer. Pour se retrouver dans l'infini, l'individu s'évanouit volontiers. Là se dissipent tous les ennuis, les chagrins, les brûlants désirs, les impatiences et les colères de la fougueuse volonté. S'abandonner dans l'infini est une ineffable jouissance. » C'est la leçon que Goethe a puisée dans la méditation de Spinoza et qu'il ne cesse pas de se répéter à lui-même pour fortifier son âme, et l'amener à ce degré idéal d'une heureuse impassibilité qui la laisse libre de faire sa tâche de chaque jour au milieu des douleurs humaines, et de veiller uniquement au culte de son génie intérieur sans que rien puisse l'en distraire et la troubler.

Nous n'avons pas à examiner comment le poëte transporta ces conceptions dans sa vie et s'efforça de faire son âme à l'image de cette théorie. On l'a raconté ailleurs [1], avec une abondance de détails que ne comporte pas une étude purement philosophique. On a dit sa hautaine indifférence, son calme inaltérable dans ses rapports avec les êtres charmants et passionnés qu'attirait le prestige de son génie souverain, sa résignation, du jour où il sentit la *divinité de son cerveau*, à ne plus vivre que par lui et pour lui, cet égoïsme trop admiré, que les enthousiastes excusent par l'espèce de sacerdoce qu'il exerçait au nom de sa pensée. Nous n'avons, quant à nous, qu'un goût médiocre pour ce côté un peu théâtral de la vie de Goethe que raillèrent, même alors, plusieurs renégats de la religion du grand homme, tels que Merck, Jacobi, Wieland lui-même à certains jours, et nous nous souvenons de cette

---

[1] M. H. Blaze de Bury, dans ses excellentes études sur *Faust* et son auteur.

violente apostrophe de Herder : « L'homme a-t-il le droit de s'élever dans cette région où toutes les souffrances vraies ou fausses, réelles ou simplement imaginées, deviennent égales pour lui, où il cesse d'être, sinon artiste, du moins homme ? Nul ne songe à disputer aux dieux leur quiétude éternelle : ils peuvent regarder toute chose sur cette terre comme un jeu dont ils règlent les chances selon leurs desseins ; mais nous, hommes, et partant sujets à toutes les nécessités humaines, il ne faut point qu'on vienne nous amuser avec des poses de théâtre....Tout cela, ce sont des inventions de notre temps David chantait des hymnes, cela ne l'empêchait pas de gouverner son royaume. Que gouvernez-vous donc, vous ? Vous étudiez la nature dans tous ses phénomènes, depuis l'hysope jusqu'au cèdre du Liban. La nature ! vous l'absorbez en vous, ainsi que cela vous plaît à dire. A merveille ! mais je voudrais bien ne pas vous voir pour cela me dérober le plus beau de ses phénomènes, l'homme dans sa grandeur naturelle et morale ! »

Ce jugement de Herder est terrible, et ce n'est qu'avec de grandes réserves qu'on pourrait l'appliquer à Goethe ; mais avec quelle justesse impitoyable ne s'applique-t-il pas à toute une génération poétique de ses imitateurs serviles, déclamateurs et comédiens qui se sont crus dispensés des petits devoirs de la vie par le grand devoir qu'ils avaient à remplir envers leur pensée, et qui ont étalé, profané, déshonoré « le sacerdoce de l'art » sur tous les tréteaux de la littérature ! Comme Herder avait raison de les rappeler au sérieux, au sérieux sacré de la vie, sans lequel l'art lui-même dégénère en une misérable parade !

S'il y eut excès dans la stoïque attitude de Goethe devant les coups imprévus du sort, il en fut la première victime. Souvenons-nous de l'exclamation si touchante de Faust, lorsqu'au terme de cette longue vie surnaturelle où il a épuisé, avec toutes les voluptés de la terre, toutes les ambitions, toutes les joies de la pensée, il s'écrie douloureusement : « O Nature ! que ne suis-je un homme devant toi, rien qu'un homme ! Cela vaudrait alors la peine d'être né ! » Que d'efforts en effet dut coûter à Goethe sa prétention à l'impassibilité ! Mieux vaut être simplement homme. On veut échapper à la douleur, le peut-on en réalité ? On peut bien tendre les muscles de son visage, on peut commander à l'être physique : est-il bien vrai qu'on commande à son cœur ? L'orage intérieur, comprimé au dehors, n'en est que plus terrible. Y a-t-il rien de plus navrant que cette scène qui se passe chez Goethe après la mort de son fils ? Ce fils si cher à sa vieillesse était mort subitement à Rome le 28 octobre 1830. Eckermann, qui avait fait avec lui la première partie du voyage, l'avait quitté à Gênes pour revenir à Weimar, et apprit cette mort en route. Il va se présenter devant Goethe, qui l'a vu partir avec son fils et qui va le voir revenir seul. « Ne lui semblera-t-il pas qu'il le perd pour la première fois, au moment où il m'apercevra ? »

se disait à lui-même Eckermann tremblant. Il entra. « Goethe était debout, sans faiblesse apparente ; il me pressa dans ses bras. Je lui trouvai une sérénité, un calme parfaits. Nous parlâmes de mille choses ; de son fils il ne fut pas dit un mot. » Deux jours après, il dîne avec Goethe. « Nous avons causé de mon voyage.... Il m'a paru plus silencieux que d'habitude ; il semblait perdu en lui-même, ce qui n'est pas bon signe. » C'était le jeudi 25 novembre. Le lendemain, Goethe, toujours silencieux, tombe malade. « Goethe nous a donné une grande inquiétude : il a été pris dans la nuit d'un violent coup de sang, et il a été toute la journée tout près de la mort. » Ses quatre-vingts ans faillirent être foudroyés par cette muette douleur. Grâce à son incomparable organisation, il resta vainqueur. Il écrivait à son ami Zelter : « Mon seul soin, c'est de maintenir l'équilibre physique ; le reste ira de soi. *Le corps doit, l'esprit veut.* Celui qui a une fois ordonné à la volonté sa route n'a plus à s'inquiéter beaucoup. » Et toute cette crise se terminait par ce cri, héroïque à sa manière : « Allons !... Par-dessus les tombeaux, en avant[1] ! »

Du reste, ces fières théories sur les devoirs de l'homme envers son génie intérieur, sur la révélation permanente des grands instincts dans la conscience, sur l'affranchissement de la liberté, en général toute la philosophie de Goethe était à l'usage,

---

1. *Conversations*, t. II, p. 227.

non pas du genre humain, mais seulement d'une imperceptible minorité, celle qui en était digne par sa haute culture intellectuelle. Lui-même disait que ses idées, comme ses ouvrages, ne pourraient jamais devenir populaires. Il s'en consolait en pensant que tout ce qui est grand, vraiment intelligent, est en minorité. « Il y a eu des ministres qui ont eu contre eux peuple et roi, et qui étaient obligés de poursuivre seuls leurs grandes idées. » — « N'espérons pas que la raison soit jamais populaire. Les passions les sentiments, peuvent devenir populaires; mais la raison restera toujours la propriété exclusive de quelques élus.... Épicure n'avait pas tort quand il disait : « Ceci est juste, car le peuple le trouve mau-
« vais. » Il y a un mystère dans la philosophie aussi bien que dans la religion. Le degré moyen de l'intelligence humaine n'est pas assez élevé pour qu'on puisse lui soumettre un si immense problème et pour qu'elle soit choisie comme dernier juge en pareille matière. La lumière générale d'un siècle, en se répandant sur l'intelligence de chaque individu, ne peut éclairer que le cercle très-étroit dans lequel s'exercent les facultés pratiques.... On ne doit au peuple que les *résultats*. Les résultats de la philosophie, de la politique et de la religion, voilà ce qu'on doit lui donner, voilà ce qui lui sera vraiment utile; mais il ne faut pas vouloir des hommes du peuple faire des philosophes, des prêtres, des hommes d'état.... La faculté de comprendre les hautes idées est très-rare, et en conséquence, dans la vie ordinaire,

on fait toujours bien de garder ses idées pour soi et de n'en montrer que ce qui est nécessaire pour nous donner quelque avantage sur les autres[1]. » En cela encore, il faut le dire, Goethe était tout à fait Grec, un véritable Athénien. Il était bien de cette civilisation d'artistes pour qui l'humanité digne de ce nom se résumait dans vingt ou trente mille hommes, et pour qui la barbarie commençait aux portes de la cité. Pour Goethe, l'humanité, c'étaient ses égaux dans chaque siècle, ceux qui ont un nom dans l'histoire. Le reste était la foule anonyme, l'être collectif, le chœur de la tragédie antique.

Le même caractère se marque dans la théorie qui couronne toutes ses conceptions sur la comédie humaine. Il a sa théorie de l'immortalité; mais c'est une immortalité tellement aristocratique que bien peu parmi les mortels peuvent en être les candidats sérieux. « Je ne doute pas de notre durée au delà de la vie, disait-il, car dans la nature une *entéléchie* (un être arrivé à sa perfection) ne peut pas disparaître; mais nous ne sommes pas tous immortels de la même façon, et, pour se manifester dans l'avenir comme *grande entéléchie*, il faut en être déjà une ici-bas. » En langage vulgaire, cela signifie : pour mériter de vivre dans l'avenir, il faut avoir déjà vécu dans ce monde, et l'on n'a pas vécu, si l'on n'a pas pensé. Il était de ceux qui ne voient pas pourquoi un sauvage serait immortel.

---

1. *Conservations*, p. 276, 325 et *passim*.

Dans les vingt dernières années de sa vie, il revenait souvent sur ce grand sujet, s'efforçant, non sans peine, de concilier cette croyance avec ses instincts panthéistes. Un jour qu'après une promenade dans les bois il revenait à Weimar, il remarqua la beauté du soleil couchant qu'il avait en face de lui ; il cita ce mot d'un ancien : « Même lorsqu'il disparaît, c'est toujours le même soleil! » Et il ajouta avec une grande sérénité : « Quand on a soixante-quinze ans, on ne peut pas manquer de penser quelquefois à la mort. Cette pensée me laisse dans un calme parfait, car j'ai la ferme conviction que notre esprit est d'une essence absolument indestructible ; il continue d'agir d'éternité en éternité. Il est comme le soleil, qui ne disparaît que pour notre œil mortel. En réalité, il ne disparaît jamais ; dans sa marche, il éclaire sans cesse. » Sa conviction se fondait sur l'idée d'activité, car si jusqu'à la fin, disait-il, j'agis sans repos, la nature est obligée de me donner une autre forme d'existence, lorsque celle que j'ai maintenant ne pourra plus retenir mon esprit. La morale de Goethe est essentiellement la morale de l'action : c'est celle du *second Faust*, dans lequel nous verrons le grand coupable agir sans repos et sans trêve et se relever aux yeux de Dieu par l'effort incessant de sa mâle volonté. — Par là Goethe se met en contradiction manifeste avec la logique de son principe sur l'origine des choses, la doctrine de l'unité absolue, qui semblerait ne devoir produire qu'une morale mystique, prêchant l'inertie de l'atome humain au milieu de ce tourbillon de la fatalité dans lequel il est comme enveloppé, entraîné, englouti.

Toutes ces idées, vagues et dispersées, vinrent un jour se concentrer dans son esprit; elles s'y ordonnèrent, et dans une grande circonstance de sa vie, sous le coup de la mort de Wieland, qu'il chérissait et vénérait, elles éclatèrent dans une magnifique inspiration. — Non, une âme comme celle de Wieland, qui avait pu conduire une vie de quatre-vingts ans avec dignité et avec bonheur, qui s'était remplie et comme enivrée de tant de belles pensées, qui s'était élevée à de telles hauteurs de spéculation et d'art, cette âme qui déjà par son essence même était un trésor, douée si richement dès son entrée dans la vie et bien plus riche quand elle en sortit, cette âme ne peut rien souffrir d'indigne d'elle, rien qui ne soit en harmonie avec la grandeur morale qu'elle a montrée pendant de si longues années sur la terre ! Jamais, en aucune circonstance, il ne peut être question dans la nature de la disparition des puissances qui animaient de pareilles âmes. — Et, reprenant sa conception des *monades*, il exposa une très-curieuse théorie de la mort et de ce qui la suit. La mort arrive quand, dans un système de monades qui est l'organisme complet, la monade principale, la monade reine, dégage les autres monades, ses anciens sujets, de leur fidèle service. Ce départ, il le considérait, ainsi que la naissance, comme un acte libre de cette monade principale, le chef du chœur.

— Toutes les monades sont par essence tellement impérissables que même au moment de la dissolution leur activité n'est ni suspendue, ni perdue ; à ce moment-là même, cette activité se continue. Les anciens rapports au milieu desquels elles vivaient disparaissent, mais sur-le-champ elles entrent dans de nouveaux rapports. Chaque monade va rejoindre les monades de son espèce, là où elles sont, dans l'eau, dans l'air, dans la terre, dans le feu, dans les étoiles, et le penchant secret qui les y conduit renferme en même temps le secret de leur destination future. — Les âmes vulgaires, celles qui n'ont pas développé les éléments de leur être par la liberté et par la pensée, qui n'ont conquis une personnalité durable ni par l'action, ni par l'art, ni par la science, celles qui ne se sont remplies que de triviales images et de basses occupations, que celles-là soient saisies à leur sortie du corps humain par des monades d'ordre inférieur, où est le mal ? Elles perdent leur rang et vont se perdre dans la plèbe obscure des mondes ; mais les monades supérieures, si nous voulons faire des conjectures, à quel rôle brillant ne sont-elles pas promises ! « Je ne vois pas vraiment ce qui pourrait empêcher la monade à laquelle nous devons l'apparition de Wieland sur notre planète de pénétrer, sous sa nouvelle forme, les lois suprêmes de cet univers. Le travail assidu, le zèle, l'intelligence avec laquelle elle s'est assimilé tant de siècles de l'histoire de ce monde, la rendent digne de tout. Je ne serais nullement étonné si, dans les siècles, je rencontrais Wieland monade d'un monde, étoile de première grandeur, éclairant tout ce qui l'entoure d'un jour aimable, répandant tout autour d'elle le rafraîchissement et la joie. Quand on pense à l'éternité de ces âmes, on ne peut accepter pour elles d'autre destination que celle de prendre une part éternelle aux joies des dieux en s'associant à la félicité dont ils jouissent comme forces créatrices. A elles est confiée la naissance perpétuellement nouvelle de toute création[1]. »

Ces âmes immortelles doivent avoir conscience du passé, mais seulement si on entend la conscience d'une façon générale et historique. Les événements insignifiants et purement personnels tombent dans la nuit ; le souvenir n'éclaire que quelques grands moments. Les événements considérables de l'histoire du monde seuls sont dignes d'entrer dans une seconde mémoire. Tout le reste doit périr. Il y a là, selon Goethe, une belle explication de ces subites clartés du génie sur les grandes lois qui ont présidé à la naissance de l'univers. Une forte tension de l'esprit n'aurait pas suffi : il a fallu un souvenir qui, comme un éclair, illumine nos ténèbres, souvenir de la création à laquelle notre âme peut-être assistait. Ainsi la monade d'un monde peut, du sein obscur de ses souvenirs, faire sortir des idées qui auront les apparences d'idées prophétiques et qui cependant ne seront peut-être que les souvenirs

---

1. *Conversations*, t. II, p. 347.

confus d'une vie antérieure écoulée : lueurs subites et passagères qui sortent du fond des mondes et de la nuit des siècles et viennent un instant briller dans la mémoire des hautes intelligences.

Nous nous garderons bien de discuter cette brillante rêverie. Encore moins nous garderons-nous de chercher par quel effort d'esprit Goethe a pu faire entrer cette doctrine d'immortalité dans sa métaphysique de l'unité absolue. Spinoza, lui aussi, a promis l'immortalité aux âmes qui se sont nourries d'éternité sur la terre. Goethe a pu, comme son maître, espérer qu'un phénomène divin tel que l'âme, s'il s'est pénétré de la vérité, mérite d'en partager jusqu'à un certain point l'indestructible essence. Toutes ces grandes âmes de héros et de penseurs, pour lesquelles il rêve de si splendides destinées, ne sont pas moins pour lui dès cette terre que des forces détachées de la force suprême et comme des fragments d'éternité.

CHAPITRE VIII.

CARACTÈRE GÉNÉRAL DE LA PHILOSOPHIE DE GOETHE : ÉCLECTISME ET PANTHÉISME.

En résumant nos impressions sur ces diverses conceptions auxquelles ne manquent assurément ni l'éclat poétique ni l'ampleur des conceptions, nous arrivons à cette question inévitable : que doit-on penser du prétendu panthéisme de Goethe ? Goethe est-il réellement panthéiste ?

C'est une de ces qualifications qu'on est bien obligé parfois d'employer dans la critique philosophique pour marquer les nuances des doctrines ou les tendances des esprits, mais qu'il est odieux d'appliquer à un homme comme une vague injure, ridicule de jeter au hasard, quand on est impuissant à donner ses raisons. Il paraît que, du temps même de Goethe, c'était la ressource banale de certains adversaires aux abois. Il faut voir de quel ton méprisant Goethe relève cette platitude. A propos de je ne sais quelle attaque venue de Berlin, il écrivait à Zelter le 21 octobre 1831 : « J'ai toujours exécré les dévots hypocrites, et tout ce que je connais des Berlinois me les fait maudire. Il y en a un de leur bande qui dernièrement voulait me prendre au corps, et me parlait de *panthéisme;* comme il touchait juste ! Je lui répondis avec une grande simplicité : « Je n'ai pas encore rencontré une personne sachant ce que ce mot signifie[1]. » Il semble bien cependant qu'il en avait quelque idée, puisque dans une lettre à Jacobi il s'applique à lui-même cette qualification qu'il repousse ailleurs : « Quant à moi, je ne puis me contenter d'une seule façon de penser; comme artiste et comme poëte, je suis polythéiste; *comme naturaliste au contraire, je suis panthéiste*, et l'un aussi décidément que l'autre; les choses du ciel et de la terre forment un ensemble si vaste que, pour l'embrasser, ce n'est pas trop de toutes les facultés de tous les êtres réunis. » S'il y a là une sorte d'énigme, nous croyons qu'il n'est pas impossible de la résoudre.

Panthéiste, Goethe l'est assurément : il l'est non-seulement dans ses conclusions générales en histoire naturelle, comme il l'avoue lui-même et comme nous l'avons assez clairement montré; il l'est aussi dans la plupart de ses conceptions sur la philosophie

---

1. *Conversations*, t. II, p. 266.

première, puisque lui aussi a sa métaphysique, et que « la base sainte » de son dynamisme semble bien être l'idée de l'unité absolue. Seulement de quelle façon est-il panthéiste? Ce mot de panthéisme est si vague, il prête à tant de malentendus qu'on ne saurait l'employer avec trop de précautions, ni se trop assurer de ses motifs quand on l'emploie. De plus l'esprit de Goethe est si libre et si large, si indépendant des formules, et si compréhensif, si hospitalier à toutes les nobles et belles conceptions qu'il rencontre, que c'est parfois une tâche assez délicate pour le critique qui l'étudie de saisir l'unité, ou du moins l'harmonie des nuances, au milieu de tant d'idées qui s'entre-croisent sur la trame changeante de sa pensée.

Des deux grandes doctrines de panthéisme que connaissait l'Allemagne au temps de Goethe, le spinozisme et le système de l'identité, ni l'une ni l'autre ne donnerait une juste idée de la philosophie de Goethe. Elle a quelques points communs avec chacune de ces doctrines, mais elle procède à leur égard avec une entière indépendance. Nous avons montré déjà qu'il y a plus de différences que d'analogies entre Spinoza et Goethe, et que le dogmatisme géométrique de l'abstraction pure est en opposition sur tous les points, sauf un seul, avec ce libre et poétique naturalisme qui se joue des formules, et qui prétend puiser toutes ses inspirations dans la réalité vivante du *cosmos*. Il serait facile de montrer la même opposition entre la philosophie de Goethe et celle de Schelling ou de Hegel. Il ne pouvait pardonner à l'un ni à l'autre de prétendre construire l'ensemble des choses, si riche, si complexe, si varié, « si peu systématique, » disait-il, et quand parut en 1798 l'ouvrage de Schelling sur la philosophie de la nature, il railla amèrement ces interprétations, qui ne lui paraissaient que de brillantes fantaisies. Goethe ne souffrait à aucun prix ces témérités d'un philosophe inventant le monde réel et le créant *à priori* au nom de l'*idée*, c'est-à-dire au nom de son idée [1]. « On ferait bien de rester, répète-t-il à chaque instant, à l'état de nature quand il s'agit d'une philosophie de la nature. » Et, résumant spirituellement sa pensée sur ces tentatives, qui mettent une nature chimérique et creuse à la place de la vraie nature, il les assimilait au crédit, qui n'est que la représentation idéale de la richesse, et qui, exagéré, finit par la détruire. « L'idéal, disait-il, finit par dévorer et le réel et lui-même. C'est ainsi que le papier-monnaie dévore et lui-même et l'argent. » Il ajoutait prophétiquement vers 1820 : « Voici bientôt vingt ans que les Allemands font de la philosophie transcendante; s'ils viennent une bonne fois à s'en apercevoir, ils devront se trouver bien étranges. »

Hegel, que cependant Goethe estimait personnel-

---

1. Voir plus haut, chapitre IV, la sévère sentence que Goethe porte contre la méthode idéaliste dans les sciences de la nature. On remarquera avec quel soin il en distingue sa méthode personnelle, la méthode synthétique, qui ne se prive pas des ressources de l'idée, mais qui appuie l'intuition sur l'expérience, stimulant et fécondant l'expérience sans cesser de se régler par elle.

lement, n'était pas mieux traité pour sa méthode et pour l'ensemble de ses idées. Un jour qu'il passait par Weimar, il eut fort à faire pour défendre sa chère dialectique contre l'ironie du poëte, ami de l'expérience et de la réalité. En vain prétendait-il que la dialectique n'est que la régularisation et le perfectionnement méthodique de cet esprit de contradiction qui est au fond de chaque homme, et que cet esprit est donné à l'homme pour montrer sa grandeur dans la distinction du vrai d'avec le faux. « Oui, disait Goethe ; mais il faudrait seulement que ces artifices de l'esprit ne fussent pas si fréquemment employés à faire paraître vrai le faux et faux le vrai. — Cela arrive bien, répondit Hegel, mais seulement chez les gens qui ont à l'esprit une infirmité. — Aussi, repartit vivement Goethe, je me félicite d'avoir étudié la nature, qui empêche ces infirmités de naître, car, avec elle, nous avons affaire à la vérité infinie, éternelle, et elle rejette aussitôt comme incapable tout homme qui n'observe pas et n'agit pas toujours avec une scrupuleuse pureté. Je suis sûr que plus d'un esprit chez lequel la faculté dialectique est malade trouverait un traitement salutaire dans l'étude de la nature[1]. » Et quelle vive peinture je rencontre ailleurs de la *jeune Allemagne*, vouée au culte pédantesque de l'être, du non-être et du devenir! « Si je disais que j'éprouve grand plaisir à voir les Allemands, surtout les jeunes savants

---

[1]. *Conversations*, t. I, p. 421.

qui viennent d'un certain pays du nord-est (Berlin), je mentirais. La vue basse, le teint pâli, la poitrine affaissée, jeunes sans jeunesse, voilà le portrait de la plupart de ceux qui se présentent. Et lorsque je me mets à causer avec eux, je vois tout de suite que ce qui nous plaît leur semble trivial et de nulle valeur. Ils sont tout entiers plongés dans l'*idée*, et ne savent s'intéresser qu'aux plus hauts problèmes de la spéculation. Il n'y a pas trace en eux de cette santé intellectuelle qui nous fait aimer les choses qui agissent sur les sens; tous les sentiments jeunes, tous les plaisirs de leur âge sont partis pour eux, et ils ne peuvent plus revenir, car celui qui n'est pas jeune à vingt ans, que sera-t-il à quarante ! [1] »

Dans toutes ces philosophies, ce qui l'éloigne, c'est non-seulement la méthode idéaliste qui prétend créer le monde avec la raison pure, c'est aussi le *systématique*, le *voulu*, le parti-pris. Il y sent l'effort et par conséquent le faux. S'il fallait absolument trouver un analogue à son panthéisme dans l'histoire des idées, ce n'est pas en Hollande ni en Allemagne que j'irais le chercher, c'est en Grèce, dans la véritable patrie de sa pensée, dans une des premières écoles de la philosophie, celle de Thalès et d'Héraclite. Il ne faudrait pas trop presser ces délicates analogies; mais enfin, parmi les explorateurs de ces origines de la philosophie grecque, à qui ne sera-t-il pas sensible qu'il y a entre l'héraclitéisme

---

1. *Conversations*, mars 1828.

des anciens âges et la philosophie moderne de Goethe un fonds commun d'inspirations, même d'idées? Si l'on tient compte des progrès de la méthode, de la quantité infinie des phénomènes et des lois, des richesses de la science positive qui sont à la disposition de Goethe, et qui manquaient absolument à ces premiers philosophes, ne pourrait-on pas signaler plus d'un trait de ressemblance : l'empirisme passionné, le sentiment vif de la réalité des choses, une certaine conception générale de la nature, l'absence de toute vue systématique, de dogmatisme régulier? Oui, Goethe a je ne sais quelle parenté poétique, à travers les siècles, avec ces grands ancêtres de la philosophie, enivrés, éblouis des splendeurs du monde naissant. Son panthéisme a quelque air de ressemblance avec cette philosophie primitive, qui ne soupçonne pas la distinction des êtres, qui poursuit partout le mystère d'une seule et même existence vaguement entrevue à travers les phénomènes, qui multiplie les forces créatrices et les répand à flots dans l'univers divinisé, mais en même temps qui essaye de ramener toutes ces forces diverses à une force primordiale, universelle, dont les changements expliquent la variété, l'apparition et la disparition des êtres, force, substance ou élément contenant en soi la vertu de ses transformations infinies, sous le symbole de l'eau, comme chez Thalès, ou du feu, chez Héraclite, mais de l'eau animée, vivante, du feu divin, du feu artiste, âme universelle et principe des choses; qui enfin, se jetant d'un bond énergique aux antipodes du quiétisme oriental, s'efforce de développer dans les cœurs le sentiment de la vie libre en faisant de l'infatigable activité l'idéal de la vie des dieux. — Oui, Goethe dirait comme Thalès : « L'âme divine est mêlée à la masse des choses, à l'universelle substance. — Le monde est animé et vivant, il est plein de dieux[1]. » Il dirait avec Héraclite : « La vie et la mort sont le résultat des mouvements alternatifs de la force universelle. — Toute la nature s'explique par l'harmonie qui résulte du concours des forces. — Le combat des forces entre elles est le père de toutes choses. — L'âme de l'homme est une étincelle du feu universel, de la raison générale répandue dans le monde. — Notre vie n'est pas une vie véritable, mais la mort de la vie divine, qui vient s'éteindre dans la nôtre. — Rien n'existe en repos ; tout s'écoule, tout change et naît continuellement. » Sous le langage symbolique de la sagesse primitive, ne reconnaissons-nous pas les conceptions les plus importantes de Goethe sur le principe vital, sur les forces et les lois naturelles, sur les énergies créatrices, dispersées dans le monde ; enfin cette grande conception de la métamorphose universelle, qu'Héraclite avait exprimée avant lui dans ces deux mots : Ἀλλοίωσις. — Πάντα ῥεῖ? Le panthéisme de Goethe n'est pas le panthéisme dogmatique et idéaliste des temps modernes, il est profondément naturaliste;

---

1. Ἐν τῷ ὅλῳ φησιν τὴν ψυχὴν μεμῖχθαι, — Πάντα πλήρη θεῶν εἶναι, — Κόσμον ἔμψυχον καὶ δαιμόνων πλήρη (Thalès).

j'oserai dire que c'est un panthéisme païen. Voilà le signe de la race dont il descend à travers les âges. Nous avons nommé ses vrais aïeux.

Goethe a donc raison de ne pas vouloir accepter le nom de panthéiste, si on ne l'explique pas, si on ne le définit pas. D'ailleurs, peut-on dire que, même expliqué et défini, ce nom donne une idée complète de sa philosophie? Ce panthéisme naturaliste se combine avec un éclectisme d'une liberté presque illimitée. L'esprit de Goethe est peu exigeant envers lui-même sur les conditions logiques d'accord et de convenance entre les diverses vues qu'il recueille. Le trait essentiel qui s'y marque à côté de la tendance signalée vers l'unité absolue, c'est une vive et universelle curiosité. Goethe se juge bien quand il dit : « Je ne puis, quant à moi, me contenter d'une seule façon de penser. » C'est là le vrai. Il semble que, pour accomplir en lui-même la loi d'évolution qui est à ses yeux la loi maîtresse de la nature, il se transforme dans les idées qui lui plaisent, et il devient difficile à certains moments de suivre sa pensée ondoyante dans le caprice infini de ses métamorphoses.

Il ne faut pas se tromper sur la valeur et la portée scientifique de l'éclectisme dans Goethe ; il en a plutôt ressenti le besoin personnel qu'il n'en a compris la profondeur historique. Lui-même nous a donné la théorie de son éclectisme quand il a dit que rien n'est plus légitime pour chacun de nous que de choisir dans ce qui l'entoure, dans ce qui se passe autour de lui, dans ce qu'il lit, tout ce qui est en harmonie avec sa propre nature, pour se l'approprier,—de s'assimiler ainsi tout ce qui, soit dans la théorie, soit dans la pratique, peut servir à son progrès et à son développement. « Combien d'hommes, par leurs penchants naturels, sont moitié stoïciens et moitié épicuriens ! Je ne serai donc pas étonné si ces hommes acceptent les principes des deux systèmes et cherchent, autant qu'il leur est possible, à les concilier dans leur esprit [1]. » Cet éclectisme, il le pratique sans scrupule, transportant dans sa pensée tout ce qui lui plaît des divers systèmes que traverse sa mobile curiosité. Un jour il empruntera quelque belle pensée à Platon, pour qui il a une prédilection marquée, et dont il dit, avec un vrai bonheur d'expression, « qu'il ne cherche guère à connaître ce monde, qu'il s'en est fait d'avance une idée, que s'il pénètre au fond des choses, c'est bien plutôt pour les remplir de son âme que pour les analyser, que sa méthode, sa parole semblent fondre, réduire en vapeur les faits scientifiques qu'il a pu emprunter à la terre. » — Un autre jour c'est Aristote qui payera le tribut. Goethe prendra chez lui l'idée et le mot d'*entéléchie*, l'idée d'une réalité achevée, accomplie, d'un acte arrivé à sa perfection, et il appliquera ce mot aux âmes qui sont arrivées au plus haut degré de la perfection humaine par la culture esthétique ou scientifique, à

---

[1]. *Conversations*, t. II, p. 324.

celles qui se sont le mieux identifiées avec la nature. Il sera, par certains côtés de sa morale, stoïcien décidé. Des deux préceptes du Portique, *sustine et abstine*, il accepte énergiquement le premier, celui qui fortifie le cœur de l'homme contre l'inévitable et l'irréparable dans la vie ; il rejette le second, celui qui recommande à l'homme le mépris de la jouissance. Ici nous retrouvons « cette moitié d'épicurien » dont il nous parlait tout à l'heure ; il veut bien souffrir en silence quand il est aux prises avec les sévérités de la nature ; mais en attendant que la maladie, que la souffrance arrive, il jouira de toutes les faveurs de l'indulgente mère ; il goûtera avec joie les dons brillants de la vie, qui en soi est belle et divine. Il sera spinoziste à ses heures, lisant avec passion l'*Éthique*, s'enivrant avec Spinoza de la contemplation mystique de l'unité, méditant le grand mystère de la substance, remplissant son âme d'éternité et l'habituant aux joies austères du renoncement, du sacrifice, si facile, paraît-il, puisqu'il ne s'agit pour l'individu que de mourir à lui-même pour revivre dans l'infini. Puis quittant Spinoza pour son grand adversaire, pour Leibnitz, il s'enchantera de sa théorie des monades, il s'assimilera autant que possible ses vues sublimes et ses divines harmonies, sans trop se soucier des dissonances trop sensibles entre la théorie qui fonde la personnalité et celle qui l'absorbe dans la suprême unité.

Jusqu'à son dernier jour, il se tiendra au courant

de toutes les idées nouvelles, et sa passion de savoir, toujours jeune, se renouvellera avec toutes les doctrines et tous les noms nouveaux. Ses préventions contre l'esprit français avaient déjà cédé en partie devant l'éblouissante apparition de cet esprit lui-même, personnifié dans Mme de Staël. Il avait fini, après quelques craintes et quelques hésitations, par apprécier, comme il le méritait, ce projet si vaillamment poursuivi par la brillante visiteuse, de connaître à fond la société allemande, d'en coordonner les éléments, de s'éclairer sur les relations sociales, de pénétrer et d'approfondir « avec son grand esprit de femme » la philosophie elle-même. On ne peut pas croire qu'au contact de cette vive et mobile éloquence, prodigue de sentiments enthousiastes et d'idées générales, il n'ait pas lui-même gagné quelque chose. Au récit détaillé qu'il nous a donné de cette visite, on sent que l'impression en a été profonde et durable. — Puis, quand éclate en France le mouvement littéraire et philosophique de la restauration, il faut voir comme le poëte devient attentif à ce brillant et fécond tumulte d'idées, dont il pressent aussitôt les grands résultats. Il lit avec ardeur *le Globe* et en fait fréquemment le sujet de ses conversations. Depuis 1826, il ne cesse pas de s'occuper du journal initiateur et promoteur des idées nouvelles en France et de ses principaux rédacteurs. « Ce sont tous, disait-il, des gens du monde enjoués, nets, hardis au suprême degré. Ils ont une manière de blâmer fine et galante... Je suis vraiment épris d'eux : ils nous donnent le spectacle d'une société d'hommes jeunes, énergiques, jouant un rôle important. Je crois apercevoir leurs buts principaux : leur manière d'y marcher est sage et hardie. Ils sont bien sur la voie qui conduit au rapprochement entre l'Allemagne et la France; ils forment une langue qui est tout à fait propre à faciliter l'échange des idées entre les deux nations. » Il suivait avec un intérêt passionné les cours de la Sorbonne. « Pour se mettre au courant de la littérature française contemporaine, on devra lire les leçons prononcées et publiées depuis deux ans par Guizot (*Cours d'histoire moderne*), Villemain (*Cours de littérature française*), Cousin (*Cours d'histoire de la philosophie*).... Ils ont tous trois une vue étendue et profonde, ils unissent une connaissance parfaite du passé à l'esprit du dix-neuvième siècle, et cette alliance fait vraiment des merveilles.... Avec cela, un esprit, une pénétration, un talent pour épuiser un sujet ! C'est admirable ! On croirait les voir *au pressoir*. » Et faisant à M. Cousin, le seul des trois grands professeurs qu'il connût personnellement [1],

1. M. Cousin a vu trois fois l'illustre poëte à Weimar, en 1817, en 1825, en 1831. Il nous a donné dans ses *Souvenirs et Fragments* le récit très-intéressant de ses entretiens avec Goethe et de ses impressions personnelles. Nous croyons devoir en extraire ce portrait du poëte (en 1817): « Goethe est un homme d'environ soixante-neuf ans; il ne m'a pas paru en avoir soixante. Il a quelque chose de Talma avec un peu plus d'embonpoint; peut-être aussi est-il un peu plus grand. Les lignes de son visage sont grandes et bien marquées : front haut, figure assez large, mais bien proportionnée, bouche sévère, yeux pénétrants, ex-

le plus grand honneur qu'il pût faire à un de ses contemporains, il transportait dans sa pensée, en la modifiant à sa manière, la célèbre théorie que M. Cousin impose au développement de l'histoire de la philosophie. Il aimait à appliquer aux quatre âges de la vie la division et la succession des *quatre systèmes*. « La philosophie, disait-il, répète toutes les époques que nous avons traversées nous-mêmes. Enfants, nous sommes sensualistes, — idéalistes, quand nous aimons et que nous mettons dans l'objet aimé des qualités qui vraiment n'y sont pas. L'amour chancelle, nous doutons de la fidélité, et nous devenons sceptiques sans le savoir. Le reste de la vie se passe dans l'indifférence ; nous laissons les choses aller comme elles veulent, et nous finissons par le quiétisme, tout comme les philosophes indiens[1]. » Dans ses *Pensées détachées*, nous retrouvons la même idée sous une autre forme, avec cette variante importante à la fin : « Le vieillard s'attachera toujours au mysticisme ; il voit que mille choses semblent dépendre du hasard, que la dérai-

---

pression générale de réflexion et de force.... Le geste rare, mais pittoresque, l'habitude générale grave et imposante.... Il m'est impossible de donner une idée du charme de la parole de Goethe : tout est individuel, et cependant tout a la magie de l'infini ; la précision et l'étendue, la netteté et la force, l'abandon et la simplicité, et une grâce indéfinissable sont dans son langage. Il finit par me subjuguer, et je l'écoutais avec délices. Il passait sans effort d'une idée à une autre, répandant sur chacune une lumière vaste et douce qui m'éclairait et m'enchantait. Son esprit se développait devant moi avec la pureté, la facilité, l'éclat tempéré et l'énergique simplicité de celui d'Homère. »

1. *Conversations de Goethe*, t. II, p. 93.

son réussit, que la raison échoue.... Tel est le monde, tel il fut, et le grand âge se repose en *celui qui est, qui fut et qui sera*[1]. »

La dernière lettre que le poëte ait écrite (samedi 17 mars 1832) expose avec précision ses idées sur l'accord possible et même nécessaire entre l'originalité de la pensée et les emprunts qu'elle peut faire en dehors d'elle-même. — Les plus riches facultés innées courent risque de s'égarer et de s'épuiser inutilement, dit-il, si on ne leur applique pas une industrie, un art, qui les renouvelle incessamment, qui leur donne un accroissement et un développement régulier. Le génie le plus favorisé est celui qui *absorbe tout*, s'assimile tout, non-seulement sans porter par là le moindre préjudice à son originalité native, à ce qu'on appelle le caractère, mais bien plutôt en donnant par cela même à ce caractère sa vraie force, et en développant ainsi toutes ses aptitudes. — C'était la théorie de son propre génie, de l'éducation qu'il lui avait donnée, de son développement continuel, de son perfectionnement régulier, poursuivi pendant près d'un siècle, qu'il livrait ainsi dans une sorte de *testament philosophique*, de *dernière pensée*, adressée à son ami de toute la vie, à Guillaume de Humboldt. Éclectisme et panthéisme, en même temps que ces deux mots résument la philosophie de Goethe, ils nous donnent la raison de la prodigieuse influence qu'il a exercée

---

1. *Pensées*, t. I", p. 465.

sur les hommes de son âge et de la persistance de son empire sur notre génération, fatiguée des systèmes, mais entraînée par un courant presque irrésistible vers ces deux études qui la passionnent jusqu'à obscurcir en elle le sens intérieur, le sens métaphysique : l'étude de l'histoire et celle de la réalité sensible, divinisée sous le nom vague de nature, l'érudition et les sciences positives.

CHAPITRE IX.

LES TYPES PHILOSOPHIQUES DANS LA POÉSIE DE GOETHE :
PROMÉTHÉE.

Nous croyons être fondé à dire, d'après les preuves que nous en avons données, que Goethe a sa philosophie, si l'on ne réserve pas exclusivement ce mot à un dogmatisme régulier, approfondi, qui n'était ni dans le tempérament du poëte, ni dans ses intentions. Si la philosophie n'est pas nécessairement circonscrite dans une forme systématique, si elle est aussi bien une manière d'être originale et personnelle de l'intelligence vis-à-vis des choses, une façon individuelle de voir la réalité, pourvu que cette manière d'être et de sentir ait une certaine élévation et que cette vue des choses soit suffisamment compréhensive, qui mieux que Goethe, parmi les grands esprits du dix-neuvième siècle, mérite d'être considéré comme un esprit philosophique pour ses affinités intellectuelles avec des penseurs tels que Spinoza, pour son universelle curiosité, pour l'ardeur de ses recherches et la hardiesse de ses conceptions sur les origines et les lois des êtres?

« Tu es né pour donner à la réalité une forme poétique, » lui disait un jour Merck, un de ses meilleurs amis, un de ceux qui l'ont le mieux connu et le moins flatté. « Ta tendance, ta direction inévitable est de transformer la réalité en poésie, la nature en art. » C'est peut-être le mot le plus juste qui ait été dit sur le génie de Goethe. Là est véritablement le lien entre les deux parties de sa vie qui semblent d'abord si profondément distinctes, entre les deux hommes que l'on s'étonne de rencontrer en lui, l'artiste et le savant. Il semble qu'il y ait une opposition radicale entre ces deux formes de l'activité intellectuelle : l'une qui pour avoir le secret de la vie commence par la détruire, qui pour analyser la pièce maîtresse de l'organisme en comprime le jeu et en décompose les mouvements, qui dissout l'ensemble vivant pour le comprendre, qui, en isolant les parties, en rompt l'harmonie et en mutile fatalement la beauté ; — l'autre qui tend en toutes choses à l'ensemble harmonieux, à la synthèse vivante, qui essaye de retrouver partout la force secrète, la vie des choses, à reproduire la forme idéale des objets, la beauté plastique de chaque corps et de chaque figure. A de bien rares exceptions près, ces deux tendances se rencontrent isolées et dans des esprits très-différents. Elles se montrent à nous unies et réconciliées dans Goethe. Il a senti de très-bonne heure, dans les calmes profondeurs de son âme, la fascination de la nature. Il a obéi à l'attrait vainqueur, mais en le faisant servir à son développement poétique, à la culture secrète de son génie intérieur. Il a mis de l'harmonie dans ses facultés en les subordonnant à un but unique : expliquer le monde par la science pour mieux le reproduire par l'art. La poésie, en effet, n'est pas seulement pour lui une œuvre d'inspiration tout intérieure ni de fantaisie pure : son ambition la plus haute est de s'inspirer de la réalité pour en fixer la brillante et mobile image dans les formes plastiques de son génie. Lui-même déclare que la beauté de la nature l'invite et le dispose à la production. « Celui à qui la nature commence à dévoiler son mystère éprouve un attrait invincible pour l'art, son plus digne interprète. » C'est dans le même sens qu'il dit ailleurs de sa poésie qu'elle est *éminemment objective*, marquant par là que la source en est dans la réalité vivante, — que ses principales œuvres esthétiques sont le dernier résultat, le terme de l'évolution d'une idée philosophique éclose dans l'observation des phénomènes et de leurs rapports, parvenue dans l'art à sa forme suprême, — enfin que sa pensée scientifique, enivrée de ses contemplations et de ses découvertes, ne trouvait que dans la poésie son apaisement et sa délivrance.

On peut juger, d'après cela, en quel sens il faut

entendre la création poétique chez Goethe. Par l'étude constante de la réalité, par la contemplation des lois générales, par la méditation des grands problèmes, il remplit sa pensée de faits, de lois et d'idées scientifiques ; mais ce travail assidu et ces vastes connaissances n'étouffent pas la réclamation énergique des facultés créatrices ; c'est maintenant à leur tour d'agir. A un jour donné, dans une heure privilégiée d'émotion poétique, cette masse confuse de détails, cette multitude de notions générales, non liées entre elles, s'ébranle. Une conception esthétique apparaît, obscure et vague d'abord, puis se déterminant et se précisant de plus en plus, s'emparant de cet amas de phénomènes et de problèmes enfermés dans chacun d'eux, éliminant les uns, recueillant les autres pour les relier dans un ensemble, imposant à toutes ces notions isolées une direction générale, un centre déterminé, une forme, — en un mot, les organisant. Quelque type caractéristique, choisi par le poëte, fera l'unité de l'œuvre, lui donnera son nom. Le comble de l'art sera atteint, si un grand intérêt, un sentiment humain et puissant domine l'ensemble et attendrit ce drame des idées pures en y mêlant quelque chose de l'homme. C'est alors que l'on peut dire que l'inspiration a fait son œuvre vraiment divine ; elle a créé la vie dans ces formes inertes. Tout avait déjà pris un corps, une figure ; tout maintenant va s'animer pour une existence idéale à la fois et réelle. Heureuse l'œuvre ainsi conçue dans les régions les plus hautes de la pensée, et dans laquelle a passé, avec le frisson sacré du poëte, la palpitation immortelle de la vie ! L'émotion de la foule humaine s'attache à de pareilles œuvres et ne les quitte plus à travers les siècles.

Il y a donc une interprétation nouvelle, en un sens, à donner de cette poésie, à la fois savante et inspirée, qui rappelle à plusieurs égards l'inspiration alexandrine. Nous essayerons de montrer par quels liens l'invention poétique de Goethe se rattache à sa philosophie générale. Ce serait assurément ne rien comprendre à son génie que de ne pas marquer, parmi les sources les plus hautes et les plus actives de son inspiration, cette métaphysique de la nature qui occupe les sommets les plus élevés de son esprit. Il nous a paru intéressant de remonter aussi loin que possible vers ces hauteurs, jusqu'à la source qui en jaillit. Nous allons maintenant descendre avec elle la pente par où elle se précipite, la suivre dans son cours varié, montrer comment elle se répand à flots pressés et se distribue dans l'œuvre immense de Goethe, communiquant à certaines parties de cette œuvre quelque chose de cette limpidité froide et de cet éclat presque dur des sommets glacés d'où elle descend.

La philosophie de Goethe s'exprime de deux manières dans son œuvre poétique : d'abord par la conception de certains types qui sont des idées autant que des personnages dramatiques, puis par la tentative plusieurs fois répétée de traduire sous forme de symboles et d'allégories les théories les plus savantes et les plus abstraites. Nous examinerons comment il s'est inspiré des notions qu'il s'était formées sur la nature, quelle influence son génie en a ressentie, quelles traces de ses méditations et de ses recherches scientifiques se sont imprimées au cœur même de sa poésie, particulièrement dans le *second Faust*. Mais, tout d'abord nous voudrions dégager et mettre en lumière l'idée philosophique qui a présidé à la formation de ces types chers au poëte, Prométhée, Faust et Méphistophélès.

Un fragment antique, le *Prométhée*, fut la première révélation publique de ce spinozisme poétique qui déjà se formait dans son esprit. L'ouvrage fut composé vers 1775, au retour de ce fameux voyage du Rhin, où le jeune voyageur s'était aventuré de gaieté de cœur à la suite des triomphes équivoques de Lavater, et, d'où il était revenu avec des préventions très-fortes contre la religion du pieux prédicateur, mélange d'intrigues et de mysticité. Ce beau fragment semble être le contre-coup immédiat du désenchantement de Goethe à l'endroit du christianisme sentimental, et de sa ferveur spinoziste, ravivée, entretenue par Jacobi dans la solitude de Pempelfort. On dirait que le jeune poëte s'essaye à la résistance contre les tyrannies mystiques qui ont pesé un instant sur le libre essor de ses facultés créatrices. « Je me séparai *même des dieux*, nous dit-il, à la manière de Prométhée... La fable de Prométhée devint en moi vivante ; je coupai à ma taille la robe antique du titan, et, sans autres méditations, je commençai à écrire une pièce dans laquelle est représenté le mécontentement que Prométhée provoque chez Jupiter et les autres dieux en formant les hommes de sa propre main, en les animant par la faveur de Minerve et en fondant une troisième dynastie. Et véritablement les dieux qui régnaient alors avaient tout sujet de se plaindre, parce qu'on pouvait les considérer comme des intrus, injustement établis entre les titans et les hommes.... La mythologie grecque présente ainsi une richesse inépuisable de symboles divins et humains.... Cependant l'idée titanique et gigantesque d'un assaut livré au ciel ne fournit aucun élément à ma poésie. Il me convenait mieux de retracer cette résistance paisible, plastique au besoin, patiente, qui reconnaît la puissance supérieure, mais qui voudrait s'égaler à elle[1]. »

La mythologie grecque lui fournissait ainsi fort à propos un des plus poétiques symboles par lesquels pût s'exprimer l'attitude déjà militante de sa pensée. On comprend aisément ce que représente dans l'esprit de Goethe cette deuxième dynastie de dieux, rois intrus, véritables usurpateurs, médiateurs inutiles entre la première et la troisième dynastie, entre les titans et les hommes. Ces dieux qui n'ont pu ni organiser le monde, ni créer l'homme, à quoi servent-ils? Quand ils disparaîtront, ils ne laisseront pas de place vide dans le drame immense

---

1. *Vérité et poésie*, troisième partie.

de la création, dans l'histoire du monde. Donc à l'origine il y a les titans, c'est-à-dire les forces élémentaires de la nature, et Prométhée, le plus habile, le plus industrieux de tous, qui représente l'instinct secret de l'organisme universel, la force plastique et créatrice, élaborant la masse confuse des choses, dirigeant les énergies aveugles des titans, ses frères, dans le sens de l'ordre et de la loi, formant l'homme enfin. Au terme de ce travail gigantesque, l'homme apparaît, le plus fragile et le plus fort des êtres. Il pense. Dès lors, le règne des titans eux-mêmes est fini. La terre a reçu son vrai maître, qui la domptera en attendant que les propriétés secrètes de la matière et les lois physiques, ramassées dans sa main, lui permettent de conquérir les cieux. Entre les forces aveugles, dirigées par l'instinct artiste de la nature, et la pensée, enfin éveillée dans l'homme et créant en lui la liberté, que vient faire la dynastie de ces dieux fainéants, qui ne savent occuper que par les durs caprices de la tyrannie les loisirs d'une royauté imbécile, méprisée des vrais travailleurs, des titans, ces ouvriers du monde, et du plus grand de tous, désigné par sa grandeur même à des haines plus violentes, Prométhée, l'ouvrier de l'homme? L'allusion est directe, le symbole transparent. Entre la nature et l'homme, tout intermédiaire prétendu divin doit disparaître; la raison dissipe ces fantômes, fils de la nuit et de la peur. Si ce n'est pas là la pensée même de Goethe, nous nous sommes bien mépris.

Qu'on relise, pour s'en convaincre, quelques-unes des brillantes apostrophes de Prométhée, quand il refuse l'offre qu'on lui fait de partager l'empire :

« PROMÉTHÉE. — Les dieux veulent partager avec moi, et j'estime que je n'ai rien à partager avec eux. Ce que j'ai, ils ne peuvent le ravir, et ce qu'ils ont, je consens qu'ils le gardent. Ici le *mien*, là le *tien*, et de la sorte nous sommes séparés.

« ÉPIMÉTHÉE. — Le *tien*, que comprend-il?

« PROMÉTHÉE. — Le cercle que remplit mon activité. Rien au-dessous et rien au-dessus.... »

Et lorsque Mercure, irrité de l'arrogance du titan, s'écrie : « Misérable ! parler ainsi à tes dieux, aux dieux infinis ! » Prométhée répond fièrement :

« Les dieux!..... je ne suis pas un dieu, et je me crois autant que vous. Infinis?.,. Tout-puissants?... Que pouvez-vous donc?... Pouvez-vous resserrer en balle dans ma main le vaste espace du ciel et de la terre? Pouvez-vous me séparer de moi-même? Pouvez-vous m'étendre, me déployer en un monde?

« MERCURE. — Le destin!

« PROMÉTHÉE. — Reconnais-tu sa puissance? Moi aussi! va, je ne sers pas des vassaux! »

Minerve, la bonne conseillère, veut apaiser ce courroux d'une âme libre révoltée contre les puissances qui prétendent mettre une borne à son orgueilleuse liberté; tous ces conseils sont vains :

« MINERVE. — Ta haine est injuste! Les dieux ont reçu en partage la durée et la puissance, et la sagesse, et l'amour.

« Prométhée. — Mais ils n'ont pas seuls tout cela. J'ai comme eux la durée! Nous sommes tous éternels!... Je ne me souviens pas d'avoir commencé; je ne me sens point destiné à finir, et je ne vois pas la fin. Je suis donc éternel, car je suis!... Et la sagesse.... (*Il conduit Minerve auprès des statues.*) Considère ce front! N'est-ce pas ma main qui l'a modelé? et cette forte poitrine, comme elle se porte au-devant du péril, qui l'assiége de tous côtés! (*Il s'arrête auprès d'une statue de femme.*) Et toi, Pandore, vase sacré où reposent tous les dons qui charment sous le vaste ciel, sur la terre immense, tous les sentiments qui m'ont à jamais vivifié, ce qui m'a versé le soulagement sous les frais ombrages, ce que le soleil amoureux fit jamais éclore en mon sein de joies printanières, ce que les tièdes ondes de la mer y répandirent jamais de tendresse, et toute pure clarté céleste, toute paisible volupté de l'âme que je goûtai jamais,... tout cela, tout, ma Pandore! »

Lisons surtout le célèbre monologue qui termine le drame en lui donnant son vrai sens. L'importance historique de ces strophes nous fait un devoir de les citer entièrement dans leur superbe insolence :

« O Jupiter! couvre ton ciel de nuages, et, comme l'enfant qui abat les têtes des chardons, exerce-toi sur les chênes et sur les cimes des montagnes; il faudra bien pourtant que tu laisses debout ma terre et ma cabane que tu n'as point bâtie, et mon foyer et sa flamme que tu m'envies. — Je ne connais rien sous le soleil de plus pauvre que vous autres dieux! Vous nourrissez misérablement votre majesté d'offrandes et d'encens, et vous seriez réduits à mourir de faim, n'étaient les enfants et les mendiants, pauvres fous qui se repaissent d'espérances. — Quand j'étais enfant et dans la détresse, je tournais vers le soleil mon œil égaré, comme s'il y avait eu par delà une oreille pour entendre ma plainte, un cœur comme le mien pour compatir à l'affligé. — Qui me vint en aide contre l'orgueil des titans?

Qui me sauva de la mort, de l'esclavage?... N'est-ce pas toi, ô mon cœur? n'est-ce pas toi qui as tout fait? Dans ton illusion, jeune et bon, tu rendais de ferventes actions de grâces au dormeur de là-haut! — Moi, t'honorer!... Pourquoi?... As-tu jamais apaisé les douleurs de l'opprimé? As-tu jamais essuyé les larmes de l'affligé? Qui m'a forgé un cœur d'homme? N'est-ce pas le temps tout-puissant et le destin éternel, mes maîtres et les tiens? T'imaginais-tu peut-être que je dusse haïr la vie, fuir dans les déserts, parce que toutes les fleurs de mes rêves n'ont pas donné leurs fruits? — Ici je m'occupe à créer des hommes à mon image, une race qui soit semblable à moi, pour souffrir, pour pleurer, pour jouir, — et te dédaigner, — comme moi ! »

Voilà certes de brillants morceaux lyriques; mais il ne faut pas se méprendre sur le caractère de ces fragments, ils n'ont d'antique rien absolument que le titre général sous lequel ils sont réunis et le nom des personnages qui s'y succèdent. Ils sont tout modernes d'accent et de pensée. Nous ne reconnaissons plus ici le titan mythologique, le Prométhée grec; nous ne sentons plus ici la terreur sacrée que communique au spectateur l'émotion profonde du vieil Eschyle. Qu'on ne s'y trompe pas, le drame d'Eschyle n'est pas le drame philosophique de la pensée qui s'éveille de son oppression et de la liberté qui s'affranchit : c'est un drame théologique dont les dieux sont les acteurs et dont le sujet véritable est non pas la révolte de l'humanité contre les puissances célestes, mais une lutte entre les immortels, une compétition de pouvoirs entre un dieu subordonné, bienfaiteur imprudent d'une race nouvelle, la race des hommes, et le roi de l'Olympe, qui, maître de la vie, ne peut la laisser surprendre par un autre, sans châtier le sacrilége. Le grand vaincu de Jupiter ne nie pas l'autorité du maître et ne conteste pas sa victoire. La Puissance et la Force, ministres aveugles de la colère royale, en l'enchaînant à son rocher, lui ont trop bien prouvé qu'on ne résiste pas à Jupiter, et, comme il convient à un dieu vaincu, calme même dans sa colère, il subit la dure loi qui lui est faite. Sa seule vengeance est d'inquiéter l'orgueilleuse prospérité de Jupiter par des prédictions sinistres, et d'agiter dans de vagues et sombres paroles l'espoir des révolutions prochaines. Représentant d'une dynastie déchue, il se console en annonçant des chutes de races royales, des avénements nouveaux. « Souverains d'hier, s'écrie le captif enchaîné, vous régnez à peine, et vous vous croyez dans une forteresse inaccessible aux revers. Ne sais-je pas que de là deux rois sont déjà tombés? Le troisième, celui d'aujourd'hui, je verrai aussi sa chute : elle sera honteuse et prompte. » Il n'est pas insensible pourtant; même dans sa fierté résignée, il lui échappe une plainte.

« PROMÉTHÉE. — Hélas!
« MERCURE. — C'est là un mot que Jupiter ignore.
« PROMÉTHÉE. — Le temps est un maître qui enseigne toute chose. »

Ce qui le rassure, ce n'est pas l'impuissance de Jupiter, son maître et celui du monde pendant de longs siècles encore, c'est sa propre immortalité :

« Ni par violence ni par artifice, Jupiter ne m'amènera jamais à parler avant d'avoir relâché mes liens.... Il ne fléchira pas ma constance; je ne lui dirai pas qui doit le faire tomber du trône.... Être maltraité de son ennemi n'a rien d'étrange. Qu'ainsi donc soient lancés contre moi les traits enflammés de la foudre, que l'air s'ébranle aux roulements du tonnerre, au souffle impétueux des vents; que la terre soit arrachée de ses fondements et les flots de la mer lancés dans les routes du ciel; que l'irrésistible tourbillon de la nécessité emporte mon corps au fond du noir Tartare; quoi qu'il arrive, je ne puis mourir[1]. »

Tel est le vrai Prométhée, figure légendaire placée sur les confins des cosmogonies antiques, par delà l'histoire, à la limite des siècles qui séparent l'âge du chaos de la formation du monde, à cette époque mythique où les puissances célestes, encore mal définies dans leurs droits réciproques et leur autorité nouvelle, se disputent l'empire du monde et de la vie. Tout le drame d'Eschyle est plein de l'âme religieuse du temps et du poëte. Sans doute les sympathies du spectateur sont contre la violence mystérieuse de Jupiter : elles sont pour la douleur et le courage de Prométhée, et il semble d'abord que ce soit là presque un effet impie obtenu par l'art;

---

1. Consulter sur les diverses interprétations et le sens véritable du *Prométhée* d'Eschyle les belles études de M. Patin sur les *Tragiques grecs*. On ne peut toucher à ce grand sujet du théâtre antique sans devenir le débiteur et l'obligé de cette science si sûre et si hospitalière.

mais qu'on y réfléchisse : Jupiter est un roi nouveau, un usurpateur. Le droit ancien, la légitimité dynastique sont en faveur de Saturne et des Titans. En se déclarant pour Prométhée, Eschyle se rattachait au droit antique; il remontait aux origines de la dynastie céleste; il protestait à sa manière contre le droit moderne qui n'était à son sens qu'une usurpation consacrée par la force. Plus tard, quand le destin a parlé, quand Prométhée lui-même a fait sa soumission en révélant à Jupiter le secret qu'il tient de sa mère Thémis et lui permet ainsi d'échapper à la fatalité, Eschyle se soumet avec son héros, il accepte l'ordre nouveau des choses divines, et célèbre avec magnificence, dans *Prométhée délivré*, la réconciliation des dieux. C'est qu'Eschyle n'est pas seulement le plus grand poëte; avec Hésiode, il est le grand théologien de l'antiquité grecque. Sa trilogie de *Prométhée* n'était rien moins, aux yeux des Grecs, que les archives sacrées des révolutions célestes, des avénements et des chutes des dynasties divines dans l'éternité mystérieuse du vieil olympe. Le drame porte encore chez lui le signe de son origine hiératique. Il est sorti du temple, et il en conserve l'ineffaçable caractère. Issu des théogonies antiques, il en a retenu la solennité et la terreur.

Combien différent est le Prométhée moderne, celui de Byron, celui de Shelley, celui de Goethe! Ici c'est un Prométhée philosophe, qui n'a plus rien d'antique ni de religieux, et dans lequel chacun de ces grands poëtes a cherché à retracer le modèle qu'il portait en lui. Le Prométhée de Byron, dans une pièce célèbre de ses *Mélanges*, c'est l'homme en lutte avec la destinée, en triomphant par l'indomptable essor de sa liberté, rompant cette trame et ces piéges du sort dans lesquels les faibles seuls restent captifs, se faisant à lui-même son sort et ses destins. Le drame de Shelley célèbre la délivrance du vieux captif du Caucase par l'avénement d'une foi nouvelle, la foi à la puissance de la nature, seule maîtresse, seule reine, la mort des vieilles superstitions, la destruction des vieilles tyrannies. L'idée de Goethe tient le milieu entre celle de Byron et celle de Shelley. La croyance philosophique qui l'inspire, c'est la grande antithèse du destin, résumant toutes les lois mécaniques et physiques dont se compose l'ordre universel, et de l'activité libre, qui n'a de limites que la fatalité des choses; c'est l'opposition et le rapport de la nature et de l'homme qui s'agite au sein de l'ordre universel, s'en distinguant par sa volonté, sans pourtant arriver à s'en séparer jamais; c'est le problème de la liberté humaine, de toutes parts enveloppée par la nécessité : pure illusion selon le spinozisme conséquent; insoluble énigme pour les panthéistes tels que Goethe, qui ne vont pas jusqu'au terme de la logique, aussi loin que les conduit le principe de l'unité absolue. Il n'y a que deux réalités, selon Goethe, en face l'une de l'autre : la nature avec l'ensemble des fatalités dont elle se compose, l'homme avec sa pensée et sa volonté libre. Toute puissance qui ne serait ni la nature ni l'homme ne pourrait trouver son rôle et sa place dans l'ordre des choses éternelles. L'universelle fatalité la rendrait inutile, et par conséquent la supprimerait. S'ils existaient, ces pouvoirs supérieurs à l'homme ne seraient eux-mêmes que les *vassaux du destin ;* et dès lors de quel droit régneraient-ils sur nous, étant vassaux comme nous? Osons suivre jusqu'au fond la pensée de Goethe sous le transparent symbole emprunté au vieil Eschyle. — Il n'y a que les enfants en détresse qui puissent lever au ciel leur regard avec leur prière. Il n'existe pas là-haut un cœur comme le mien pour compatir à ma misère. Il faut que je le sache et que je m'y résigne. L'homme n'est libre qu'à une condition, c'est dans sa lutte avec la nature de ne compter que sur lui et de n'espérer d'appui que dans son propre cœur ; mais là où il agit, il est roi, il est dieu. Il peut dire comme Prométhée : « Je suis maître, je possède tout, aussi loin que s'étend le cercle que remplit mon activité. Rien au-dessous et rien au-dessus ! » C'est le cri superbe de l'humanité qui ne veut rien devoir à un maître, et qui prétend être elle-même, elle seule, sous un ciel inflexible et sourd, l'ouvrière de ses destins. Toutes les révoltes philosophiques de Goethe, tout son orgueil, sont dans le cri de Prométhée.

L'Allemagne y répondit. Goethe lui-même s'étonna de l'écho immense et profond qu'il avait éveillé et qui répéta le lyrique blasphème du titan. « Ce fut, nous dit-il, la première étincelle d'une explosion qui découvrit au public les secrètes affinités d'hommes respectables, affinités qui sommeillaient en eux, à leur insu, dans les parties les plus éclairées de la société[1]; mais ce qui donne à l'œuvre du jeune poëte une importance inattendue, c'est la profession de foi spinoziste de Lessing, dont le *Prométhée* fut l'occasion. Laissons raconter à Jacobi lui-même cet épisode étrange, qui confirme pleinement l'interprétation de cette œuvre, telle que nous l'avons présentée. Son récit curieux à tant de titres, et en lui-même et par la longue polémique qu'il souleva, se trouve dans la *première lettre* à Mendelssohn, écrite dans le courant de l'année 1783. « J'avais toujours professé beaucoup de respect pour ce grand homme, surtout depuis ses querelles théologiques, principalement après avoir lu sa *Parabole*; j'avais vivement désiré de faire sa connaissance personnelle..... Mon *Alwill* eut le bonheur de l'intéresser. Il m'écrivit en 1779. J'allai le voir à Wolfenbüttel. Entre autres communications que je lui fis, je lui donnai à lire le poëme de *Prométhée* de Goethe. Au lieu d'en être scandalisé, Lessing se déclara très-satisfait de la forme et du fond. « Le point de vue du poëme, dit-il, est le mien. Les idées orthodoxes sur la Divinité ne sont plus les miennes : ἐν καὶ πᾶν est ma devise. — Vous êtes donc de l'avis de Spinoza? lui demandai-je. — Si je dois me nommer d'après quelqu'un, répondit Lessing, oui, je

---

[1]. *Vérité et poésie*, troisième partie.

suis spinoziste. » Nous fûmes interrompus ici. Le lendemain Lessing vint me trouver pour s'expliquer avec moi sur son ἓν καὶ πᾶν. Je ne lui cachai pas que j'avais été surpris et affligé de sa déclaration, parce qu'en partie j'étais venu le voir pour implorer son secours contre Spinoza. « Il n'y a pas d'autre philosophie, me répondit-il, que celle de Spinoza. — Cela peut être, lui répondis-je, car le déterminisme conséquent conduit au fatalisme, et tout le reste découle de là. — Nous nous entendons dès lors, reprit Lessing ; je suis d'autant plus curieux d'apprendre de vous ce que vous regardez comme l'esprit de Spinoza. — Cet esprit, répondis-je, n'est autre que l'antique axiome *ex nihilo nihil fit*, que Spinoza appliqua d'après des notions plus abstraites que les anciens *cabbalistes*. Il rejeta tout passage de l'infini au fini, toutes les causes secondes, transitoires, éloignées, et à la place de l'*Ensoph émanant* de la cabbale, il mit un principe *immanent*, une cause inhérente, éternelle et immuable de l'univers, une et identique avec tous ses effets pris ensemble[1]. »

Bien des indications précieuses seraient à recueillir dans cette lettre. On remarquera certainement l'idée que Lessing se fait du spinozisme, embrassant sous ce nom, comme Goethe et comme l'Allemagne elle-même, des doctrines de panthéisme très générales et très-vagues ; mais cette lettre intéresse particulièrement tous ceux qui suivent avec curiosité

---

1. Traduction de M. Willm.

les évolutions de l'esprit humain à travers les âges : elle donne une date précise à la première explosion d'une insurrection philosophique qui depuis quelque temps couvait dans les âmes. Au sortir d'un long sommeil dogmatique et orthodoxe, l'Allemagne se réveille comme en sursaut, tout étonnée du travail qui s'est accompli en elle à son insu, un peu inquiète de trouver le panthéisme au fond de sa conscience. Il serait inutile de contester la victoire subite de l'esprit nouveau. Mendelssohn aura beau s'indigner, protester contre Jacobi, s'épuiser dans une polémique irritante où il laissera sa vie; l'œuvre *démoniaque*, comme dirait Goethe, est accomplie. Le Méphistophélès germanique s'appelle Spinoza, en attendant qu'il se nomme Schelling, Hegel. L'heure est loin encore, — doit-elle même venir? — où le démon de l'Allemagne, devenu son génie intime et familier, sera exorcisé par une philosophie meilleure. Or celui qui a donné le signal de l'avénement du panthéisme dans l'esprit germanique, ce n'est pas un professeur d'université, ce n'est pas un philosophe, c'est un poëte qui a jeté dans un élan lyrique, sous le nom antique de Prométhée, un défi à la vieille orthodoxie philosophique et religieuse. Lessing ne s'y est pas trompé, et l'on nous pardonnera d'avoir aussi longuement insisté sur un simple fragment, presque oublié aujourd'hui, si l'on considère que, par un concours étrange de circonstances, ce fragment était destiné à marquer une ère nouvelle dans la philosophie allemande.

CHAPITRE X.

LES TYPES PHILOSOPHIQUES (SUITE). — MÉPHISTOPHÉLÈS.

Prométhée n'était que la révolte d'un esprit superbe contre les traditions de l'église et de l'école. C'est dans *Faust* qu'il faut contempler l'épanouissement poétique de cette philosophie nouvelle : dans aucune autre œuvre, on n'en trouverait une expression plus complète, une plus large synthèse; mais, en abordant l'étude philosophique de ce drame, on hésite devant la tâche que l'on entreprend et surtout devant la difficulté particulière qui s'attache à des sujets célèbres. Quel critique, dans ce siècle, n'a pas tenté à sa manière une analyse de *Faust* et présenté au public son interprétation particulière de l'idée du poëme?

Ce qui redouble la difficulté, c'est la complexité

infinie de l'œuvre privilégiée de Goethe : il y a versé un peu confusément et au hasard de l'inspiration toutes ses conceptions les plus hautes et les plus bizarres, ses notions ou ses rêves sur la nature et l'humanité, sur la politique et l'histoire, sur la morale et sur l'art, son esthétique et sa métaphysique, sa science et son génie, toute son âme enfin et sa vie. Que l'on songe à l'immense intervalle de temps rempli par l'élaboration poétique de *Faust!* Dès 1773, Goethe en avait déjà jeté quelques scènes sur le papier. C'est à l'âge de vingt-quatre ans qu'il rencontra pour la première fois dans la taverne d'Auerbach à Leipzig, le héros de son poëme futur, dans un vieux tableau où le peintre l'avait représenté chevauchant à travers les airs sur un tonneau. La légende lui était déjà familière. Cette peinture populaire donna une forme, un corps à la légende devant les yeux de son esprit. Peu à peu le plan du drame s'organisa, et deux ans après Goethe pouvait lire quelques scènes détachées à Klopstock, qui l'encouragea vivement à continuer. Ce n'est pourtant que quinze années plus tard qu'il publia, sous le titre de *Fragment*, le premier *Faust.* C'était toute la substance et l'action du poëme moins certains développements qui furent insérés dans la suite, pour compléter ou élargir le sens philosophique du drame, tels que la *Dédicace*, les deux *Prologues*, qui datent de 1797 ; mais déjà en 1780 Goethe songeait à continuer son poëme dans des proportions qui devaient excéder de beaucoup le plan primitif. Il lisait à la cour de Weimar un fragment d'*Hélène*, qui témoigne de son dessein. De 1800 à 1805, sous l'impression vive de cette belle amitié littéraire qu'il entretint avec Schiller et qui fut l'honneur de sa vie, sous l'excitation de ses conseils, il travaille avec une activité nouvelle à cet étrange et brillant épisode d'*Hélène*, sans trop savoir encore comment il le rattachera au reste de l'ouvrage. La mort de Schiller, survenue en 1805, sembla lui ravir tout d'un coup son courage et ses forces. Pendant près de vingt ans, il abandonna ce que son ami l'avait habitué à considérer comme l'œuvre et le monument de sa vie ; mais vers 1824, à l'âge de soixante-quinze ans (notez bien ce chiffre invraisemblable d'années pour une pareille œuvre), une sorte de jeunesse poétique se refait dans son génie : tout cède à l'impatience qu'il éprouve d'achever ce grand drame et de livrer sa pensée complète à la postérité, qu'il sent déjà prochaine. Ses forces renouvelées s'excitent et se pressent. Le fragment d'*Hélène*, qui marquait le point culminant de l'œuvre, était presque achevé. La conclusion du drame elle-même était prête. Il ne s'agissait que de remplir le cadre déjà tracé, d'ajouter quelques épisodes, de combler les vides. En 1831, les dernières scènes furent écrites, et Goethe avait cette joie suprême, quelques mois seulement avant sa mort, de voir paraître l'œuvre entière telle qu'il l'avait portée dans le secret de sa pensée pendant plus d'un demi-siècle de méditations, d'alternatives d'enthousiasme et de

lassitude. Quand il vit la seconde partie terminée :
« Je peux maintenant, dit-il, regarder le reste de
ma vie comme un pur cadeau; il est au fond maintenant très-indifférent que je fasse encore quelque
chose ou que je ne fasse rien. »

Cinquante-huit ans écoulés depuis la première
inspiration, rencontrée dans la taverne de Leipzig,
jusqu'à la publication du second *Faust!* Et cela à
travers tant d'événements publics et privés, à travers
la période la plus agitée du dix-neuvième siècle, les
guerres, les exils et les restaurations des princes,
auxquels la fortune, la vie, l'honneur même de
Goethe étaient liés, pendant les années convulsives
de la révolution française et de l'empire! Dans un si
long intervalle d'années, comment ne pas comprendre que le point de vue du poëte ait plus d'une
fois changé? Faut-il s'étonner du manque absolu
d'unité dans le sujet et même, jusqu'à un certain
point, dans l'esprit de l'auteur? Le poëte jette sur
la trame unie et simple de sa conception primitive
tous les ornements, les fantaisies de son art et les
idées philosophiques les plus variées, au point de
cacher à l'œil le plus expérimenté son dessein véritable et de déconcerter la critique profane qui veut
se rendre compte de l'ordre logique des choses et
des idées. Il faut en effet une véritable initiation,
obtenue par un long commerce avec la pensée de
Goethe, pour se démêler quelque peu dans cet
entre-croisement de réalités dramatiques et de symboles, dans cette confusion de personnages histo-

riques et mythologiques, dans cette métamorphose perpétuelle du sujet et du héros, — poème splendide et monstrueux qui irrite et inquiète l'esprit, dépaysant à chaque instant nos idées, nous faisant passer du moyen âge aux siècles antiques, des terreurs de la légende aux dogmes du naturalisme, des sommets magiques du Brocken à la théorie scientifique des tremblements de terre, de la cuisine des sorcières à l'*Éthique* de Spinoza. Tantôt Goethe se sert du diable à la façon d'un vrai croyant du quinzième siècle, puis, comme il le dit poétiquement lui-même, « satisfait d'avoir ainsi mangé son héritage d'enfant du nord, il va s'asseoir à la table des Grecs; » mais bientôt, convive enchanté, ravi d'avoir participé à la faveur des dieux et des déesses, il se lève du banquet antique et va s'enfermer dans les laboratoires d'Iéna, étudiant avec la même passion le secret des affinités, poursuivant l'origine obscure de la vie, tour à tour dévot, sceptique, panthéiste, amant d'Hélène, disciple de Linné, précurseur de Geoffroy Saint-Hilaire. C'est toute une vie qui passe là devant nos yeux, dans ces rapides tableaux, et quelle vie multiple! celle de l'imagination et celle de la science, celle de l'art et celle de la réalité, mille fois mêlées et confondues. On emporte de la méditation prolongée du poëme une impression d'éblouissement, d'irritation et de fatigue, dont on ne se délivre que le jour où l'on a renoncé une bonne fois à poursuivre *l'idée* insaisissable pour ne voir que *les idées*, où l'on s'est décidé à sacrifier l'unité esthétique du poëme pour n'étudier que les types principaux et les scènes détachées, sans plus se soucier de l'ensemble que l'auteur ne l'a fait lui-même.

Il nous y autorise par les aveux qui lui échappent dans ses conversations avec Eckermann : « Vous venez me demander quelle idée j'ai cherché à incarner dans mon *Faust!* Comme si je le savais! Comme si je pouvais le dire moi-même! *Depuis le ciel, à travers le monde, jusqu'à l'enfer*, voilà une explication, s'il en faut une; mais cela n'est pas l'idée, c'est la marche de l'action. On voit le diable perdre son pari, on voit un homme qui sort d'égarements pénibles et se dirige peu à peu vers le mieux. On dit que le poëme raconte l'histoire du salut de Faust. C'est là une remarque juste, utile, et qui peut jeter souvent de la clarté sur l'œuvre; mais ce n'est pas une idée qui puisse servir d'appui et à l'ensemble et à chaque scène détachée. Cela aurait été vraiment joli, si j'avais voulu rattacher à une seule idée, comme à un maigre fil traversant tout le poëme, les scènes si diverses, si riches de vie variée, que j'ai introduites dans *Faust!* En général, ce n'était pas ma manière, comme poëte, de chercher à incarner une abstraction. Je recevais dans mon âme des impressions de mille espèces, comme mon imagination vive me les offrait; je n'avais plus, comme poëte, qu'à donner à ces impressions, à ces images une forme, à les disposer en tableaux, à les faire apparaître en peintures vivantes, pour qu'en m'écoutant ou en me lisant on éprouvât les impressions que j'avais éprouvées moi-même. L'acte d'Hélène a maintenant une physionomie originale, il forme comme un petit monde à part, qui ne se lie que par un fil léger à ce qui précède et à ce qui suit... C'est là aussi le caractère des autres actes, car au fond les scènes de la cave d'Auerbach, de la cuisine des sorcières, du Blocksberg, du conseil de l'empire, de la mascarade, du papier-monnaie, du laboratoire, de la nuit classique de Walpurgis, forment autant de petits mondes, qui, tout en exerçant l'un sur l'autre une certaine influence, restent indépendants... Il s'agit donc seulement de donner à chaque partie une physionomie nette et bien expressive; quant à l'ensemble, il reste incommensurable, mais comme ces problèmes insolubles que les hommes se sentent entraînés à sonder sans cesse. » Et revenant plusieurs fois sur cette idée : « Le *Faust* est un sujet incommensurable, dit-il ailleurs, et tous les efforts que l'esprit ferait pour le pénétrer entièrement seraient vains. »

Dieu nous garde de mesurer ce que Goethe appelle naïvement l'incommensurable! C'est proprement là le triomphe de la *poésie objective*, laquelle n'aspire qu'à saisir et à fixer dans une forme esthétique le reflet des mille phénomènes qui passent devant l'esprit du poëte. « Je recevais des impressions de mille espèces, physiques, morales; je n'avais plus, comme poëte, qu'à les disposer en tableaux, sans me soucier de les enchaîner entre eux. » Que nous voilà loin de cet art grec dont Goethe s'était enchanté! comme tout cela diffère des procédés de cette poésie si nette, si déterminée dans toutes ses conceptions, admirablement *finie* dans toutes ses œuvres, où rayonne je ne sais quelle sérénité lumineuse dont l'esprit est comme pacifié et éclairé! — Évidemment c'est au lendemain d'une lecture du second *Faust* que Durand, l'illustre Durand d'Alfred de Musset, avait conçu son œuvre immense :

> J'accouchai lentement d'un poëme effroyable.
> La lune et le soleil se battaient dans mes vers;
> Vénus avec le Christ y dansait aux enfers.
> Vois combien ma pensée était philosophique :
> De tout ce qu'on a fait faire un chef-d'œuvre unique,
> Tel fut mon but : Brahma, Jupiter, Mahomet,
> Platon, Job, Marmontel, Néron et Bossuet,
> Tout s'y trouvait; mon œuvre est l'immensité même.
> Mais le point capital de ce divin poëme,
> C'est un chœur de lézards chantant au bord de l'eau.

Si l'épigramme ne vaut pas contre l'œuvre de Goethe, marquée à chaque page du signe du génie, elle vaut du moins contre le genre en lui-même et contre la troupe des imitateurs. Un poëme qui contient, de l'aveu de Goethe, l'histoire universelle, la métaphysique, la physique, ce n'est plus un poëme, c'est une encyclopédie, une *somme* poétique de l'esprit humain au dix-neuvième siècle. Comédie et tragédie, idylle et satire, poésie descriptive et lyrisme philosophique, tous les genres ont été comme à plaisir rassemblés dans cette œuvre unique, qui ne rentre dans aucune des catégories connues, mais qui au contraire les contient et les dépasse toutes. Cependant il faut marquer à cet égard une différence essentielle entre les deux parties du drame. L'*incommensurable*, comme dit Goethe, ne commence qu'au second *Faust* : « la première partie est presque tout entière consacrée à la peinture d'émotions intimes et personnelles ; tout part d'un individu engagé dans certaines idées, agité par certaines passions.... Dans la seconde partie, presque rien ne dépend plus d'un individu spécial ; là paraît un monde plus élevé, plus large, plus libre de passions, et l'homme qui n'a pas cherché un peu, qui n'a pas eu en lui-même quelques-unes de ces idées, ne saura pas ce que j'ai voulu dire[1]. » Cette remarque de Goethe éclaire toute notre critique et la confirme. Le premier *Faust* n'a pas pour objet, comme le second, l'humanité dans l'histoire ou la nature dans ses évolutions plastiques ; son objet précis, déterminé, c'est la peinture d'une âme humaine aux prises avec elle-même d'abord, avec l'esprit du mal ensuite. Le sujet est parfaitement circonscrit : c'est la tentation d'une volonté libre par l'orgueil de la science, par les joies de la vie, par les voluptés, par l'égoïsme. L'action est simple, et si quelques épisodes, pour la plupart ajoutés après coup, viennent en ralentir l'effet, l'harmonie de l'ensemble n'en est pas troublée. L'intérêt, l'émotion y croissent sans cesse. Sans doute là, comme dans toute œuvre vraiment poétique, il y a

---

1. *Conversations*, t. II, p. 253.

des types, c'est-à-dire encore des idées générales ; mais elles y sont exprimées sous des traits individuels, avec un tel relief de réalité et de vie qu'elles semblent se lever devant nous et marcher à l'appel du poëte, et qu'elles garderont éternellement le nom qu'il leur a donné. Elles s'appelleront Faust, Marguerite, Méphistophélès. Ce sont des types, mais par la grâce de l'art ils vivent et vivront toujours. — Au contraire, dans le second *Faust*, l'élément général, impersonnel, l'abstraction a tout dévoré. L'action ne se déroule pas autour d'un individu dont les idées et les émotions soient celles de l'humanité qui pense, qui s'agite, qui souffre : il n'y a plus même d'action ; tout devient symbole, allégorie. Goethe s'en félicite, bien à tort selon nous. Il croit élever, élargir son sujet en l'affranchissant de nos misères et de nos passions. Il ne s'aperçoit pas qu'en élevant trop son sujet il l'a rendu étranger à l'humanité. Il croit qu'il nous ouvre un monde plus riche et plus varié ; il ne s'aperçoit pas que ces vagues domaines ne sont plus éclairés que de la pâle lumière de l'abstraction, et que ce drame des idées scientifiques ne peut plus avoir pour spectateurs que les penseurs, les critiques ou les rêveurs. La préférence de Goethe n'enchaînera pas celle de l'humanité. La foule humaine n'a jamais mis en balance un amas d'idées avec une émotion. Elle ne s'arrête pas là où elle n'entend pas l'écho de son rire ou de ses sanglots.

De fait, il sera aisé de démontrer que, s'il n'y a pas à beaucoup près la même profusion de science dans le premier *Faust*, la conception philosophique n'en est point pour cela inférieure. Je n'en veux d'autres preuves que ces deux types, celui qui noue l'action et celui autour de qui elle est nouée : Méphistophélès et Faust.

Il ne faut pas s'arrêter ici au côté légendaire de la pièce et des caractères. Assez d'autres l'ont expliqué, commenté, et d'ailleurs, en suivant cette voie, nous nous écarterions trop facilement du sujet que nous nous sommes réservé d'étudier. Négligeons dans Méphistophélès toute cette partie du personnage si essentielle pourtant à l'action scénique, que le poëte emprunte aux visions et aux terreurs du moyen âge : le diable faiseur de tours et soumis lui-même aux lois de la sorcellerie, le diable du pentagramme, celui de la taverne d'Auerbach ou encore celui du sabbat, voilà le Satan populaire, personnage fort accrédité auprès des paysans et des bourgeois, tel qu'il fallait le présenter à ces bons Allemands. C'est une de ces mauvaises connaissances que le public aime à retrouver sur la scène; mais le masque de Méphistophélès a deux faces très-distinctes : l'une tournée vers la foule avec ses grimaces classiques et ses gentillesses traditionnelles, l'autre tournée vers le public qui pense, et celle-ci marquée d'un signe nouveau. C'est un Méphistophélès tout philosophique qui s'annonce dès le prologue dans cette scène hardie, imitée du livre de Job, où s'engage entre le Seigneur et le diable un pari dont l'âme de Faust est l'enjeu. Le Seigneur abandonne Faust comme sujet d'expérience à Satan. « Va, montre-toi librement, lui dit-il, je n'ai jamais haï tes pareils. De tous les esprits qui nient, le rusé est celui qui m'est le moins à charge. L'activité de l'homme peut trop aisément s'endormir ; il se complaît bientôt dans un repos absolu : aussi je lui donne volontiers un compagnon qui stimule, qui opère, et qui, en qualité de diable, doit agir. »

Retenons cette curieuse définition du diable ; elle est caractéristique. — Et d'ailleurs elle vient d'assez haut ; elle vient d'un personnage fort autorisé, qui a ses raisons pour connaître le fort et le faible des créatures. Plus loin, dans la scène de l'évocation, quand le nuage en se dissipant révèle la présence d'un interlocuteur surnaturel, écoutez cet étrange dialogue :

« FAUST. — Comment te nommes-tu ? Qui donc es-tu ?

« MÉPHISTOPHÉLÈS. — Une partie de cette force qui veut toujours le mal et fait toujours le bien.

« FAUST. — Que signifie cette énigme ?

« MÉPHISTOPHÉLÈS. — Je suis l'esprit qui nie sans cesse, et cela avec raison, car tout ce qui reçoit l'existence est digne de périr ; aussi vaudrait-il mieux que rien ne prît naissance. Ainsi donc tout ce que vous nommez péché, destruction, en un mot le mal, est mon propre élément.

« FAUST. — Tu te nommes une partie, et te voilà néanmoins entier devant moi.

« MÉPHISTOPHÉLÈS. — Je te dis l'humble vérité. Si l'homme, ce petit monde d'extravagance, se croit d'ordinaire un tout, moi je suis une partie de la partie qui au commencement était tout, une partie des ténèbres qui enfantèrent la Lumière, l'orgueilleuse Lumière qui maintenant dispute à sa mère, la Nuit, son ancien rang et l'espace. Et pourtant cela ne lui réussit point ; quelques efforts qu'elle fasse, elle demeure attachée à la surface des corps, elle émane des corps, elle les embellit; un corps l'intercepte à son passage : aussi j'espère qu'avant qu'il soit longtemps elle sera détruite avec les corps.

« FAUST. — Je connais maintenant tes dignes fonctions : tu ne peux rien détruire en grand, et tu t'y prends en petit.

« MÉPHISTOPHÉLÈS.—Et franchement je n'ai pas fait beaucoup d'ouvrage. Ce qui s'oppose au néant, le réel, ce grossier univers, quelques entreprises que j'aie déjà faites, je n'ai pu l'entamer avec les flots, les tempêtes, les tremblements de terre, les incendies : la mer et la terre finissent par demeurer tranquilles. Et cette race maudite, cette engeance des animaux et des hommes, on ne peut d'aucune façon trouver prise sur elle. Combien en ai-je déjà ensevelis! Et toujours circule un sang jeune et nouveau. Cela marche sans cesse : c'est à devenir fou. De l'air, de l'eau, comme de la terre s'échappent mille semences, dans le sec, l'humide, le chaud, le froid. Si je ne m'étais réservé la flamme, je n'aurais rien à part pour moi.

« FAUST. — Ainsi donc à la puissance éternellement active, salutaire et créatrice, tu opposes la main glacée de Satan.,.. Étrange fils du chaos! »

« Je suis l'esprit qui nie sans cesse. » Méphistophélès se révèle lui-même comme le principe abstrait de la négation absolue. Il résume en lui toute la métaphysique du mal, par cela seul qu'il nie. Expliquons-nous.

Goethe, d'un seul mot vient d'introduire Méphistophélès au centre des idées pures, de marquer son rôle et son rang dans la philosophie de la création. Que le lecteur veuille bien se souvenir de la conception fondamentale du poëte-philosophe sur le principe et l'origine des choses : tout va s'éclaircir à ses yeux. La création est pour Goethe l'éternelle évolution de la substance toujours en acte qui, du fond de l'éternité, réalise sans trêve tous les possibles. La nature est la série des forces et des formes, infinie dans le temps et dans l'espace : les forces et les formes composent une chaîne immense qui relie le plus humble et le plus obscur phénomène aux plus glorieuses manifestations de l'éternelle substance, sans qu'il y ait nulle part une solution dans l'immense et vivante chaîne de l'être. Dieu, voilà le nom à la fois vulgaire et sacré de cette puissance de vie qui maintient la perpétuité de l'être dans la perpétuité du temps. A proprement parler, Dieu n'est pas un être, il est l'être. Deux grandes choses manifestent sa présence : dans l'âme humaine, c'est l'amour, c'est la joie, qui n'est que le sentiment de l'accroissement de notre être ; dans le monde physique, qui n'est distinct qu'en apparence de l'autre, c'est le soleil, puissance fécondante. L'amour et la lumière, voilà les deux agents de la vie universelle, les signes de Dieu dans le monde.

Cependant quel ennemi secret « oppose sa main glacée à cette puissance éternellement active, salutaire et créatrice ? » A mesure que s'étend ou que se répare la trame de l'être, quelle malfaisante industrie s'applique à rompre ou à nouer les fils du divin tissu ? Que la vie est prompte à combler les vides dans les générations humaines qui se pressent à travers les siècles ! mais que la mort est rapide à les ouvrir ! Dans cette série infinie et si habilement liée des forces et des formes qui composent la nature, quelle force a en soi un principe suffisant de durée ? Elle éclôt un jour, elle produit à la hâte quelques-uns des effets qui dorment dans son sein, elle s'épuise dans l'effort de sa production, et tout ce qu'elle peut faire, c'est de léguer son éphémère fécondité à une autre force qu'elle a excitée à la vie et qui la transmettra à son tour. — Que ces formes dont la nature est remplie sont harmonieuses ! que la beauté est belle ! mais hélas ! avons-nous le temps seulement de les contempler, au moins dans l'ordre le plus élevé de ces formes, au degré supérieur où, dans l'organisme le plus merveilleusement préparé, éclôt la vie ayant conscience d'elle-même ? Il semble que la bienfaisante nature n'ait le droit de nous montrer qu'un instant ces formes enchanteresses, cette Hélène éternelle de la poésie, et que la jalousie de quelque dieu inconnu nous envie même ces idéales voluptés de la contemplation désintéressée. A peine achevées dans leurs gracieux contours, dans l'harmonieuse proportion de leurs parties, ces formes divines s'altèrent, dépérissent, se décomposent. La beauté, cette fleur de la vie, ne brille qu'un instant, et ne laisse après elle que le regret de notre impuissance à retenir cette frêle apparition ; mais élevons-nous aux grands objets de la nature. La lumière, qu'adorait Goethe, la lumière, cette gloire sensible de Dieu, combien d'obstacles l'arrêtent et la brisent ! Elle ne remplit que la moitié de la vie humaine, elle n'embellit qu'une faible partie du monde, elle n'éclaire la terre que par ses surfaces. Quel vaste et profond empire elle laisse à la nuit, aux ténèbres ! — Quant à l'harmonie générale des êtres, si elle se maintient, c'est à travers des désordres toujours renaissants, à travers quelle lutte et quelle discorde des éléments ! Partout où se manifeste dans le monde la puissance créatrice, une ombre se lève à côté, limite cette puissance, et dans une certaine mesure l'anéantit. C'est la destruction, c'est la mort, c'est le mal. De quelque nom qu'on l'appelle, c'est toujours au fond la négation. La négation, c'est bien là l'essence du mal, puisque de l'aveu de tous les métaphysiciens, qu'ils s'appellent saint Augustin ou Plotin, Platon ou Spinoza, Malebranche ou Hegel, le mal n'a pas de réalité positive, n'est pas un être métaphysique : c'est uniquement l'absence, la limite du bien, de même que l'ombre n'a pas de réalité positive, mais qu'elle est l'absence, la limite de la lumière, toujours la négation.

Cette doctrine générale de la métaphysique revêt dans le panthéisme un caractère particulier. Dans ce système, l'évolution divine que l'on appelle abusivement la création ne s'opère qu'à la condition que l'*un* devienne plusieurs, que l'essence absolue se divise, et en se divisant se détruise partiellement elle-même. En effet qu'est-ce que la distinction phénoménale des êtres dans cette doctrine, sinon une destruction momentanée et partielle de l'être absolu, se révélant dans des formes particulières qui ne diffèrent les unes des autres que parce qu'elles se limitent réciproquement? L'infini ne peut donc se manifester qu'en se limitant. Voilà un dogme universel dans toutes les écoles panthéistes, soit que, comme chez les alexandrins, on considère le monde comme une émanation de la troisième hypostase, et par conséquent déjà comme un affaiblissement du premier principe, un obscurcissement de la divine splendeur, soit qu'avec Spinoza on considère la *nature-naturée* comme l'ensemble des modes produits par les attributs infinis, lesquels sont eux-mêmes une déduction incompréhensible de la substance. Au milieu de toutes ces hypothèses spéculatives, un principe commun subsiste : la nécessité pour l'absolu de se révéler par le relatif, pour l'unité de se révéler par la pluralité, pour l'infini de se limiter afin de se manifester sous la forme du monde. Voilà le principe dont Goethe s'est emparé poétiquement, et qu'il énonce par la bouche de Méphistophélès. « L'homme, ce petit monde d'extravagance, se croit un tout ! moi, je sais que je ne suis qu'une partie de ce qui au commencement était tout, une partie des ténèbres qui régnaient avant la lumière, une partie du chaos qui s'agitait avant que la masse confuse des choses reçût son ordre et sa loi.... » ou plutôt, car Méphistophélès est un logicien qui ne se laisse pas prendre à de vagues métaphores, « je suis le *néant* qui s'attaque au *réel*, partout où le réel se produit. » N'est-ce pas comme si, élevé à l'école de Proclus, il disait: « Je suis l'ombre où finit la divine lumière, » ou à l'école de Spinoza : « Je suis ce qui fait la diversité et la fragilité des modes divins, » ou à l'école de Hegel : « Je suis la limite où expire l'absolu en se manifestant ? »

Méphistophélès est donc la part du néant dans l'œuvre divine : il est le représentant de *celui qui dit non*. Il n'est que cela, mais c'est assez pour qu'il ait son rôle et son rang en face de Dieu. Ce qui du reste est à noter, c'est que, dans le prologue au ciel, le Seigneur traite sans colère cet ennemi intime qui vit dans son œuvre pour la limiter et la détruire. Le dieu de Goethe est trop bon spinoziste pour s'en étonner ou s'en irriter. Il connaît la loi de sa propre essence ; il sait que la substance éternellement active et vivante crée sa limite en se divisant, et qu'en ce sens Méphistophélès est sa première créature, étant le principe négatif attaché à toute la création. « Je n'ai jamais haï tes pareils, » lui dit-il. D'ailleurs il ne lui déplaît pas que le Satan métaphysique inquiète l'homme et même le désespère en lui faisant sentir à chaque instant les cruelles limites de son cœur et celles de sa raison, la fragilité de ses amours qui croyaient s'emparer de l'éternité, l'erreur et l'ignorance qui châtient sa science présomptueuse, l'effrayante stérilité de ses efforts devant l'immensité de l'œuvre qu'il doit accomplir. « L'activité de l'homme s'endormirait, si je ne lui donnais un compagnon qui le stimule sans cesse et le force d'agir.... » Les dieux sont des dieux : « ils n'ont qu'à jouir de la beauté magnifique et féconde ; » mais l'homme a sa propre destinée à faire et l'avenir de sa race à préparer. C'est le mal inévitable, toujours présent, toujours senti, qui devient ainsi le *stimulus* de l'activité bienfaisante, le principe de l'héroïsme, l'universel agent du progrès humain.

Sortons de la métaphysique, où Goethe nous a fait pénétrer à la suite de Méphistophélès, et rentrons dans le drame. Considérons le diable non plus comme le principe abstrait de la négation, mais comme un personnage réel, agissant. Nous verrons qu'il garde dans la vie active le même caractère conforme à son principe et à son essence.

Un commentateur allemand, M. Weisse, remarque très-justement que Méphistophélès ne hait pas les hommes, qu'il les méprise. S'il les perd, ce n'est pas pour se réjouir de leurs souffrances, c'est qu'il ne croit pas qu'ils vaillent rien de plus. Cette sombre mélancolie, cette fureur fatale que la foi chrétienne attribue au diable, est aussi étrangère à Méphistophélès que l'élément théologique dont il provient. C'est un diable bien élevé, bon compagnon en apparence, faisant figure dans le monde avec son habit écarlate galonné d'or, en petit manteau de soie, la plume de coq au chapeau, une épée au côté, aimant à causer avec les femmes, à rire toujours de lui-même et des autres. Le trait principal de son caractère est une froide insolence, une malignité qui ne va pas cependant jusqu'à la cruauté proprement dite, qui ne veut pas la méchanceté pour elle-même, mais qui cherche dans la méchanceté l'exercice de la sagacité de l'esprit, de toutes les facultés intellectuelles. — Je soupçonne Goethe, dans le caprice de ses généalogies fantastiques, d'avoir fait venir son diable de l'autre rive du Rhin. Sous les traits bizarres de Merck, le railleur ami du poète, Méphistophélès est un Français du dix-huitième siècle, de son vivant grand seigneur, ayant ses entrées à Versailles, dînant avec les encyclopédistes, un habitué de cette spirituelle marquise du Deffand, « qui n'espérait, disait-elle, que dans le néant. » Quand on vante si fort les charmes du néant, on a reçu les leçons de Méphistophélès, on a vécu dans le même monde que lui.

Remarquons bien le caractère négatif de son esprit. Goethe, s'entretenant avec Eckermann, a pris soin plusieurs fois de définir en ce sens Méphistophélès, de manière qu'on ne puisse s'y méprendre. A toutes les questions que son *famulus* lui adresse sur l'essence de ce grand personnage : « C'est un être essentiellement négatif, répond invariablement le poëte ; ne lui attribuez aucune énergie positive d'intelligence. » Il représente assez bien ce que l'on entend en France par le mot *esprit* ; mais on se tromperait gravement, si on se servait pour le définir du mot allemand *Geist*, qui dit autre chose et plus. « Il y a dans *Geist* une idée de puissance productive qui manque au mot esprit. » Méphistophélès n'a donc de l'esprit que dans le sens le plus étroit de l'expression française. Or comment se traduit la négation dans l'esprit? Par l'ironie. L'ironie est par excellence le principe négatif de l'esprit, la faculté dissolvante à laquelle rien ne résiste, ni le génie, ni l'héroïsme, ni la science, ni la vertu. Il n'est pas de conviction si profonde, pas d'affection si pure où ne puisse pénétrer cette puissance destructive de l'esprit qui nie en riant. On a une défense contre l'attaque directe et les raisonnements sceptiques. La négation qui, dans l'ombre des universités, s'exprime par les jeux savants de la dialectique suscite des résistances aussi obstinées, aussi subtiles que l'attaque elle-même. Les antinomies de Kant n'ont jamais réduit au désespoir la raison humaine; mais il n'est pas d'esprit ou de cœur si bien trempé que ne puisse atteindre la pointe aiguë de l'ironie, et qui ne sente du même coup un froid mortel l'envahir, flétrir la fleur la plus délicate de ses idées ou de ses espérances, dessécher la racine de ses amours, dès que la raillerie satanique a trouvé la secrète issue d'une âme.

C'est avec un art supérieur que Méphistophélès manie cette arme légère et fatale. Il déploie dans cet exercice je ne sais quelle grâce perfide qui éblouit, et quand on a senti l'atteinte funeste, il est trop tard. Le cœur qu'il a touché pourra maudire son mal, il n'en guérira pas. Comme il gouverne Faust sans jamais tenter d'enlever de vive force sa volonté rebelle! Comme, pour le faire obéir, il lui fait sentir à chaque instant, en riant, la pointe de son glaive d'or! Comme il soumet habilement les dernières révoltes de sa raison et de sa volonté par la peur du ridicule! Faust est une intelligence puissante, il est d'un ordre supérieur; mais est-ce donc la première fois que le génie même tremble devant l'esprit, surtout devant cet esprit qui excelle à détruire et qui joue ce jeu terrible de montrer l'envers des choses divines et humaines, le mal et la laideur dans la création, le coté grotesque ou trivial de tout grand homme, le pédantisme dans la science, l'hypocrisie des grands mots, la fausseté des grands scrupules, la fragilité dans tout amour, la faiblesse dans toute vertu, la malice et la corruption secrète si aisément éveillées dans l'innocence même, pourvu qu'on mette à cette œuvre des précautions délicates et quelque soin! La vertu n'est qu'une affaire de temps : il faut pour en venir à bout plus de patience et de savoir-faire, voilà tout. On sait cela dans le monde, et le pauvre grand homme, qui n'a vécu que dans les universités, rougit des résistances de sa nature bourgeoise. Comment ne pas céder aux prestiges de ces belles manières, de cette gaieté froide, de ce cynisme élégant d'un diable qui assurément a vécu à la cour? La magie la plus dangereuse du vice a toujours été de rendre la vertu ridicule. Lorsque Faust fuit au désert, lorsque dans la solitude des bois il essaye de s'enivrer des charmes austères de la nature et d'oublier ceux qui ont failli le perdre, avec quelle adresse Méphistophélès le ramène à des images plus riantes, d'abord suaves et pures, puis bientôt à des désirs passionnés et brûlants, enfin à une sorte de fureur physique qu'il excite et gouverne à son gré! La gradation est admirable, et le dernier trait magnifique d'insolence.

« FAUST. — Fuis, entremetteur!
« MÉPHISTOPHÉLÈS. — Bien! vous me faites rire avec vos

injures. Le Dieu qui créa les garçons et les filles légitima en même temps le très-noble métier de faire naître l'occasion. Allons donc ! c'est un grand malheur en vérité ! C'est dans la chambre de votre maîtresse que vous courez, je pense, et non pas à la mort ! »

L'ironie de Méphistophélès n'est pas sans gaieté ; mais la gaieté qu'elle produit n'a rien de commun avec cette joie expansive et confiante qui est un des plus aimables liens des hommes entre eux. C'est une gaieté sèche et dure, nerveuse et vibrante, froide comme l'acier, et dont la présence redoutée met à la torture les âmes naïves. Voyez comme Marguerite s'effraye et se replie sur elle-même au contact de ce personnage, si galant cependant et si spirituel. Dès qu'il est là, elle sent qu'un malheur surnaturel plane autour de ce qu'elle aime. Cette horreur instinctive n'est-ce pas le signe de la puissance du mal sensible dans une âme pure ? n'est-ce pas le dernier avertissement divin donné aux personnages du drame ?

« MARGUERITE. — Cet homme que tu as auprès de toi, je le hais du fond de mon âme. De ma vie rien ne m'a blessé le cœur comme cet odieux visage.
« FAUST. — Chère mignonne, ne le crains pas.
« MARGUERITE. — Sa présence bouleverse mon sang.... Je ne voudrais pas vivre avec ses pareils.... On voit qu'il ne prend aucun intérêt à rien ; il porte écrit sur le front qu'il ne peut aimer personne au monde.... Cela me domine si fort que, s'il vient seulement à s'approcher de nous, il me semble en vérité que je ne t'aime plus. »

N'est-ce pas l'effet infaillible et le signe des esprits négatifs que de produire autour d'eux, avec la honte du bien, la désaffection dans les âmes? Quand ils sont là, ne dirait-on pas qu'une main glacée s'étend sur les cœurs et en arrête l'essor divin? Reconnaissez au contraire les grandes intelligences, les esprits vraiment féconds à leur puissance d'expansion et à la joie qu'ils répandent autour d'eux. Sous le rayonnement de leur influence, tout s'anime à leur approche, les âmes s'épanouissent, la plus aimable vie se répand parmi les hommes: leur présence est un bienfait; elle est déjà comme une promesse du bonheur.

CHAPITRE XI.

LES TYPES PHILOSOPHIQUES (SUITE). FAUST.

Faust est plus grand que Méphistophélès ; il s'élève infiniment au-dessus de lui et par ses aspirations et par ses souffrances que raille l'esprit malin : « il n'use, l'insensé, ni de boisson, ni de nourriture terrestre ; l'inquiétude le pousse dans l'espace ; il connaît à moitié sa folie ; il veut du ciel les plus belles étoiles, de la terre chaque sublime volupté, et rien de ce qui est proche ou de ce qui est éloigné ne saurait calmer l'agitation profonde de son cœur. » A ces signes, le Seigneur, dans le prologue au ciel, reconnaît son serviteur. « Tout égaré qu'il est, il me sert encore, et je le conduirai bientôt à la lumière. » Ainsi la bonté de Dieu aperçoit jusque dans les tempêtes furieuses qui agitent cette âme le signe de son élection et le titre de sa grandeur. Et de fait, après les terribles épreuves que lui suscite l'enfer qu'il porte dans son propre cœur, l'enfer de ses passions, Faust sera sauvé.

Le désir de la vérité, la douleur de ne la pouvoir atteindre, n'est-ce pas là en effet le double titre de l'homme? Faust est en même temps et cette misère et cette grandeur dont parlait magnifiquement Pascal. Il ignore, mais il sait qu'il ignore. Il doute, mais il souffre de douter. Tandis que Méphistophélès nie en riant et jette son froid sarcasme à travers le ciel et la terre, Faust se lamente et se désespère. Ces deux natures d'intelligence sont éternelles dans le monde et s'incarnent dans deux races qui se perpétuent à travers les siècles. Dans tous les temps se renouvelle cette triste famille d'esprits à la fois frivoles et insolents, les vrais fils de Méphistophélès, qui semblent nés pour faire la nuit ou la ruine partout où ils passent, railleurs implacables de tout effort héroïque de la volonté ou de la pensée, et dont l'activité perverse ne s'applique qu'à paralyser l'activité divine de l'homme, l'éternelle ouvrière du progrès. Il serait injuste de confondre avec cette race, née de Méphistophélès, les frères de Faust. Ceux-ci, même dans leur éloignement, restent encore dignes de la vérité. Si parfois ils en désespèrent, c'est pour l'avoir trop aimée. Le doute satanique a pour point de départ et pour but le néant; le doute vraiment humain vient de l'infini et y retourne. L'un nie qu'il y ait nulle part ni bien ni mal, ni vrai ni faux; l'autre se tourmente d'entrevoir à chaque instant les lueurs de la divine aurore et de les perdre sans cesse. L'un est une négation et un blasphème, l'autre est une aspiration de l'homme, du fond de ses ténèbres et de ses angoisses, vers la paix et la lumière. En un sens, il est encore une affirmation ; dans quelques intelligences, il se change en une sorte de supplication, il devient presque une prière.

Si jamais ce désespoir dut agiter certaines âmes profondes et sincères, ce fut vers la fin de ce quinzième siècle, à l'époque où la légende a placé la vie fabuleuse de Faust, sur ces limites confuses qui séparent la scolastique expirante du grand mouvement de la renaissance. La science officielle des universités était comme un vaste corps de doctrines dont l'âme s'était retirée. Elle ne subsistait plus que par la vénération qui s'attache aux choses antiques et par l'impossibilité de les remplacer. L'enseignement des écoles irritait l'intelligence par ses promesses et la trompait par son néant. Il faut voir dans les célèbres monologues de Faust quelle sombre peinture de la passion dévorante, du savoir éternellement déçu, de l'exaltation de la pensée dans le vide et de son affaissement sur elle-même, de ses ivresses rapides et de ses défaillances, de l'ambition de tout saisir dans un grand effort et du désespoir de n'étreindre que des ombres et des mots! Faust est rempli de cette tristesse que donne aux esprits supérieurs le vague sentiment de la science vraie, quand ils la comparent à la science illusoire dont ils ont étreint le fantôme. A certaines époques de l'histoire, il y a ainsi comme des interrègnes dans l'esprit humain. L'idée qui les a soutenues longtemps s'est retirée des formes usées de la science : les formes nouvelles n'existent pas encore, et c'est à peine si l'imagination peut en tracer le vague contour. C'est le moment où les Wagner, les philistins de la métaphysique, les écoliers de la routine, triomphent, parce qu'ils ont à leur disposition les livres, les formules, et qu'ils croient dominer la foule humaine du haut de ces débris d'une science morte, que la première flamme va réduire en cendres et en fumée.

Une seule chose pourrait sauver Faust du désespoir et l'arracher aux extrémités où ce désespoir l'entraîne, aux sacriléges folies qui le fascinent. La science traditionnelle des hommes l'a misérablement trompé. La magie, qui est la science de l'enfer, va le perdre. Il pourrait échapper à la fois et aux déceptions du savoir humain et au piége infernal en se livrant aux influences de la bienfaisante nature. Cette voie de salut est offerte deux fois à Faust, deux fois il est près d'y entrer. Une sorte de fatalité le rejette en arrière parmi les hallucinations et les mensonges. On n'a pas assez remarqué jusqu'à présent le combat qui se livre dans l'âme de Faust entre ces tentations contraires : celle qui l'entraîne dans l'empire ténébreux et qui finira par dominer en lui, celle qui l'attire vers la sérénité lumineuse et les harmonies divines de la réalité vivante, du vaste monde. Là est un des traits les plus philosophiques du personnage de Faust. On nous permettra d'y insister. Assurément ce drame intime s'est passé dans l'âme de Goethe lui-même, et l'on croirait entendre les confidences du poëte quand Faust s'écrie : « Oh ! si tu voyais ma souffrance pour la dernière fois, lune brillante qui m'as trouvé si souvent à minuit veillant à ce pupitre ! Alors, ma triste amie, c'est sur les livres et le papier que tu m'es apparue ! Ah ! si je pouvais sur les cimes des montagnes marcher à ta douce clarté, planer avec les esprits autour de tes cavernes, à la faveur de tes pâles rayons courir dans les prairies, et, délivré de toutes les fumées de la science, me baigner dans la rosée ! » Il s'enchante à la contemplation de la vie universelle, et la décrit dans un magnifique morceau lyrique avec l'émotion sacrée que Goethe a dû ressentir plus d'une fois : « Quel ravissement à cette vue s'empare soudain de mon être! Je sens la jeune et sainte volupté de la vie qui se rallume et ruisselle dans mes nerfs et dans mes veines.... Suis-je donc un dieu? Pour moi tout s'éclaircit.... La nature créatrice se révèle à mon âme.... Comme tout s'agite pour l'œuvre universelle ! comme une chose opère et vit dans l'autre ! comme les puissances célestes montent et descendent, et se passent de main en main les seaux d'or, s'élancent du ciel sur la terre avec leurs ailes d'où la bénédiction s'exhale, et font retentir de sons harmonieux tout l'univers! » Jamais l'œuvre de la nature n'a été célébrée dans une plus belle poésie humaine. Faust, dans son mystique essor, rejoint à travers deux sièdes Spinoza, et traduit en strophes splendides les théorèmes abstraits qui raviront un jour la raison de Goethe; mais l'heure n'est pas venue de pénétrer le grand mystère. « Quel spectacle! s'écrie Faust : hélas! ce n'est qu'un spectacle. Où te saisir, nature infinie? Et vous, mamelles, sources de toute vie, auxquelles sont suspendus le ciel et la terre, vers qui se presse la poitrine flétrie,... vous ruisselez, vous abreuvez, et je languis en vain!... »

Et lorsque, cédant à son ardente évocation, l'esprit de la terre apparaît devant lui en spectre de flammes, écoutez comme cet esprit, qui n'a rien de commun avec Méphistophélès et qui n'est rien moins que l'ouvrier divin de la nature, définit son œuvre: « Dans les flots de la vie, dans l'orage de l'action, je monte et je descends, je vais et je viens; naissance et mort, une mer éternelle, un labeur changeant, une vie ardente! Ainsi je travaille sur le bruyant métier du temps, et je tisse la robe vivante de la Divinité. » Qui ne saisirait sous ces belles images, heurtées, pressées, la véritable pensée du poëte? Naissance et mort, une mer éternelle, un labeur changeant, une vie ardente, voilà bien le spectacle de l'activité universelle et des transformations sans trêve de l'éternelle substance. Cette robe vivante de la Divinité, tissée sur le bruyant métier du temps, n'est-ce pas le voile brillant des phénomènes sous lequel se cache l'être immuable dans son austère et inaccessible majesté? N'est-ce pas le monde, avec ses formes et ses couleurs, révélation de l'idée pure, sans couleurs et sans formes, qui en détermine souverainement toutes les évolutions et déploie à travers ses harmonies réglées la loi de son essence, la divine fatalité? Faust croit toucher enfin à la clef de la vraie science : « Toi qui circules autour du vaste monde, laborieux esprit, combien je me sens près de toi! » Mais l'esprit ne juge pas que Faust soit suffisamment initié; il le repousse avec dédain. « Tu es l'égal de l'esprit que tu comprends; tu n'es pas le mien! » répond-il au présomptueux, et il disparaît. Faust retombe en proie au désespoir. Il s'est approché si près de la science libératrice, et le voilà plus pauvre, plus déshérité que jamais! Il a vu briller devant lui l'aube d'une philosophie nouvelle, et il est rejeté au plus profond de la nuit. « Je ne suis pas ton égal! De qui donc?... Moi l'image de la divinité! Et pas même ton égal? Moi qui déjà croyais toucher au miroir de l'éternelle vérité... Moi dont la force libre osait déjà, pleine d'espérance, se répandre dans les veines de la nature, et, devenue créatrice, goûter la vie des dieux, combien dois-je expier mon audace! Une parole foudroyante m'a emporté bien loin.... Je ne dois pas me permettre de m'égaler à toi! Si j'ai eu la force de t'évoquer, je n'ai pas eu la force de te retenir! Dans ce monde délicieux, je me sentais si petit, si grand! Tu m'as repoussé cruellement dans l'incertaine destinée de l'humanité.... Qui m'instruira maintenant? »

La contemplation des lois générales, l'idée de la vraie science, la vraie philosophie n'a pu sauver le docteur Faust. Il l'a entrevue un instant et l'a perdue aussitôt. Cependant on peut jouir de la nature simplement, sans arrière-pensée, sans aucun but scientifique, et même alors, réduite non en idées, mais en impressions pures, cette jouissance pourrait guérir une âme malade du mal de Faust. Il y a de telles influences maternelles dans l'air que nous respirons, dans le sol qui nous nourrit, dans le ciel qui nous éclaire, dans la limpidité des eaux, dans la sérénité des montagnes ou l'auguste profondeur des bois, que bien des désespoirs s'y sont calmés. Que d'âmes farouches s'y sont amollies! que de cœurs fermés s'y sont ouverts! Faust essaye de ce divin remède, et l'on peut tout espérer d'abord, quand on voit le docteur oublier, au milieu de la foule joyeuse, dans la campagne déjà parfumée par avril, ses soucis, sa fatigue de vivre et de penser, sa résolution de mourir et cette libation suprême que le son des cloches et les chants de la fête de Pâques tout à l'heure ont fait tomber de ses mains. « Montons quelques pas encore jusqu'à cette pierre.... Ah! ne troublons pas la jouissance d'une heure si belle par ces tristes pensées. Vois comme dans les feux du soleil couchant brillent les cabanes entourées de verdure! Il marche et décline, le jour expire, mais le soleil hâte sa course, et fait éclore en d'autres lieux une vie nouvelle. Oh! que n'ai-je des ailes pour m'élever de terre et voler toujours, toujours, après lui!... » C'est une extase, et par malheur les extases ne durent pas. L'âme de Faust se rajeunissait dans le sein de la grande et féconde nature. Il aurait pu abandonner les rêves ou du moins les tranformer en poésie vivante. Il aurait pu être à la fois homme et poëte ; il eût été sauvé; mais non, il va rentrer dans la nuit de son vieux logis et de ses sombres pensées. Après cette belle journée, après ces pures jouissances, la fatalité l'attend et ne lâchera plus une proie si belle. « Hélas! s'écrie le pauvre désespéré, je ne sens déjà plus la joie s'épancher de mon sein. Pourquoi donc faut il que sitôt le fleuve tarisse et que de nouveau la soif nous consume? » Cependant une dernière méditation philosophique l'arrête à cette heure suprême sur la pente qui l'entraîne vers l'illusion, vers le néant, personnifié par Méphistophélès. Il ouvre le Nouveau Testament, et son exégèse ardente et hardie a bientôt dévoré le texte divin. « Au commencement était le *Verbe*. » — « Me voilà déjà arrêté. Qui m'aidera à poursuivre? Je ne puis absolument donner tant de valeur à la *parole* ; il faut que je traduise autrement, si je suis bien éclairé par l'esprit. Il est écrit : « Au commencement était l'*intelligence*. » Est-ce l'*intelligence?* » Pèse bien la première ligne, et que ta plume ne se hâte pas trop. Est-ce l'*intelligence* qui fait et produit tout? Il faudrait lire : « Au commencement était la *force*... » Mais à l'instant même où j'écris ce mot, quelque chose m'avertit de ne pas m'y arrêter; l'esprit vient à mon secours : tout à coup je me sens éclairé, et j'écris avec confiance : « Au commencement était l'*action*. » — Voyez-vous par quelle progression subtile et savante le docteur passe de l'orthodoxie chrétienne au panthéisme le plus hardi? Le *Verbe* lui semble présenter un sens trop étroit. Le *Verbe* devient l'*intelligence*, et déjà nous sortons du christianisme pour entrer dans la philosophie pure; mais l'*intelligence* ne peut rien si elle n'est associée à la *force*, si elle ne se transforme en *cause*. Et la cause elle-même, n'est-ce pas une abstraction de rêveur et de métaphysicien? où a-t-on vu des *causes en soi?* qu'est-ce qu'une force en dehors des phénomènes où elle se réalise? Causes en acte ou forces réalisées, à la bonne heure, mais ne nous parlez pas de ces vagues puissances où dorment éternellement des séries d'effets possibles qui ne se révéleront jamais : tout cela, c'est le monde imaginaire des purs abstraits. Allons au fait, et coupons court à la rêverie métaphysique : disons « l'*action* éternelle. » Et ainsi, par une série de métamorphoses, l'Évangile de saint Jean sera devenu celui des panthéistes. « Au commencement était le Verbe; » lisez : « Au commencement était la nature, en acte dans tous les siècles, le vrai Dieu, le seul Dieu. »

C'est le dernier effort de Goethe pour sauver à sa manière son héros des artifices qui l'entourent, pour le délivrer par la philosophie des prestiges où il va succomber. La pensée de Faust est trop vacillante encore pour s'enhardir dans cette carrière des idées nouvelles qui s'ouvre devant son esprit. Il ne s'y maintient pas et retombe dans la magie, qui était la philosophie occulte et défendue de son temps, la philosophie des libres penseurs, assez libres pour oser rechercher jusque dans l'enfer le principe et le secret des choses. Déjà depuis longtemps il s'est adonné à cette poursuite ardente des derniers mystères. « J'ai voulu voir si par la force et la parole de l'esprit quelques secrets ne me seraient point révélés, en sorte que je n'aie plus besoin de dire avec des sueurs d'angoisse ce que je ne sais pas, que je reconnaisse enfin ce qui maintient l'univers dans ses profondeurs, que je contemple toutes les forces actives et les germes, et ne fasse plus un vain trafic de paroles que je ne comprends plus. » Il n'a que trop bien réussi. Le monde des esprits est à ses ordres, et Méphistophélès paraît devant lui. Alors éclate cette lutte suprême, décisive, entre le docteur, qui veut mourir tout entier avec le vieux monde où il a vécu et qu'il écrase sous un magnifique anathème, — et Méphistophélès, qui se moque de cette triste sagesse du désespoir et propose de lui apprendre ce qu'il ne sait pas, ce que c'est que la vie. « Non! répond Faust; sous tous les vêtements, je sentirai les misères de l'étroite vie terrestre. Je suis trop vieux pour m'en tenir aux amusements, trop jeune pour être sans désir. Le monde, que peut-il me donner? « Renonce, il le faut! il le faut, renonce! » Voilà l'éternel refrain qui résonne aux oreilles de chacun, et que durant notre vie chaque heure nous chante d'une voix enrouée.... Le dieu qui habite en mon sein peut émouvoir profondément tout mon être; lui qui règne sur toutes mes forces, il ne peut les faire agir au dehors, et par là l'existence est un fardeau pour moi; je désire la mort, je hais la vie... Ah! maudit tout ce qui entoure notre âme de séductions et de prestiges! Soit dès ce jour maudite la haute opinion dont l'esprit s'enveloppe lui-même! Maudits soient les prestiges de l'apparence qui s'empare de nos sens! Maudite l'imposture qui, dans nos rêves, nous montre un fantôme de gloire et d'immortelle renommée!... Maudit soit le suc embaumé du raisin! maudites les suprêmes faveurs de l'amour! maudite l'espérance! maudite la foi! Et maudite, avant tout, la patience! » L'antique univers s'écroule bruyamment avec tous ses prestiges et toutes ses richesses, avec toutes ses réalités et ses mensonges, avec toutes les vertus qui en faisaient la vraie parure et les illusions qui en faisaient la splendeur, monde mêlé d'être et de néant, de bien et de mal, théâtre disposé pour l'activité de l'homme plus que pour son bonheur.

Un monde nouveau, plus brillant et plus magnifique, mais plein de mensonges, sans aucune des réalités ni des vertus qu'il a maudites, se révèle à l'imagination abusée de Faust. L'illusion déployée par un art magique s'élève, s'étend autour de lui, l'enveloppe et l'entraîne. A ce moment, Faust ne nous appartient plus, il entre dans une vie nouvelle. Le drame commence. Marguerite n'est pas loin, et avec elle les amours charmantes et fatales, les enchantements, les délires, les crimes, toutes ces émotions qui s'enchaînent et qui forment la trame merveilleuse du poëme. Dès lors, comme il était juste, l'idée scientifique et philosophique s'efface de plus en plus devant le sentiment poétique et humain. C'est d'une autre critique que celle de la philosophie que relèvent la terreur et la pitié de ce drame immortel. Elles n'appartiennent plus qu'à l'art qui les a produites, qui les juge et qui les consacre.

Notons cependant le contraste simple et saisissant du caractère de Marguerite avec celui de Faust. A bien prendre les choses, la philosophie n'est-elle pas mêlée partout dans ce poëme comme dans la vie?

Certes, s'il y avait dans toute l'Allemagne, à la fin du quinzième siècle, une âme incapable de comprendre Faust, il semble bien que c'était celle de Marguerite. Elle est séparée de l'intelligence de Faust de tout l'intervalle qui sépare le ciel de la terre. Comment comprendrait-elle cette ardeur dévorante de savoir, cette hauteur et cet orgueil de la pensée, ces lassitudes désespérées qui en sont le châtiment, ces orages qui descendent du cerveau de Faust dans son cœur, et qui tour à tour y produisent des courants furieux de passion et de sensualité? Comment aurait-elle l'intuition de ces phénomènes mystérieux et violents, de cette psychologie morbide de la raison humaine, elle, la simple fille qui appartient à un monde vulgaire par sa naissance, par ses habitudes, par les pensées et les relations au milieu desquelles elle passe sa triste vie? Si Faust est le révolté de l'idéal, à coup sûr Marguerite est bien l'humble fille de la réalité. Elle habite un pauvre logis, où elle élève sa petite sœur, où elle prend soin de sa mère infirme; elle n'a jamais dépassé l'étroit horizon de la rue où elle est née; toute sa société se compose de voisines médisantes ou bavardes. Elle a dû prendre à ce petit monde ses vulgarités et ses niaiseries. Toute la littérature se borne pour elle à quelques *lieder* qu'elle a appris dès le berceau. Et, quand un sentiment vague commencera d'envahir son âme et de la troubler, elle n'aura pour exprimer ce trouble naissant d'un cœur qui s'ignore que quelques ballades comme celle du roi de Thulé, qu'elle chantera près de sa fenêtre, assise à son rouet, sans même comprendre par quelle harmonie la tristesse de ce chant se met d'accord avec sa peine secrète.

Et cependant, dès qu'elle paraît, un charme immortel se répand sur la scène. Ce qu'il faut bien comprendre, c'est que l'essence de Marguerite est la candeur; cette âme est la vie ignorante, la nature même; c'est le cœur de la femme avant toute science et toute expérience, dans son idéale transparence et sa naïve pureté. Certes, comme on l'a dit, ce n'était pas une médiocre hardiesse que de représenter une séduction aussi rapide, aussi aisée que celle de Marguerite, sans blesser en elle l'idée de la dignité féminine[1]. Il n'y avait qu'un être tel que la Marguerite de Goethe qui pût tomber de la manière dont elle tombe, et dans sa chute rester *intérieurement pure*. Un caractère de femme plus réfléchi, plus intelligent, aurait subi une tout autre dégradation.

---

1. Le *Faust de Goethe*, d'après les principaux commentateurs allemands, par F. Blanchet.

— C'est la science du bien et du mal qui dégrade dans toute faute : une âme inconsciente, comme celle de Marguerite, est chose fragile et profonde à la fois, presque irresponsable à force de candeur. En cela réside la poétique opposition entre les deux amants devenus inséparables par l'émotion du poëte et par celle de la postérité. Ce qui a perdu Faust, c'est l'abus de la science ; ce qui sauve Marguerite, même dans sa faute, c'est son ignorance presque divine. Elle conserve encore je ne sais quelle innocence qui la protége contre l'avilissement vulgaire de cette triste histoire : la séduction. Et tel est l'art du poëte, que Marguerite, même coupable, demeure dans nos souvenirs comme un type de grâce et de pureté.

Chaque poëte a dans son œuvre, parmi les créations de son génie, un type privilégié auquel il a confié quelques-unes de ses pensées les plus profondes, quelques-uns de ses rêves les plus chers, qu'il anime de l'essence même de son âme et d'un souffle de sa vie propre. La personnalité du poëte se dédouble par un effet merveilleux de l'art, et cette partie détachée de lui-même, vivant par la grâce de la poésie, touchée du rayon de l'idéal, va se joindre à l'élite sacrée qui brille d'un éclat immortel dans la nuit des siècles. Pour Goethe, ce type choisi entre tous, objet de toutes ses tendresses poétiques, le fils privilégié de son âme en même temps que de son art, c'est Faust. Le poëte a vécu de sa vie, souffert de ses doutes et de ses lassitudes infinies, aimé avec ces ardeurs des sens et aussi avec ce désespoir de ne pouvoir aimer davantage et de porter jusque dans les orages de sa passion la clairvoyance fatale et la tristesse de sa pensée. Hélas! qui le sait mieux que le poëte lui-même? La pensée tue l'amour, et nul mieux que lui n'a connu ces luttes étranges où le cœur, trop éclairé, se désespère de ses sécheresses et de ses langueurs. De tous les supplices infligés à l'humaine nature, le plus cruel peut-être est l'impuissance d'aimer. Or quel amour peut résister à cette intensité d'analyse, à cette dévorante activité de la pensée, à cette puissance funeste de voir le fond des choses, d'apercevoir d'avance l'inanité de ces désirs qui remplissent tout l'être de leur violence et de leur bruit, la misère de ces bonheurs qui, tant qu'ils sont espérés, nous donnent l'image d'une félicité divine et qui, une fois obtenus, effrayent l'âme de leur néant, la fragilité enfin de ces belles amours dont les serments insensés s'emparaient de l'éternité et qui ont à peine la force de remplir quelques années, s'éteignant misérablement avant la vie éphémère qu'elles devaient charmer? Les grandes âmes comme celle de Faust veulent mettre dans leurs amours l'infini qu'entrevoit leur pensée. Elles ne veulent pas aimer à moins. Et c'est précisément cette pensée qui, par ses puissances fatales, paralyse toutes les ardeurs, glace toutes les illusions, jetant ses froides clartés dans cette nuit enchantée du cœur que la passion remplit de ses magiques prestiges. Voilà pourquoi, dans les scènes immortelles qui remplissent la première partie du *Faust*, l'amour qui nous ravit, c'est celui de Marguerite, qui seule aime véritablement jusqu'à en mourir, parce qu'elle aime avec toutes ses facultés poétiques d'illusion. Là seulement est l'amour, parce que là seulement est l'inexpérience du mal, la sublime candeur qui ne sait pas que tout ce qui est humain porte en soi sa fin et son néant. Qui oserait dire que Faust a vraiment aimé? Il le voudrait, il l'espère en vain. De tous les bonheurs terrestres, le seul qu'il envie désormais, c'est celui-là, c'est aussi le seul que son fatal compagnon ne puisse lui donner jamais. Comment donnerait-il cette félicité suprême du délire sacré, de l'enthousiasme héroïque qui va jusqu'au don de soi-même, le railleur funeste, destiné par son rôle, dans cette épopée divine et terrestre à la fois, à tout détruire, à tout nier, à tout flétrir? — C'est là l'histoire du triste cœur de l'humanité, dans lequel se combattent éternellement ces deux principes, l'enthousiasme et la négation, l'amour et l'ironie. Et n'est-ce pas aussi, prise au plus profond de son âme, l'histoire du poëte lui-même? Répondez, ombres tristes et charmantes de celles qu'il a rencontrées au printemps de sa vie, vous surtout, Marguerite, dont il a consacré le nom, vous aussi, Frédérique, et tant d'autres, qu'il a cru peut-être aimer un jour et qu'il a si prudemment abandonnées sur sa route, de peur de ne les plus aimer le lendemain et d'embarrasser d'un souci inutile l'égoïsme souverain et la marche triomphale de son génie!

Le premier *Faust* est surtout philosophique par la conception des types et la peinture des caractères. C'est dans le second *Faust* que nous verrons la métaphysique du poëte et sa philosophie de la nature se donner libre carrière, et qu'il est intéressant d'assister à cette lutte étrange, où s'épuise le poëte, entre la science et l'art : un art dominateur et superbe, s'efforçant de réduire sous l'empire de ses formes et de ses lois la science rebelle, et finissant par se perdre dans le symbole et dans l'abstraction pure.

CHAPITRE XII.

LA PHILOSOPHIE DU SECOND FAUST. — DÉFAUTS DU POÈME : ABUS DU SYMBOLISME ET DE L'ÉRUDITION. — L'IDÉE DE L'ACTIVITÉ, UNITÉ DU POÈME, PRINCIPE DU SALUT DE FAUST.

Si nous ne savions déjà, par des dates et des faits précis, à quel âge Goethe entreprit d'écrire la seconde partie de *Faust*, il ne faudrait pas un grand effort de sagacité pour le deviner. A plusieurs signes, on peut reconnaître que c'est l'œuvre du génie vieillissant. Ce vaste poëme ne se développe pas organiquement, à la manière d'un être naturel, naissant d'une idée comme d'un germe, rencontrant dans le sol propice, dans l'air environnant, les conditions de sa vie et de sa croissance, s'élevant par une gradation presque insensible à la hauteur que lui assigne son genre ou le génie du poëte, sans que l'on sente à aucune phase de son développement l'effort de l'écrivain. Ainsi naissent spontanément les grandes productions du génie poétique, les œuvres vraiment douées du ciel. Ici l'on sent le travail du poëte assouplissant à des formes systématiques l'idée souvent rebelle ; l'inspiration est courte, intermittente, saccadée ; l'œuvre est composée successivement, par fragments, à d'assez longs intervalles. Elle est fille de la volonté, qui a connu l'effort et qui ne parvient jamais à en effacer la trace, plutôt que de la nature, à qui rien ne coûte et qui produit d'elle-même les œuvres les plus accomplies avec une facilité vraiment divine, avec la joie qui en est le signe.

Goethe sentait cela douloureusement lui-même, et rien n'est plus touchant que l'aveu qu'il en faisait dans ses entretiens intimes. Comme on causait un jour de Napoléon et de son étoile, restée fidèle à ses jeunes années, pâlissante et obscurcie à mesure que la jeunesse s'éloignait : « Que voulez-vous ? répliqua Goethe. Je n'ai pas non plus fait deux fois mes chansons d'amour et mon *Werther*. Cette illumination divine, source des œuvres extraordinaires, est toujours liée au temps de la jeunesse et de la fécondité. » — Génie et fécondité sont deux choses très-voisines, ajoutait-il. Le génie est précisément là où est cette puissance durable de création. Il mériterait donc à ce titre d'être éternellement jeune ; aussi le voit-on s'affranchir, dans une certaine mesure, de la condition humaine. Les autres hommes ne sont jeunes qu'une fois : pour le génie, tout est différent ; non-seulement, en se mêlant intimement au corps qu'il anime, il fortifie et ennoblit son organisme, mais il cherche à faire valoir ses droits d'essence supérieure ; *fragment de l'éternité*, il communique quelque chose de sa nature au corps lui-même, qu'il relève de ses défaillances. Il semble en effet qu'il y ait chez les hommes supérieurs des périodes de rajeunissement momentané, ce que Goethe appelle la seconde puberté du génie. —Malgré tout, s'écriait non sans tristesse le vieux poëte, la jeunesse est la jeunesse, et, quelque puissante que se montre la force supérieure du génie, elle ne maîtrise pas entièrement le corps : il est bien différent de sentir en lui un allié ou un adversaire. Et revenant à la dure réalité de la vie, il rappelait que dans ses jeunes années il pouvait écrire un drame en trois jours. « Maintenant, je ne peux plus essayer de ces choses-là ; ce qui alors me réussissait tous les jours, ne me réussit plus que par moments et demande des conditions favorables. Pour faire la seconde partie de mon *Faust*, je ne peux plus travailler qu'aux premières heures du jour, lorsque je me sens raffraichi et fortifié par le sommeil et que les niaiseries de la vie quotidienne ne m'ont pas encore dérouté. Et cependant, qu'est-ce que je parviens à faire? Tout au plus une page de manuscrit, dans le jour le plus favorisé, mais ordinairement ce que j'écris pourrait s'écrire dans la paume de la main, et bien souvent, quand je suis dans une veine de stérilité, j'en écris moins encore! » Il en était arrivé à employer certaines petites ruses vis-à-vis de lui-même pour s'exciter à produire. Comme son confident s'informait du progrès du *Faust* : « Il ne me quitte plus, dit-il ; tous les jours j'y pense et trouve quelque chose ; j'avance. Aujourd'hui j'ai fait coudre tout le manuscrit de la seconde partie, pour que mes yeux puissent la bien voir. J'ai rempli de papier blanc la place du quatrième acte qui manque et il est bien probable que la partie terminée m'excitera et m'encouragera à finir ce qui reste à faire. Ces moyens extérieurs font plus qu'on ne croit, et l'on doit venir au secours de l'esprit de toutes les manières[1]. » L'esprit fatigué avait donc besoin qu'on vînt à son secours. Qu'on y songe ; quand il exposait ces détails intimes de son travail poétique, le noble poëte avait quatre-vingt-deux ans.

Un autre signe trahit l'âge du poëte. Dans cette seconde partie du poëme, la passion est complétement absente ; l'idée y règne seule, despotiquement, sous deux formes : l'érudition et l'intention philosophique. Toute la science ramassée pendant une longue vie que l'étude a remplie s'y déploie en liberté. « J'ai conçu ce poëme il y a bien longtemps, disait Goethe en 1829, depuis cinquante ans je le médite, et les matériaux se sont tellement *entassés*, que maintenant l'opération difficile est de choisir et de rejeter... Un nombre infini de figures mythologiques se pressent pour y entrer, mais je prends garde à moi et je n'accepte que celles qui présentent aux yeux les images que je cherche. » Le lecteur jugera

---

1. *Conversations*, 2ᵉ vol., 9 et 252.

sans doute que le choix du poëte n'a pas été assez sévère. C'est un inconvénient très-sérieux que d'être obligé, quand on lit ce poëme, de tenir ouvert sur sa table un dictionnaire d'antiquités et de mythologie, sous peine d'être arrêté à chaque ligne. L'intérêt poétique est noyé dans ce débordement de noms bizarres pris dans tous les ordres de dieux, de demi-dieux et de héros, ou de termes empruntés à la langue spéciale des rites et des mystères. Le labeur de l'esprit y dépasse le plaisir. Dans ce savant tumulte qui remplit la *nuit classique de Walpürgis*, à qui pourrait se prendre notre émotion parmi cette population étrange de Sphinx, de Griffons, de Grues, d'Ibycus, de Dactyles, de Lamies, de Sirènes, de Dryades et de Phorkyades, de Néréides, de Tritons et de Telchines, sans oublier les Kabires, les Kabires surtout? — On est tout surpris de saisir dans les épanchements intimes de Goethe le naïf contentement du savant qui semble ne pas s'apercevoir que cette science immodérée a étouffé la poésie. Eckermann s'émerveille d'avoir un maître si savant. « Certes, lui est-il répondu, il y a là pour la pensée de quoi s'exercer, et un peu d'érudition y est de temps en temps nécessaire! » Et comme le disciple s'applaudissait d'avoir lu fort à propos, pour comprendre certaines allusions du poëme, la dissertation de Schelling sur les *divinités de la Samothrace*. « J'ai toujours pensé, dit Goethe en souriant, qu'il était bon de savoir quelque chose. » — « Là se trouve enfermée toute une antiquité, s'écrie une autre fois l'enthousiaste Eckermann. — Oui, répond Goethe, les philologues y trouveront de l'occupation. » Sur ce sujet l'entretien se prolongeait volontiers et renaissait souvent.

L'intention philosophique se combine avec l'érudition pour faire de la seconde partie du *Faust* une œuvre à peu près inabordable au public. Lorsque ce poëme fut composé aux approches des quatre-vingts ans que portait si fièrement Goethe, la grande affaire de sa vie n'était pas de savoir si le jeune Werther avait eu tort ou raison de désespérer du bonheur et de jeter en sacrifice son âme ardente aux pieds de Charlotte. — A cette heure du soir, ces mélancolies et ces ivresses étaient bien loin de lui ; il ne les apercevait plus que comme un nuage d'or qui se perd à l'horizon. Le souci du vieillard était autrement grave : c'était d'accorder dans une théorie équitable les défenseurs de l'art antique et les partisans de l'inspiration moderne ; c'était de deviner le sens des grandes agitations des peuples qui avaient depuis quarante années jeté dans l'abîme toutes les dynasties, soulevé le vieux monde jusque dans ses profondeurs, précipité la révolution victorieuse à travers l'Europe ; c'était de contempler les lois générales du monde physique, de se pénétrer de plus en plus des théories scientifiques qui se faisaient jour dans les discussions de Paris, de Londres et de Berlin, de prendre parti dans ces illustres débats où Geoffroy Saint-Hilaire et Cuvier se portaient contradictoirement les interprètes de la nature ; c'était enfin de se rendre compte à soi-même, au déclin de ses jours glorieux, de tous les systèmes dont il avait été le spectateur pendant une longue vie, et dont il méritait d'être le témoin éloquent devant la postérité qui commençait pour lui. Telles étaient les dispositions de son esprit au moment où il écrivit son second *Faust*. « L'invention de cette seconde partie date de plus de cinquante ans, mais le poëme gagnera, j'espère, à n'être écrit qu'aujourd'hui ; avec le temps, mon esprit a acquis des idées plus claires sur les choses du monde. Je suis comme quelqu'un qui, dans sa jeunesse, a beaucoup de petite monnaie d'argent et de cuivre qu'il a toujours changée avantageusement pendant tout le cours de sa vie, de telle sorte qu'il voit maintenant sa fortune de jeune homme tout entière changée en pièces d'or. »

J'accepte volontiers cette image et j'en reconnais la justesse dans l'ordre des idées : la transmutation des métaux en or pur, voilà un de ces beaux phénomènes que produit une longue vie appliquée à la recherche et à la pensée ; mais ce qui est un progrès philosophique n'est pas nécessairement un progrès poétique. Toutes ces richesses spéculatives ne soutiennent pas l'inspiration, elles l'oppriment et l'accablent. Les idées entassées dans le vaste cerveau du poëte, cherchant impétueusement leur issue, s'efforcent de passer dans le poëme qui leur est ouvert pour y trouver la lumière et la vie, et s'étouffent les unes les autres par leur précipitation et leur tumulte. Aucune n'arrive à vivre de cette existence distincte, individuelle, que confère à ses créations l'art vraiment fécond et libre. Elles ne quittent la sphère des abstractions pures que pour tomber dans les froides régions du symbolisme. La poésie dramatique, qui tire tout son intérêt de la lutte des passions humaines, s'évanouit dans une sorte d'allégorie universelle où les personnages ne sont plus des hommes, mais des systèmes. Il n'y a pas d'action principale à laquelle se rattachent les divers épisodes, pas de centre organique auquel se relient nécessairement les pièces variées de cette conception poétique. Tout est dispersé, divisé; chaque scène est sans lien apparent avec celle qui la précède et celle qui la suit. Nous assistons à une représentation d'abstractions réalisées, de vagues symboles, dans laquelle nous voyons passer et repasser de temps en temps les ombres de ceux que nous avons vus autrefois si vivants, si agissants sous les noms de Faust et de Méphistophélès. Une obscurité sacrée enveloppe cette succession de scènes chimériques et ce peuple de fantômes. Il faut quelque courage pour s'aventurer dans cette région du mystère et de l'ombre, pour traverser les mille prestiges qui en défendent les issues, pour conjurer les spectres qui errent, sous des noms antiques, dans cette nuit solennelle, et s'avancer jusqu'au centre du labyrinthe où se révèle enfin, à la clarté de l'idée pure, l'autel du dieu.

Un petit nombre seulement d'audacieux qui ont

eu ce courage sont revenus sains et saufs de ce pèlerinage redouté. Tant de difficultés amoncelées aux abords du temple effraient les simples mortels. On dirait que le poëte a voulu en écarter la foule, et lui-même plus d'une fois, sur la limite du bois sacré où il rend ses oracles, il a prononcé l'*odi profanum vulgus et arceo*. « L'homme qui n'a pas en lui-même quelques-unes de ces idées ne saura pas ce que j'ai voulu dire. » Il ajoute orgueilleusement, quand on lui parle du public : « Ah! laissez là le public, je ne veux pas en entendre parler! L'important, c'est que ce soit écrit; le monde peut ensuite en faire ce qu'il voudra et en tirer profit autant qu'il en sera capable. » Paroles imprudentes! le public s'éloigne du poëte dont il s'est senti méprisé; il châtie par son indifférence l'œuvre dans laquelle le poëte n'a pensé qu'à faire les honneurs de son esprit.

Tel se présente à nous le second *Faust*, œuvre d'érudition et de science plutôt que d'émotion et de poésie; mais ces difficultés mêmes, qui éloignent la foule, sont un attrait presque irritant pour la critique philosophique, qui à travers tant de difficultés redoutables veut pénétrer jusqu'au point central, jusqu'au cœur de l'œuvre, pour mieux se rendre compte de ce prodigieux mouvement d'idées accompli pendant cinquante années de méditation dans l'esprit du poëte, et du progrès de sa pensée sur tous les grands objets dont s'occupe la curiosité spéculative. Sans nous soucier autrement de l'économie générale de ce drame, qui, de l'aveu de Goethe lui-même, est composé de parties à peu près indépendantes, nous réduirons à quelques questions l'étude que nous voulons en faire. Ces questions se rattachent sans trop d'effort à trois poëmes bizarrement entrelacés : l'un qui comprendrait *Faust à la cour et la vieillesse de Faust*; le second, suffisamment marqué par un nom magique, le nom d'*Hélène*; le troisième qui contiendrait l'histoire d'*Homunculus et la nuit classique de Walpürgis*. Sous ces titres viennent s'ordonner d'elles-mêmes les théories du poëte sur la *politique*, sur l'*art*, sur la *nature*. A travers l'œuvre se répand une idée générale qui, perdue plus d'une fois, autant de fois retrouvée, éclaire d'une lumière intermittente les ténèbres visibles du poëme et permet au lecteur de s'y diriger, quoique d'un pas toujours incertain. C'est l'idée qui résume les longues méditations de Goethe sur la vie et son expérience morale tout entière, l'apologie, je dirai presque l'apothéose de l'activité humaine. S'il y a quelque suite dans ce poëme bizarre, le lien est là.

(On le voit, le second *Faust* n'est pas moins qu'une vaste philosophie sous forme allégorique.) A mesure que nous avancerons dans l'examen de ces diverses théories qui en contiennent l'explication dernière, il deviendra sensible au lecteur qu'elles devaient écraser de tout le poids de tant d'abstractions accumulées la libre et florissante inspiration du poëte. Qu'on ne s'y trompe pas cependant : s'il est trop manifeste que le poëte a vieilli dans l'intervalle des deux parties de l'œuvre, comme ses héros, comme Faust lui-même, c'est une de ces vieillesses puissantes et vigoureuses que la pensée a longtemps remplies de sa forte séve, qui se tiennent debout parmi les jeunes générations comme ces chênes des pays du nord, dépouillés de feuilles, mais indestructibles, qui ne vivent plus que par leurs racines enfoncées dans le granit et par leur haute ramure déployée dans la nue.

Avant d'exposer les théories diverses qui composent une trilogie philosophique dans le drame, essayons de montrer, aussi clairement que cela est possible en cette très-obscure matière, comment les différentes parties se relient entre elles. Il semble bien, comme nous l'avons dit, que le lien qui les rattache soit l'idée de l'activité de Faust, de plus en plus appliquée aux œuvres utiles, développée à travers les expériences variées de la vie, et s'élevant par un progrès continu vers la perfection morale, plutôt entrevue que clairement aperçue et définie par le poëte.

Une nuit emblématique sépare le second *Faust* du premier, qui s'achève à la mort de Marguerite. Tandis que le roi des sylphes, Ariel, berce dans les mélodies et les parfums le sommeil du grand coupable, son âme se renouvelle et s'apaise. Les souvenirs affreux, le désespoir, disparaissent insensiblement. Une idée chère au poëte panthéiste s'exprime sous le gracieux symbole de cette nuit remplie des chastes ivresses que la nature prodigue à ses élus, à ceux qui savent la comprendre et l'aimer. Après les grandes catastrophes et même après les grandes fautes, le remède unique, suprême, c'est l'abandon de soi à cette force universelle, mystérieuse, éternellement active et salutaire, qui répare tout parce qu'elle crée tout. Les âmes malades y retrouvent la santé, les esprits inquiets le calme, les consciences troublées le repos, et, pour suivre la pensée de Goethe jusqu'au bout, le pardon. Oui, pour Goethe, ce grand adorateur de la nature, il émane d'elle non-seulement des vertus physiques qui fortifient, mais une lumière qui éclaire, une vertu morale qui régénère, l'oubli, l'apaisement souverain des remords. Elle est l'indulgente mère et la consolatrice auguste de l'homme, la puissance religieuse qui relève et qui absout. Elle verse dans notre misère l'eau purificatrice du Léthé; elle nous consacre par ses énergies divines pour les grands combats de la vie.

Sous son influence sacrée, Faust a senti, dans la substance réparée de son âme, jaillir la source d'une vie nouvelle. Les lâches abattements de la veille ont fait place à des résolutions viriles. Une jeune vigueur s'est répandue dans tous ses membres. Le chœur invisible lui a dicté dans ses chants les oracles qu'il doit suivre : « Courage! n'hésite pas, sache t'enhardir! lui ont dit les enfants de l'air; marche droit à ton but, tandis que la multitude flotte et s'égare dans ses voies. Il peut tout accomplir, le noble esprit qui comprend et agit vivement. » Et dès que l'aurore a brillé, secouant la faible entrave du sommeil magique qui le tenait enchaîné, Faust se relève libre et fort pour ses nouvelles destinées. Dans une apostrophe sublime, il remercie la terre qui l'a tenu endormi dans les tendresses de son sein maternel. « Les pulsations de la vie battent en moi avec une force nouvelle, pour saluer doucement l'aube qui colore l'éther.... O terre, tu m'as aussi été fidèle cette nuit, et tu respires à mes pieds rajeunie. Déjà tu commences à m'entourer de plaisirs; tu réveilles et tu excites en moi l'énergique résolution de tendre sans cesse à la plus haute existence. »

La passion l'a stérilement agité, misérablement trompé; elle l'a jeté à terre, vaincu, anéanti sous le coup de la fatalité que la passion porte avec elle. C'est l'action maintenant qui va prendre sa vie, c'est l'action qui tente sa liberté rajeunie, réveillée comme en sursaut après les angoisses d'un rêve tour à tour enchanté et sinistre. Il ne consent plus à être le jouet du sort, comme doit l'être inévitablement toute âme qui s'est livrée et ne s'appartient pas. Il ne se mettra plus à la merci des événements. Du droit de sa haute pensée, qui se ressaisit tout entière et qui prend le gouvernement de sa volonté, c'est lui maintenant qui dominera les événements et qui dans sa mesure les fera. Dans le cercle que tracera son activité, il dira comme Prométhée : « Rien au-dessus de moi, rien au-dessous. » Il sera maître de tout, s'il sait ne rien craindre et ne rien espérer à l'excès, s'il sait ne pas se mettre sous la dépendance de la fatalité par les complicités secrètes et les lâchetés de son faible cœur. A ce prix, il sera roi, il sera dieu, un dieu terrestre, mais un dieu.

C'est l'éveil d'une activité héroïque, longtemps comprimée par de fausses directions, abattue et brisée par la violence des passions, et qui se lève maintenant pour s'emparer du monde. Faust aura parcouru ainsi, dans son ardent désir de tout expérimenter et de tout connaître, les sphères variées de l'âme humaine. Il a traversé, comme la tempête traverse les diverses zones du ciel, d'abord cette sphère haute et ténébreuse que la pensée spéculative, l'idéalisme, remplit de ses ambitions et de ses chimères, puis celle où l'amour répand ses enchantements, ses mystères, ses délires. Il aborde enfin cette sphère vraiment humaine où la volonté recueille ses forces et se ramasse tout entière pour éclater au dehors en résolutions énergiques, pour dominer le monde à son heure et le transformer à l'image de sa pensée par la politique ou par les armes, par l'industrie ou par l'art. Le poëme devient ainsi une allégorie, le drame de l'activité humaine, divinisée par la grandeur du but qu'elle poursuit et de la force qu'elle déploie.

Agir, telle va être désormais la destination de Faust régénéré; il y trouvera les joies les plus nobles qui soient permises à un mortel, la félicité grave de se sentir utile, le bonheur d'améliorer autour de soi les conditions du sol ou celles de la société, la nature physique et le sort des hommes, ou même, ce qui est plus difficile, leur âme et leur cœur. Le poëte aura réalisé dans la vie de son héros l'idéal de sa morale, qui se tourne tout entière à l'action, si l'on prend ce mot dans son sens le plus haut et le plus large, — l'action opposée à l'égoïsme de la passion, et à celui de la pensée solitaire, opposée à la spéculation, qui se dissipe dans l'abstraction vide, ou à l'agitation non moins stérile des vains désirs qui étreignent le nuage; l'action enfin, soit qu'elle s'exerce dans les devoirs positifs de la vie pratique, soit dans les grandes œuvres qui régénèrent un pays ou un peuple, soit dans la culture esthétique et scientifique de l'esprit.

En ce sens, on peut dire que ce poëme n'est pas seulement la suite et le complément du premier *Faust*; il achève *Werther* en le corrigeant, il en rectifie l'impression dernière par la leçon de la plus haute et de la plus complète expérience, résumé d'une longue vie. *Werther*, c'était la sensibilité maladive de la vingtième année, se prenant elle-même pour le terme et l'unique but de la vie, et qui, trompée dans son rêve, n'a plus la force de supporter la réalité sans l'illusion, la vie sans la passion, la passion sans le bonheur. C'était l'exaltation de l'amour s'égalant dans son délire à la vertu antique, se revêtant à ses propres yeux des prestiges d'un héroïsme imaginaire, qui n'est au fond qu'une lamentable et puérile folie[1]. — La seule correction de *Werther*, le seul remède à cette maladie qui avait fait tant de ravages parmi la jeunesse allemande devait être, dans la pensée de Goethe, le tableau des efforts, des luttes et des triomphes de l'activité. Faust se jetant dans la réalité pour s'y guérir des langueurs de l'imagination et des énervements de l'amour, devait, selon l'intention du poëte, servir d'exemple à tous ceux qu'aurait pu séduire le type poétique de Werther, qui seraient tentés, comme lui, de prendre dans l'exaltation du sentiment je ne sais quelle inspira-

[1]. Goethe vieillissant n'était pas éloigné de juger l'œuvre brillante de sa jeunesse avec la même sévérité que Lessing, lorsque le célèbre critique, résistant presque seul à l'enthousiasme de l'Allemagne, dès 1774 écrivait à son ami Eschenberg : « Qu'un jeune homme surtout se garde bien de prendre la beauté poétique de Werther pour la beauté morale et de croire qu'un personnage qui a su si fortement émouvoir notre intérêt, n'a pu manquer d'être bon. Et pourtant il ne l'était pas en vérité, et si l'esprit de notre Jérusalem avait été absolument en cet état, je me verrais obligé, oui, de le mépriser; croyez-vous qu'un jeune homme, grec ou romain, se soit jamais arraché la vie ainsi et pour cette cause ? Certainement non. Ceux-là savaient se mettre autrement à l'abri des égarements de l'amour, et au temps de Socrate on aurait à peine pardonné à une jeune fille une pareille Ἐξ ἔρωτος κατοχή, qui porte à τι τολμᾶν παρὰ φύσιν. Produire de pareils originaux, si petits dans leur grandeur, si méprisables dans leur exaltation, était réservé à l'éducation chrétienne, qui sait transformer si magnifiquement un besoin physique en perfection morale. »

Ce qu'il y a de passablement étrange dans ce jugement, c'est d'attribuer l'inspiration de *Werther* à l'influence chrétienne dont nous avons vu que Goethe, très-jeune, était déjà affranchi. Du reste, Lessing avait conçu le projet d'une comédie de *Werther corrigé*, dont il reste quelques scènes ébauchées. Goethe semble reprendre l'idée de Lessing en l'agrandissant, en l'adaptant au niveau de son génie.

tion supérieure au devoir, de substituer à la simplicité de la vie pratique, la fausse et dangereuse grandeur du rêve. L'action! L'action! voilà le salut de ceux qui se sont trop longtemps complu dans l'extase intérieure. Il faut en sortir à tout prix, et c'est par là que Faust sera sauvé, s'il doit l'être, à travers tant d'erreurs, de crimes même, sauvé dans le sens symbolique que Goethe attache à l'expression chrétienne; c'est par là qu'il aura reconquis son vrai titre d'homme et racheté sa vraie grandeur « aux yeux de Dieu et de la nature. »

Par là aussi l'intention morale du second *Faust* est d'accord avec celle qui se dégage des *Années d'apprentissage* et des *Années de voyage de Wilhelm Meister*, « cette épopée subjective dans laquelle l'auteur a demandé la permission de traiter le monde à sa manière. » C'est une permission que Goethe prenait volontiers, même sans la demander. A travers les épreuves de Wilhelm Meister et les singularités de l'auteur, qui nous promène à la suite de son héros dans un monde bien étrange, une grande vérité morale, souvent obscurcie dans le détail, se fait jour dans l'ensemble : c'est l'inévitable malheur de l'homme qui, égaré par de fausses tendances, se trompe de but et se disperse en mille voies contraires, entreprenant mille choses pour lesquelles la nature ne l'a pas doué; c'est la nécessité, sous peine de souffrance et de désespoir sans remède, de trouver le vrai sens, la vraie direction de ses facultés, de se mettre en harmonie avec soi-même et avec la nature, de sortir de l'idéal indéterminé pour entrer dans la vie active, utile, ordonnée[1]. Règle admirable qui résume toute la morale pratique : faire son devoir de tous les jours. Chacun n'a pas la même tâche ici-bas, mais chacun a une tâche. Il n'est pas, parmi les plus pauvres et les plus déshérités des hommes, un seul qui n'ait son œuvre à fonder ou à continuer, relevant ainsi l'humilité de la fonction par la grandeur du résultat, par le sentiment du progrès universel dont il est l'obscur ouvrier. L'essentiel est moins de faire de grandes choses que de faire celles pour lesquelles vous êtes né ; il faut savoir agir selon ses vrais moyens et sa vraie nature, à sa place et à son rang dans le monde. Là est la plus haute moralité, là aussi le vrai bonheur, le seul. En dehors, il n'y a que dissipation de temps et de forces, courses sans but, inutilité cruellement sentie d'une existence agitée sans être active, tristesse des efforts prodigieux qui n'aboutissent pas et des rêves héroïques qui s'éteignent dans la nuit. Le chant des compagnons mystérieux chargés d'initier Wilhelm au noviciat de la vie pratique a pour refrain ces simples et mâles paroles : « dans la vie, garde-toi de rien différer ; que ta vie soit l'action, l'action sans cesse ! »

Tout nous ramène ainsi à ce qui est le sujet du second *Faust*, l'activité humaine agrandie à la mesure

---

1. Consulter sur ce point la belle analyse que donne Schiller des *Années d'apprentissage de Wilhelm Meister* dans sa *Correspondance avec Goethe*.

de l'idéal conçu par le poëte, et qui n'a pas d'ambition moindre que celle de conquérir le monde. Nous voyons successivement passer devant nous les formes symboliques de cette conquête. La politique, l'art, la science, la guerre, l'industrie, voilà les divers moyens qui sont à la disposition du penseur ou du héros. L'amélioration du sort de l'humanité, voilà le but par lequel l'humanité se sanctifie. Faust est à la fois, dans la vaste allégorie du poëte, ce penseur et ce héros.

Voyez le rapide enchaînement des épisodes. Faust paraît à la cour, impatient d'agir; mais là il trouve un état en péril, il pressent de grands malheurs, il en voit déjà planer les funestes images ; il les annonce dans une série d'allégories et d'allusions, essayant de les prévenir par d'utiles conseils. Peut-être aurait-il désarmé les malheurs qui s'apprêtent, si Méphistophélès, qui se joue dans les catastrophes comme dans son élément propre, ne précipitait les événements par ses inventions diaboliques. Dans cette orgie d'une nation que sa folie précipite aux abîmes, il n'est pour le sage dont les conseils sont méprisés qu'un refuge digne de lui : l'art et la science. — L'art et la science remplissent le vaste intervalle qui sépare les premières scènes, où l'on voit paraître Faust à la cour, de celles où il retrouve l'empereur et où il lui apporte la victoire. Dans ce long espace d'années, Faust a poursuivi deux grands objets : la beauté suprême, la poésie dans Hélène, — la science, non plus la science vide de l'école, mais la science réelle, positive, la science de la réalité vivante avec *Homunculus*, qui le conduit aux sources mêmes et jusqu'au principe de la vie. Ces deux grandes occupations de la pensée ainsi comprises, c'est de l'action encore. La connaissance de la nature et la poésie, en éclairant l'esprit de l'homme, en élevant son âme, deviennent d'admirables agents du progrès. — Au quatrième acte, Faust vieillissant aspire à limiter son activité pour mieux l'employer, à en circonscrire le vaste champ pour en augmenter la fécondité en l'appliquant à quelque œuvre spéciale, déterminée, plus directement utile aux hommes. « Il se sent, dit-il, des forces nouvelles pour de hardis travaux. » Incapable de comprendre ce magnanime désir, qui est l'honneur du cœur humain, le désir désintéressé du bien, Méphistophélès va chercher dans des motifs moins nobles le secret de l'inspiration qui porte Faust aux grands desseins. « Tu veux donc obtenir la gloire? lui dit-il. On voit que tu viens de chez les héros! — Non, répond fièrement Faust. L'action est tout, la gloire n'est rien. » Son rêve est de conquérir sur la mer de vastes plages qu'il fertilisera, où il attirera des populations heureuses et florissantes, une sorte de Hollande idéale que le commerce et l'agriculture enrichiront à l'envi; mais au moment d'accomplir son rêve, un épisode imprévu le rejette dans la plus triste réalité, dans les horreurs de la guerre. Il faut ainsi payer souvent d'un prix bien cher le droit de servir l'humanité. Faust se dévoue à cette rude tâche en sauvant un prince médiocre et faible dont la chute serait funeste, mais dont la victoire même est triste. Il assure son triomphe sur l'anti-césar et se hâte de se retirer au bord de la mer, sur les grèves arides qui lui ont été cédées par l'empereur comme prix de son secours, et dont il va faire par son art la province la plus fertile de l'empire.

Là enfin sera-t-il heureux? Jouira-t-il en paix de cette joie de l'activité salutaire, dans laquelle, après les agitations de sa vie, sa vieillesse espère enfin se reposer délicieusement? Non, même cette félicité la plus haute, celle de travailler pour le bonheur des hommes, elle est encore troublée, elle est inquiète. Quelque chose en corrompt secrètement la source intérieure. A mesure que l'âme de Faust s'améliore par l'exercice désintéressé de ses facultés, il s'aperçoit que l'action n'est pas tout, que l'intention n'est pas tout non plus, qu'il faut aussi, pour que le résultat soit pur, pour que le bien soit complet, que les moyens au prix desquels on l'obtient soient eux-mêmes sincères, naturels et purs. Or Méphistophélès est toujours là, empoisonnant de sa secrète infamie l'air qu'il respire, corrompant ses plus nobles desseins, détournant à chaque instant sa haute raison de la voie droite par des idées de violence et d'injustice, toujours empressé à le servir dans ses grands projets, mais en réalité les détruisant en partie, les altérant dans le détail, les déshonorant autant qu'il est en lui par les inspirations mauvaises qu'il y mêle. Fidèle jusqu'au bout à son rôle, Méphistophélès représente auprès de Faust, qui ne cesse pas de s'élever dans les sphères de l'activité morale, cette part de vulgarité et de bassesse ou de violence inique répandue parmi les plus nobles desseins de l'humanité héroïque, comme par une sorte d'ironique fatalité qui empêche le beau et le bien ici-bas d'être absolument bon, absolument beau.

Voyez agir près du héros, occupé à le diminuer en le corrompant, ce railleur implacable de toute grandeur et de toute beauté ! Au milieu de la prospérité croissante de ce peuple idéal que gouverne le sceptre facile de Faust, le meilleur des souverains, un roi industriel, uniquement soucieux d'augmenter par ses richesses croissantes ses moyens d'action contre la misère et la souffrance, voyez-vous sur la dune voisine la petite maison de Philémon et de Baucis et l'humble chapelle qui s'élève à côté? Au comble de son bonheur, Faust se laisse troubler par cette vue. L'idée de ces vieux débris des civilisations arriérées et des religions disparues, cette ombre au vaste tableau du progrès, habilement présentée à chaque instant et sous toutes les formes par l'ironie satanique, l'inquiète et l'irrite. Il faut que cela disparaisse. Plus le pouvoir est grand, plus l'obstacle est humble, moins la patience est facile à celui qui est maître de tout, de tout, sauf de la justice. « La résistance, l'obstination, attristent la plus glorieuse conquête, en sorte que pour notre profonde et cruelle peine il faut nous fatiguer à être justes. — Et pourquoi te gêner ici ? » répond Méphistophélès. Quand un souverain se plaint de la fatigue qu'il ressent à être juste, il n'y a guère d'espoir qu'il le soit longtemps. Et bientôt, sur un ordre arraché, surpris à dessein, mal interprété, l'humble cabane devient la proie des flammes. Faust, debout la nuit sur le balcon de son palais, sent la fumée de l'incendie qu'un vent léger lui apporte. « Hélas! s'écrie-t-il effrayé de ce qu'il a semblé permettre, l'ordre fut prompt et trop prompte l'action ! » Méphistophélès triomphe : une mauvaise pensée qu'il a soufflée au cœur de Faust a déshonoré l'œuvre de plusieurs années. Lui aussi, Faust, comme le roi Achab, il a cru qu'il ne possédait rien, s'il ne possédait ce pauvre champ. L'histoire de la vigne de Naboth est éternelle.

C'est là le dernier triomphe de Méphistophélès, et il sera court. La flamme qui a brûlé la cabane de Baucis a jeté sa triste clarté dans le cœur de Faust. Il a vu clair enfin dans sa conscience, où le conseil infernal est venu si souvent corrompre l'intention pure et les nobles pensées. Il repousse avec horreur l'auxiliaire qui a été l'instrument fatal de toutes ses tentations; il se purifie par l'anathème qu'il lance contre l'artisan du mal. « O magie! que ne donnerais-je pas pour t'éloigner de mon chemin et désapprendre à jamais tes formules ! Nature, que ne suis-je un homme, rien qu'un homme vis-à-vis de toi ! Cela vaudrait alors la peine de vivre !... Un homme, je le fus jadis, avant d'avoir creusé les ténèbres, avant d'avoir maudit par des paroles criminelles le monde et moi-même. Désormais l'air est tellement infecté de toute cette nécromancie qu'on ne sait plus que faire pour y échapper. Lors même que le jour nous sourit avec sa lumière qui inspire la sagesse, la nuit nous enlace encore dans un tissu fatal de songes. » Quand il a rompu avec l'esprit du mal, il est libre, il est heureux, et son cœur pacifié a goûté enfin sa première joie. Et cependant le jour suprême approche. Déjà les apparitions de la dernière heure se pressent autour de lui. Le Souci pénètre au fond de son palais, lui souffle au visage et le rend aveugle. La Mort n'est pas loin, mais jamais le cœur de Faust n'a été plus haut, jamais sa pensée plus sereine, jamais sa volonté plus forte et plus pure. La nuit s'est faite dans ses yeux, elle ne s'est pas faite dans son âme. « Au dedans de moi brille une lumière éclatante.... Debout, mes serviteurs ! debout jusqu'au dernier ! Pour accomplir ce grand ouvrage, un esprit suffit à mille bras. » Il va tomber au milieu de son rêve sublime. « Je veux ouvrir à des millions d'hommes de nouveaux espaces où ils habiteront dans une libre activité.... oui, je suis voué tout entier à cette pensée, c'est la fin suprême de la sagesse. Celui-là seul mérite la liberté comme la vie, qui sait chaque jour se la conquérir !... Que ne puis-je voir une activité semblable, vivre sur un sol libre au sein d'un peuple libre ! Alors je dirais au moment : Arrête-toi, tu es si beau !... Non, la trace de mes jours terrestres ne peut se perdre dans la suite des siècles.... Dans le pressentiment d'une si grande félicité, je goûte la plus belle heure de ma vie ! »

Ainsi tombent les vrais héros, les bienfaiteurs de l'humanité, dans l'extase divine qu'excite en eux le pressentiment des âges d'où la misère, l'ignorance, l'esclavage, sous toutes les formes, auront disparu, où du moins il n'y aura plus de fatalité et d'hérédité du mal dans les conditions sociales, plus d'autre mal que celui que l'homme porte dans sa liberté et qui en est à la fois l'épreuve et le châtiment. Ainsi se dénoue le drame où l'on voit une généreuse volonté s'élever de plus en plus, se purifier d'abord par son commerce avec la poésie et avec la science, par son initiation graduelle aux derniers mystères du beau et du vrai, puis s'appliquer tout entière au bien de l'humanité, jusqu'au jour où, par un dernier progrès moral, la conscience héroïque, si souvent tentée par la passion, cette magie éternelle du cœur humain, ose s'en affranchir et mérite de connaître jusque dans la mort la joie du plus noble triomphe. Non, Dieu ne pouvait pas damner Faust; c'eût été damner notre nature et notre misère, damner nos passions et nos tristesses, damner en même temps ce qui les rachète ou les console, ce sentiment du beau et du bien qui persiste au fond de nos perversités et de nos souillures, ce rayon divin que ne voit pas Méphistophélès, qui éclaire notre nuit et nous relève de notre néant.

Écoutez le chœur des anges tandis qu'ils planent dans les régions supérieures, portant dans leurs bras entrelacés la partie immortelle de Faust : « Il est sauvé, le noble membre du monde des esprits, il est sauvé du mal. Celui qui a toujours lutté et travaillé, celui-là, nous pouvons le sauver; l'amour suprême, du haut du ciel, a pensé à lui; le chœur bienheureux va à sa rencontre et le salue avec joie. » On peut juger, par cette apologie de l'activité, du véritable caractère de la philosophie de Goethe. Nous ne saurions trop le redire : son panthéisme n'est pas de ceux qui éloignent l'homme de l'action et qui l'endorment dans une inerte béatitude, sous la loi d'une fatalité qui pense, qui veut, qui règle tout pour lui; c'est là le panthéisme mystique, oriental, en tout l'opposé des idées et des sentiments de Goethe. Son panthéisme à lui est un panthéisme agissant, qui réserve à la volonté de l'homme son rôle distinct, sa part dans l'œuvre universelle, qui l'affranchit des fatalités de la nature, non jusqu'à les détruire, mais jusqu'à les restreindre dans des limites que recule sans cesse l'effort triomphant de l'humanité libre. La Grèce et Rome, avec les stoïciens, nous avaient déjà donné l'exemple de cette espèce de panthéisme, assez semblable à celui qui tend à régner parmi nous, transformé jusqu'à un certain point et spiritualisé par la foi dans la liberté.

Faust est l'esprit humain, l'humanité avec sa misère et sa grandeur. Il méritait donc d'être sauvé comme l'esprit humain lui-même, qui, à l'exemple de Faust, s'élève à travers les âges par l'effort d'une activité toujours plus haute et plus pure. Mais Faust, avant d'être l'humanité, a été un homme; il a connu les douleurs et les passions de la vie réelle, il a été aimé d'un amour immortel. Ces sortes d'affections sublimes, assez puissantes pour vaincre la mort, attirent incessamment en haut nos sentiments, nos volontés, nos pensées; tout cède en nous à cette attraction mystique : noble croyance qui fait de l'amour ressenti par une âme pure l'agent mystérieux du progrès moral pour les âmes encore engagées dans la lutte humaine! Dans la grande scène du salut de Faust, parmi ces chants lyriques qui éclatent de toutes parts au-devant du cortége des anges, parmi ces voix des saints anachorètes disposées aux divers degrés de la montagne sainte et qui s'élèvent vers Dieu comme l'harmonie virile des fortes âmes et des grandes pensées, plus haut, parmi ces chœurs de pénitentes sanctifiées dont l'ardente supplication monte vers la *Mater gloriosa*, écoutez cette supplication plus tendre et plus émue de celle qui autrefois s'appelait Marguerite :

« UNA POENITENTIUM. — Daigne, ô daigne, Vierge incomparable, tourner ton visage propice vers mon bonheur! Celui que j'aimai sur la terre, désormais en repos, est de retour.... Entouré du chœur sublime des esprits, le nouveau-venu se reconnaît à peine, il soupçonne à peine sa nouvelle vie.... Vois comme il s'arrache à tous les terrestres liens de son ancienne enveloppe, et comme sous ses vêtements éthérés se montre la vigueur première de la jeunesse! Permets-moi de l'instruire! Le nouveau jour l'éblouit encore.

« MATER GLORIOSA. — Viens, élève-toi à de plus hautes sphères : s'il te devine, il te suivra.

« CHORUS MYSTICUS. — Tout ce qui passe n'est que symbole; ici les choses imparfaites s'accomplissent, l'ineffable est réalisé; le charme éternel de la femme nous élève aux cieux. »

A quelque point de vue que soit placé l'esprit du lecteur, il ne peut manquer de ressentir l'émotion sacrée de ces dernières scènes où le grand poëte, malgré les glaces de l'âge, s'est retrouvé tout entier, comme pour l'inspiration suprême et le chant d'adieu de son génie. Hymnes d'amour divin, saintes ivresses, idéale harmonie des âmes dont chacune ne semble plus être qu'une pensée ou qu'une parole de Dieu, telle est cette scène admirable où tout est lumière mystique et mélodie sacrée. On sent que le poëte s'est lui-même comme enchanté de ces mystères et de ces splendeurs. Il se félicite, après avoir achevé cette scène, d'avoir eu recours à la symbolique et à la mystique chrétienne. « Au milieu de ces tableaux supra-sensibles dont à peine on a un pressentiment, je me serais perdu dans le vague, si en me servant des personnages et des images de l'église, qui sont nettement dessinés, je n'avais pas donné à mes idées poétiques de la précision et de la fermeté[1]. » Imaginez en effet la conclusion de ce grand drame de *Faust* dans les données de la philosophie de Goethe. Supposez ce que le poëme pourrait être, s'achevant dans les froides conceptions du panthéisme. Essayez de concevoir ce que serait le salut abstrait de Faust s'évanouissant dans l'infini, dont il a été une apparition éphémère, s'absorbant

1. *Conversations*, t. II, p. 300.

dans cette « unité éternelle qui se crée elle-même d'éternité en éternité ! » L'artiste a fait violence au philosophe ; son instinct esthétique ne s'y est pas trompé, et ce n'est pas une des moindres singularités de ce poëme panthéiste que de se terminer par ces magnificences de l'immortalité chrétienne, qui, depuis Dante, n'avaient pas été célébrées avec cette puissance et cet éclat.

CHAPITRE XIII.

LA PHILOSOPHIE DU SECOND FAUST (SUITE). — LA POLITIQUE.
IDÉES DE GOETHE SUR LA RÉVOLUTION FRANÇAISE.

Essayons maintenant de mettre dans tout son relief chacune des théories philosophiques qui font le durable intérêt du second *Faust*, sur la politique, sur l'art, sur la nature, en les rassemblant, en les ordonnant même au prix de quelque contrainte. Nous exposerons d'abord les considérations de Goethe sur les événements dont il avait été le témoin et sur l'avenir des sociétés.

Toutes les idées qui avaient rempli les méditations de Goethe durant plus d'un demi-siècle, une des périodes les plus orageuses de l'histoire, ont laissé leur tracé à travers ce vaste poëme. On y retrouverait, en cherchant bien, une foule de théories politiques et sociales que les hommes d'État

CHAPITRE XIII.

n'iront pas assurément interroger sous le voile de ces allégories, mais que la critique philosophique doit recueillir avec curiosité. Plusieurs des scènes les plus bizarres, comme celles qui remplissent le premier acte, la scène des mascarades, ou bien encore celles qui suivent la victoire de l'Empereur sur l'anti-César au quatrième acte, n'ont absolument de sens et d'intérêt que par l'idée politique qu'elles représentent.

Pour les comprendre, il faut nous transporter dans l'âme même de Goethe, consulter ses entretiens, nous pénétrer de son intime pensée, voir enfin de quel fonds de méditations et de sentiments ces obscurs symboles ont pu sortir. Goethe était le contemporain de la révolution française. Il en avait vu avec épouvante les horreurs; je ne crois pas qu'il en ait jamais bien compris les origines et les aspirations légitimes, la vraie portée et les durables bienfaits. Les explications qu'il en donnait n'étaient ni assez profondes ni assez larges pour rendre compte d'un aussi grand événement. Il n'est pas loin de s'imaginer que ce fut l'*affaire du collier* qui décida la révolution. Il semble supposer qu'au fond de la passion révolutionnaire il n'y avait que les plus basses convoitises de la plèbe, le désir du pillage, l'amour de l'or sans travail. La corruption des souverains et la cupidité des peuples, voilà pour lui ce qui explique tout dans ces sortes d'événements. Il ne sort pas de là. « On dit que je ne suis pas un ami du peuple! Oui, c'est vrai je ne suis pas un ami de la plèbe révolutionnaire, qui sous la fausse enseigne du bien public n'a vraiment devant les yeux que les buts les plus méprisables. Je suis aussi peu l'ami de pareilles gens que je le suis d'un Louis XV.... On a raison, je ne pouvais être un ami de la Révolution française, parce que j'étais trop touché de ses horreurs; mais j'étais aussi peu l'ami d'une souveraineté arbitraire.... Je hais ceux qui accomplissent les révolutions aussi bien que ceux qui les ont rendues inévitables[1]. » Il insistait, non sans raison, sur l'avantage qu'il y a pour le progrès à être le résultat du temps et du développement naturel organique les nations plutôt que la conquête de la force. « Je hais tout bouleversement violent, parce qu'on détruit ainsi autant de bien que l'on en gagne.... Tout ce qui est violent, précipité, me déplaît, parce que ce n'est pas conforme à la nature.... Pour la politique comme pour la nature, l'art est de savoir attendre. » Fort bien ! mais n'arrive-t-il pas, dans la vie des nations, des heures où, voyant s'éterniser d'intolérables maux, elles peuvent croire qu'on a déjà trop longtemps attendu? Ou plutôt à certains instants n'arrive-t-il pas dans l'histoire d'un peuple que son âme tout entière, toutes ses énergies latentes, toutes ses ardeurs concentrées, font explosion dans un mouvement irrésistible, prodigieux, qu'aucune force humaine ne pouvait comprimer, qu'une sagesse tardive ne pouvait plus ajourner, un

---

1. *Conversations*, t. II, p. 89-199, etc.

de ces mouvements dans lesquels tout un peuple est complice, mais complice d'instinct, sans concert préalable, sans autre accord que celui de ses souffrances et de ses colères? Savoir attendre, c'est sans doute pour une nation une grande sagesse; mais le peut-elle toujours? L'âme d'un peuple se gouverne-t-elle comme celle d'un homme?

Ce que Goethe souffrait le moins, c'étaient les exportations de la Révolution française en dehors de ses limites naturelles : « Je ne pouvais pas voir avec indifférence qu'on cherchât à reproduire artificiellement en Allemagne les scènes qui, en France, étaient amenées par une nécessité puissante. » Et il ajoutait avec infiniment de bon sens qu'il n'y a de bon pour chaque peuple que ce qui est produit par sa propre essence, ce qui répond à ses propres besoins, « sans singerie des autres nations. » — « Tous les essais pour introduire des nouveautés étrangères sont des folies, si les besoins de changement n'ont pas leurs racines dans les profondeurs même de la nation, et toutes les révolutions de ce genre resteront sans résultat, parce qu'elles se font sans Dieu; il n'a aucune part à une aussi mauvaise besogne. » Ses épigrammes n'épargnaient pas les entrepreneurs de révolution : « Les apôtres de liberté, disait-il, m'ont toujours été antipathiques; ce qu'ils finissent toujours par chercher, c'est le droit pour eux à l'arbitraire. »

A l'égard du libéralisme, il faisait une remarque fort juste et qui mérite d'être conservée; elle est éternellement de circonstance. — « Quand j'entends parler d'idées libérales, je m'étonne toujours que les hommes se laissent ainsi payer de vains mots. Une *idée* ne doit pas être *libérale*. Cela n'a pas de sens. Elle doit être précise, forte, féconde surtout; telle est sa mission divine. C'est dans les sentiments qu'il faut chercher le vrai libéralisme; mais les sentiments sont rarement libéraux, parce qu'ils sont l'expression immédiate des personnes, de leurs rapports, de leurs besoins et de leurs intérêts. »

On l'accusait de s'être trop tenu à l'écart des grands intérêts de la liberté et de la patrie allemande. Plus d'une fois il s'irrita de ce reproche, que faisaient valoir avec quelque crédit ses plus mortels ennemis Et faisant un retour sur la popularité de Schiller, qu'il comparait avec sa propre impopularité : « Schiller, disait-il, qui entre nous était bien plus un aristocrate que moi, mais qui bien plus que moi réfléchissait à ce qu'il disait, Schiller a eu le singulier bonheur de passer pour l'ami tout particulier du peuple. Je lui laisse le titre de tout cœur, et je me console en pensant que bien d'autres ont eu le même sort que moi. » On aimait à lui opposer les exemples patriotiques d'Arndt, de Kœrner et de Rückert; on rappelait dans des conversations plus ou moins publiques, dont il recevait l'infaillible écho, qu'il n'avait pas pris les armes à cette époque ou du moins qu'il n'avait pas armé par ses chants de guerre les haines nationales : on inquiétait par ces reproches envenimés la glorieuse vieillesse du poëte. C'est alors que Goethe laissait éclater le secret de son cœur. Ce secret, c'était civilisation, — humanité. « Le monde est absurde, s'écriait dans des monologues irrités et amers le vieux poëte frappé au cœur; le monde ne sait ce qu'il veut, il faut le laisser dire et faire ce qui lui plaît. Comment aurais-je pu prendre les armes sans haine?... Nous ne pouvons pas tous servir notre pays de la même façon ; chacun fait de son mieux, suivant ce que Dieu lui a départi. Écrire des chants de guerre et rester dans ma chambre! Comme c'était là ma manière! Écrire au bivouac, où la nuit l'on entend hennir les chevaux des avant-postes ennemis, à la bonne heure ! J'aurais aimé cela; mais cette vie ne m'était pas possible, ce n'était pas là mon rôle : c'était celui de Théodore Kœrner. Dans mes poésies, je n'ai jamais rien affecté. Je n'ai fait de poésies d'amour que lorsque j'aimais. Et entre nous je ne haïssais pas les Français.... Comment moi, pour qui la civilisation et la barbarie sont des choses d'importance, comment aurais-je pu haïr une nation qui est une des plus civilisées de la terre et à qui je dois une si grande part de mon propre développement? La haine nationale est une haine particulière. C'est toujours dans les régions inférieures qu'elle est la plus énergique, la plus ardente; mais il y a une hauteur à laquelle elle s'évanouit : on est là pour ainsi dire au-dessus des nationalités, et on ressent le bonheur ou le malheur d'un peuple voisin comme le sien propre. Cette hauteur convenait à ma nature, et longtemps avant d'avoir atteint ma soixantième année je m'y étais fermement établi. »

Il avait une aversion naturelle pour tout ce qui rétrécit les horizons de la pensée, l'étroitesse d'esprit et l'aveugle haine. Le poëte, comme homme, comme citoyen, doit aimer sa patrie; mais « sa vraie patrie, c'est le *bon*, le *noble*, le *beau*, qui n'appartiennent en propre à aucun pays.... Qu'est-ce qu'on entend donc par ces mots : aimer sa patrie, faire œuvre patriotique? Si un poëte pendant toute sa vie a travaillé à renverser les préjugés funestes, à détruire les vues étroites et égoïstes, à donner aux opinions plus de rectitude, aux idées plus de noblesse, que pouvait-il faire de mieux? » C'est de cette manière que Goethe veut aimer et servir son pays. Il croit, comme Napoléon, que les destinées de l'Allemagne ne sont pas encore accomplies; il la prépare à la splendeur de ces destinées entrevues en excitant « l'âme de la patrie allemande, en l'élevant, » en fortifiant en elle ce sens supérieur de la civilisation, le plus infaillible instrument du progrès des peuples. — Il était vraiment de cette race des grands stoïciens, les concitoyens de l'humanité, qui, au-dessus des haines de frontières, au-dessus des royaumes et des républiques, se construisaient, dans leur rêve sublime, une cité idéale, la cité des intelligences et des âmes, symbole humain de la cité divine. Personne parmi les contemporains n'a porté plus haut dans sa raison l'idée de l'humanité.

Tel fut Goethe : ennemi des révolutions et de ceux

qui les accomplissent, sans qu'il se fît aucune illusion sur les souverains qui les amènent par leur incurie ou leur corruption, « historiquement conservateur, » comme on le disait de Lessing, théoriquement dévoué au progrès, très-peu sensible aux chimères sentimentales du droit divin, mais adversaire irréconciliable des bas instincts de la démocratie et des habiletés qui les exploitent, se faisant volontiers un refuge contre les misères de la réalité dans quelque belle utopie de civilisation industrielle et de liberté pacifique où prévaudrait enfin l'idée d'humanité et qui rendrait à tout jamais impossibles les révolutions, ces suicides des peuples, et les guerres, ces fratricides des nations. C'est dans cet ordre d'idées qu'il faut chercher l'explication de toutes les scènes du second *Faust* où paraissent le peuple et la cour. On dirait que le poète a écrit une histoire allégorique de la Révolution française sous l'impression vive que lui ont laissée les événements, avec une ironie hautaine pour ces bouleversements qu'il jugeait stériles, et dont il ne voyait bien que les causes secondes et occasionnelles.

Écartez les anachronismes prémédités, l'appareil des noms et des personnages, la mise en scène, que reste-t-il? N'est-ce pas l'image même de la royauté française au dix-huitième siècle que Goethe a voulu tracer? N'est-ce pas Louis XV qui a fourni ce type de souverain doué de tous les talents possibles pour perdre son royaume, qui ne prend nul souci du bien de ses sujets, ne pensant qu'à lui et trouvant chaque jour, pour échapper à lui-même, quelque nouveau divertissement? Pour tout le reste, il faut bien admettre le droit du poëte de forcer la peinture et de la pousser au noir. Cet État sans loi, sans justice, où les crimes se commettent sans obstacle et savent se soustraire au châtiment, où le juge lui-même est complice et se range du côté du coupable, cette armée sans solde, sans discipline, qui se débande en pillant pour se faire une solde, nous ne pouvons pas les reconnaître dans cette manifeste exagération de traits et de couleurs. — Le trésor est vide et sans ressources pour l'avenir. Dans le palais même de l'empereur, tout va de mal en pis, tout manque à la cuisine et à la cave. Le maréchal du palais, qui de jour en jour est plus embarrassé, se met entre les mains des juifs, auxquels il engage tout, si bien que le pain que mange l'empereur est déjà dévoré par l'usure. Le chancelier veut faire à Sa Majesté des représentations sur tous ces désordres et donner ses conseils; mais Sa Majesté est peu disposée à prêter son oreille auguste à de si désagréables confidences, elle aime mieux se divertir. C'est là le véritable élément de Méphistophélès, qui prend la place du fou et se montre aux côtés de l'empereur comme nouveau fou et comme conseiller[1]. Dans le lointain, on aperçoit la foule, on entend ses murmures. Les mécontents, les envieux et, ce qui est plus terrible, les affamés font entendre l'écho de leurs vagues

---

1. *Conversations*, t. Ier, p. 400.

colères. Rien n'éclate encore, mais tout est déjà menace et pressentiment. Et cependant le gracieux seigneur s'amuse au milieu de sa cour idiote. Les fêtes se préparent à la vue du peuple qui souffre ; ce sont tous les prolégomènes de la révolution. Les frivolités et les folies de la royauté au dix-huitième siècle trouvent ici leur symbole et leur flétrissure.

Parmi les mascarades qui défilent devant nous et dont chacune a son sens allégorique, souvent très-subtil et très-obscur, deux surtout méritent de fixer notre attention. Dans l'une, l'empereur représente le dieu Pan. Il s'avance escorté de nymphes qui célèbrent sa gloire, ses vertus, sa puissance. Au milieu de ces adorations et de ces prestiges, il se croit dieu ; il est si facile et si doux de le croire ! Les courtisans, qui savent que le dieu n'est qu'un homme, répandent parmi la foule le mensonge dont ils vivent, et qui, s'il est détruit, les anéantit. Une voix prophétique et grave annonce que bientôt le secret d'où dépend le salut de l'État va être dévoilé et que les catastrophes approchent ; elle n'est pas écoutée. « Il va se passer à l'instant une chose terrible, les contemporains et la postérité refuseront d'y croire... Recueillons-nous dans une haute pensée, et ce qui arrive, laissons-le s'accomplir sans nous troubler. » Voici que tout d'un coup l'incendie éclate de toutes parts. Le grand Pan lui-même n'est pas épargné ; sa divinité d'emprunt tombe avec les attributs dont il s'est affublé. Le feu gagne partout, et l'empereur ne peut rien pour l'arrêter ; bien plus, il va en être la première victime. Hélas! il était donc vrai, le grand Pan n'était qu'un homme, un pauvre homme. Le fatal secret circule d'abord à voix basse, puis il éclate. « O nuit à jamais funeste, s'écrie le héraut, quels maux nous a-t-elle apportés!... Le jour de demain publiera ce que nul n'entendra volontiers... J'entends crier de toutes parts : « C'est l'empereur, oui, lui-même, qui souffre ce supplice!... Oh! plût à Dieu que toute autre chose fût vraie!... Une nuit fait son œuvre, et demain la magnificence impériale ne sera qu'un monceau de cendres. » Par bonheur, Faust est là; il appelle les nuages, éteint l'incendie. L'empereur, un instant troublé, reprend sa joyeuse sérénité. Il n'a rien compris à ce qui s'est passé. Il n'a vu qu'une féerie là où on lui donnait le spectacle symbolique d'un temps qui s'approche, où le mystère des origines, qui jusqu'ici a divinisé les royautés, ne trompera plus personne, où la majesté du grand Pan tombera avec les prestiges qui l'entouraient, où tout le monde saura que les rois eux-mêmes ne sont que des hommes. Il faut qu'ils apprennent par de rudes expériences que le jour où le pouvoir cesse d'être utile, il cesse d'être légitime aux yeux d'un peuple sans fanatisme, parce qu'il est sans illusion.

Voilà la leçon des rois. Voici maintenant celle des peuples. Elle n'est ni moins dure ni moins hautaine. Un char amène Plutus, que représente Faust, et un autre personnage symbolique, l'Amaigri, qui n'est autre que Méphistophélès. La foule s'ouvre devant le char enchanté. Sur un signe de Plutus, les dragons apportent un coffre où bouillonnent des trésors magiques. « Voyez, dit Plutus à la multitude qui l'entoure, voyez! dans les vases d'airain l'or vermeil s'élève à flots. » Le flot monte toujours, et avec lui croît la convoitise populaire. C'est à peine si Plutus, avec la baguette du héraut, peut en contenir l'ardeur. Pour garder le trésor intact, il fait jaillir le feu au visage des hommes avides qui se pressent autour du char. La foule recule épouvantée; mais ce n'est pas l'affaire de Méphistophélès, qui ne se plaît que dans le tumulte et pour qui le désordre est une bonne aubaine. Le voyez-vous ranimant les convoitises qui s'éteignaient déjà, prenant une masse d'or amollie par le feu, la pressant, la roulant, la pétrissant entre ses doigts, donnant à cet or toutes les formes obscènes que lui suggère son art infâme, excitant ainsi les plus viles passions de la populace, dépravant ce peuple qui l'entoure par une double corruption, celle de l'or et celle de la luxure! Et déjà tous les yeux brillent, tous les désirs s'enflamment. Bientôt la loi sera impuissante à contenir toutes ces forces déchaînées, cette fatalité d'une nouvelle espèce, la fatalité d'un peuple enivré par l'image des joies faciles que peut donner l'or maudit, l'or acquis sans travail. « La loi est forte, s'écrie Faust, témoin attristé de cette scène; mais elle cédera devant la nécessité. » Le cercle magique qu'il a tracé avec le bout de sa baguette va être envahi. L'État n'est plus le maître; la plèbe des convoitises mauvaises et des instincts bas va régner à son tour, furieuse et déchaînée, sur le monde qu'elle déshonore.

Tout cela n'est qu'une image encore; mais bientôt les prophéties obscures qui s'offrent dans une série de symboles devant les yeux de l'empereur et de sa cour vont recevoir leur terrible accomplissement. Toute la théorie des révolutions, telle que la comprenait Goethe, se déroule devant nous dans le premier et dans le quatrième acte : l'orgie des richesses imaginaires que Méphistophélès répand dans le royaume sous une forme renouvelée du système de Law, et qui soulève tous les mauvais instincts; un peuple tout entier se précipitant à la curée, se dépravant dans ce rêve, dans ce délire de l'or; les sources de la vraie richesse, les vrais trésors d'une nation, l'agriculture, l'industrie, abandonnés, méprisés; toutes les passions exaspérées, comme il arrive, quand aucune noble idée, aucun grand intérêt ne fait contre-poids à cette fièvre du gain; l'empereur se reposant sur ce crédit fabuleux de tout travail, de tout devoir, ne pensant plus qu'à ses faciles jouissances, tandis que déjà l'empire lui échappe et que les mécontents, las de l'anarchie, couronnent un anti-césar; le secours imprévu que lui apporte Faust avec les trois hardis compagnons formés de l'essence des forces de la nature; la bataille livrée et gagnée; l'empereur rétabli sur son trône, sans qu'on sache s'il saura le garder. Il ne tient qu'à nous de voir dans cette longue série de scènes étranges l'histoire symbolique de la royauté française s'abîmant dans les catastrophes, la révolution se personnifiant dans Napoléon, la démocratie couronnée à la place du droit divin, les vieilles monarchies se coalisant pour venir au secours de la dynastie déchue, la Prusse, la Russie, l'Autriche, représentées par les trois hommes forts qui descendent des forêts et des montagnes du Nord ; enfin toute cette comédie des lendemains de la victoire et des restaurations : actions de grâce, *Te Deum*, enthousiasme sans bornes des hauts dignitaires qui retrouvent leurs places et leurs insignes.—Survient l'archevêque, qui, sous prétexte de purifier la victoire obtenue par des arts magiques, veut que l'Église en profite ; il réclame d'abord le spacieux champ de bataille pour le consacrer au Très-Haut, puis, pour faire prospérer l'œuvre, tous les revenus du pays voisin, dîmes, cens, redevances à perpétuité, jusqu'au moment où l'empereur s'écrie : « Mais en allant ainsi je pourrais bien tout d'abord engager l'empire entier ! » Quant au peuple, c'est lui qui aura le moins gagné à tout cela ; il payera un peu plus, voilà tout.

A l'horizon, nous voyons poindre pour cette pauvre humanité un meilleur avenir symbolisé par le règne pacifique de Faust sur des grèves fertilisées : le travail, l'industrie, le commerce enrichissant à l'envi ces plages heureuses, un peuple libre, au sein de l'abondance, sous le sceptre paternel d'un souverain qui n'est que le bienfaiteur d'un grand pays, et qui ne tire son autorité que des services rendus. Ceux de nos lecteurs qui connaissent les *Années de voyage de Wilhelm Meister* se rappelleront que le roman s'achève comme le drame par le tableau d'une grande expérience de civilisation *humanitaire*, dans laquelle on ne se propose rien moins que de reprendre les choses à l'origine, dans des conditions nouvelles, de suivre en tout les indications de la nature et de fonder le bonheur de l'humanité future sur ces trois principes : la richesse obtenue par les arts utiles, la paix perpétuelle et la liberté maintenues par le développement harmonieux et réglé des facultés de chaque race et de chaque individu. C'était là le rêve, l'utopie familière du poëte toutes les fois que sa méditation se tournait vers l'avenir du genre humain, c'était l'*Atlantide* de cet autre Platon; mais il la plaçait dans les siècles futurs au lieu de la placer, comme le philosophe grec, dans le lointain des âges fabuleux. S'il faut croire à l'âge d'or, pensait-il, il vaut mieux croire qu'il est devant nous, pour ne pas arrêter l'humanité en marche et décourager le progrès.

CHAPITRE XIV.

LA PHILOSOPHIE DU SECOND FAUST (suite). L'ART.
— LE POËME D'HÉLÈNE.

Un des éléments de ce progrès rêvé par le poëte philosophe, c'était l'art s'inspirant des traditions antiques et se renouvelant par l'inspiration moderne. Cette idée domine toutes les scènes dans lesquelles paraît Hélène et en particulier le troisième acte, le plus poétique de conception et d'accent, que remplit de son charme divin l'immortelle beauté.

La légende fournissait à Goethe la donnée étrange de ces noces magiques de Faust et d'Hélène. Faust, arrivé au dégoût des voluptés humaines, demande à l'enfer de lui donner ce plaisir suprême, la possession de cette Hélène dont l'antiquité avait fait presque une déesse, et que le fanatisme du moyen âge avait transformée en un démon, damnant, sous ce nom consacré par l'art, les prestiges et les fatalités de l'amour. Goethe, adorateur de la nature et de l'art grec, qui en est à ses yeux l'expression la plus accomplie, ne pouvait souffrir ce qui lui semblait être le sacrilège d'une religion d'ascètes. En s'emparant de l'idée de la légende, il la transforma. Dans son drame comme dans la légende, Faust s'éprend d'un amour mystérieux pour cette beauté que les âges anciens adorèrent; il la ravit et la possède; mais l'admiration de Goethe la retire de cet enfer ignominieux où des siècles barbares avaient osé la reléguer. Avec lui, Hélène entre dans la région sereine des idées éternelles : elle est une femme, mais elle est en même temps un type, le type le plus pur de l'art, ou plutôt l'inspiratrice de tout art, l'inspiration même. Son histoire devient l'emblème d'une grande chose : elle représente les destinées de la poésie, elle en rappelle les brillantes origines dans sa patrie naturelle, la Grèce, le sommeil symbolique à travers des siècles ténébreux, l'éclatant réveil à l'âge de la renaissance ; elle en prophétise la gloire future et le long avenir.

Ce poétique amour du docteur Faust, Goethe l'avait éprouvé lui-même : son voyage en Italie l'avait initié aux mystères les plus délicats de ce culte de la beauté, qui n'était dans son esprit que la forme épurée du culte de la nature. Il s'était enchanté des souvenirs et des chefs-d'œuvre de l'antiquité classique, transmis par le marbre glorieux, vainqueur des siècles. Il avait refait son éducation esthétique au milieu des monuments du grand art qui a laissé de lui-même des traces vivantes sur ce sol aimé des dieux. Toutes ses admirations s'étaient personnifiées dans Hélène. Il l'avait évoquée devant ses yeux par la violence magique de sa méditation; il l'invoquait journellement comme la muse de son génie; il la consacra par tous les prestiges de la poésie. Pour lui, elle est réalité et idéal à la fois, un idéal vivant. Il dirait volontiers comme un de ses personnages : « Les érudits nous trompent quand ils nous parlent de l'âge de ces êtres presque divins. C'est quelque chose à part que la femme mythologique. Elle n'a pas d'âge. Le poëte la conçoit et la présente comme il lui convient. Elle n'appartient qu'à la poésie, toujours jeune parce qu'elle est immortelle. Jamais elle n'est majeure, jamais vieille : sa forme est toujours accomplie et attire l'amour des hommes. Le temps n'enchaîne point le poëte; le poëte en est le maître et en dispose à son gré.... Hélène, non plus, ne doit pas en subir les lois. Achille ne l'a-t-il pas trouvée à Phères, même hors des limites du temps? Quel rare bonheur! Avoir conquis l'amour en dépit de la destinée! Et ne pourrai-je pas moi-même, par la force du plus ardent désir, appeler à la vie cette femme unique, cette créature immortelle, née du sang des dieux?... » Il subit véritablement la fascination de cette figure poétique, dont l'immortalité rayonne jusqu'à lui du fond des siècles.

Chaque écrivain, chaque penseur a, comme Goethe, son Hélène, idéale ou réelle. Il semble qu'il ait plus de peine à gravir les rudes sommets de l'art, s'il n'y est guidé, soutenu, s'il n'est attiré en haut par le regard d'une invisible protectrice, secrètement invoquée et révélée. Dans la grande scène du salut de Faust, Marguerite s'élève insensiblement dans les sphères divines pour attirer toujours plus haut son amant, réconcilié avec les splendeurs du ciel. « L'éternel féminin nous élève aux cieux, » chante le chœur des esprits. Appliquez ce mot, vous le pouvez, à toutes les grandes choses dans lesquelles l'homme essaie de réaliser l'infini, la philosophie, la poésie, l'art. Lorsque Socrate s'initiait aux derniers mystères du beau, traversant par l'élan de sa pensée toutes les sphères intermédiaires jusqu'à celles où l'idéal incréé se révélait à lui dans la gloire de sa pure essence, c'est l'étrangère de Mantinée, c'est Diotime qui soutenait par des discours son essor vers le but sublime de loin montré à ses yeux. Lorsque Dante gravissait les plus âpres degrés de la théologie et de la philosophie, c'est Béatrix qui éclairait sa voie et renouvelait ses forces. Quel philosophe n'a connu les enchantements que Diotime ou Béatrix, ces institutrices divines, versent sur les plus sévères enseignements? Mais que dire du poëte? Où puise-t-il son inspiration, sinon dans de fortes et pures amours, d'autant plus fortes qu'elles participent plus de l'idéal? Il semble que pour tous les nobles efforts de la pensée quelque grand amour imaginaire ou réel devienne une lumière et une force. C'est la théorie même de Diotime, dont Goethe semble s'être inspiré. La beauté participe à la production poétique moins encore à titre d'idéal poursuivi par le poëte que comme agent mystérieux de sa fécondité intellectuelle, comme l'éternel féminin au sein duquel il confie le germe de ses plus nobles idées, la source sacrée et le prix sublime de son aspiration. Pour un poëte tel que Goethe, il ne fallait pas moins, comme inspiratrice de son génie, que cette figure d'Hélène, qui est la poésie même, la poésie grecque dans la plus divine beauté, en qui se personnifient à la fois l'art antique et la nature dans leur plus harmonieuse expression.

Il y a dans le second *Faust* deux évocations bien distinctes : l'une est une évocation, si je puis dire, toute métaphysique d'Hélène ; l'autre est une résurrection complète. L'une prépare l'autre. C'est l'évocation par l'imagination qui inspire à Faust le désir violent de la possession, qui le précipite à travers les aventures et les périls du *sabbat classique* à la poursuite de son rêve, qui lui communique la force de pénétrer jusqu'à l'empire des morts, jusqu'au trône de Proserpine et d'obtenir le retour momentané d'Hélène à la vie, cette union qui sera féconde et d'où naîtra un fruit divin, la poésie moderne.

Suivons la pensée du poëte, voyons-la naître, grandir peu à peu, s'indiquer par des traits de plus en plus marqués, jusqu'à ce qu'elle éclate dans une conception définitive et suprême qui deviendra comme un poëme distinct dans le poëme, qui aura sa vie propre, sa forme déterminée, son individualité précise. A la fin du premier acte, l'empereur désire voir Pâris et Hélène, le plus beau des hommes et la plus belle des femmes. C'est le désir de la toute-puissance blasée ; il y faut satisfaire par des moyens magiques. Comme Méphistophélès, en sa qualité de diable romantique et septentrional, n'a aucun rapport avec l'antiquité grecque, il ne pourra aider Faust que par des conseils dans cette nouvelle entreprise. « Le peuple païen ne me concerne pas, dit-il ; il habite son enfer particulier. » Faust, obligé d'agir par lui-même, doit avoir recours aux mères, pouvoir mystérieux dont le nom seul est une épouvante : — « Les mères, les mères !... cela sonne d'une manière étrange ! » Pour atteindre au lieu où résident ces déesses inconnues, le chemin n'est pas facile ; il s'ouvre dans le centre de la terre à travers la solitude et le vide. On n'y peut rien comparer, même les chemins affreux à travers l'infini mouvant de la mer. Là du moins, quand on frémit en face de la mort, on voit encore quelque chose ; on voit passer les vagues, les nuages, le soleil, la lune, les étoiles. Ici, dans les grands espaces qui s'étendent vers le royaume des mères, on ne voit rien, rien dans le lointain éternellement vide : on n'entend point le bruit de ses pas, on ne trouve rien de solide où se reposer. C'est dans cet infini silencieux et morne que trônent les déesses formidables. Un trépied ardent annonce au voyageur qui a tenté ce pèlerinage des abîmes qu'il en a touché le fond. A sa clarté se révèlent les mères, les unes assises, les

CHAPITRE XIV.

autres debout ou marchant. Formation, transformation, voilà l'éternel entretien de leur pensée. Elles ne voient pas l'étranger qui arrive près d'elles, car elles ne voient que les *schèmes* (les idées, les types). Autour de leurs têtes planent les images de la vie, mobiles et pourtant sans vie; les êtres qui furent un jour dans tout leur éclat et toute leur splendeur se meuvent là-bas, car ils doivent subsister toujours. — On sait quelle impression produisit en Allemagne ce symbole des mères. Goethe lui-même était ému de sa propre invention. Quand il lut pour la première fois cette scène, Eckermann le priait de lui donner quelques éclaircissements; mais lui comme d'habitude garda son secret, regardant Eckermann avec de grands yeux et répétant : « Les mères ! les mères !... cela sonne d'une façon étrange. » — « Tout ce que je peux vous confier, ajouta-t-il, c'est que j'ai vu dans Plutarque que dans l'antiquité grecque on parlait des mères comme de divinités. Le reste est de mon invention. »

Le secret de Goethe n'est peut-être pas très-difficile à deviner pour qui a quelque expérience des idées métaphysiques, et le bon Eckermann lui-même, qui est pourtant d'une perspicacité médiocre, a cru le deviner; mais il n'a pas assez considéré l'importance d'un mot que Goethe a employé avec intention en disant que les mères ne voient que les *schèmes*, c'est-à-dire les images les plus parfaites, les figures idéales. Selon Eckermann, Goethe voudrait nous faire entendre que tous les êtres qui cessent de res

pirer retournent vers les mères à titre d'essences spirituelles, et qu'ils restent là sous cette forme immatérielle jusqu'à ce que l'occasion se présente pour eux de reparaître dans un nouvel être. Ce ne serait là qu'une doctrine assez vulgaire de métempsycose, fort éloignée de la vraie pensée de Goethe. — Cette immortalité métaphysique confiée à la garde redoutable des mères n'admet que les essences supérieures, dignes d'être conservées parce qu'elles méritent d'être considérées comme des types. Le reste périt et se dissout dans les éléments. Goethe le dit assez clairement, vers la fin du troisième acte, par la bouche des suivantes d'Hélène. Quand leur reine est de nouveau entraînée par la fatalité dans l'Hadès, ses suivantes sont retenues sur la terre. La nature vivante, éternelle, réclame son droit sur elles. Elles deviennent « les soupirs tremblants du zéphir et les vagues murmures des rameaux, les méandres des ruisseaux. » — « Qui ne s'est pas fait un nom sur la terre appartient aux éléments. » — Elles cessent d'être des personnes, elles se confondent avec la verdure des bois, avec la limpidité des eaux, avec la lumière. Ce qui ne mérite pas de survivre comme type se dissipe dans les phénomènes de la nature. Les types seuls sont immortels. Hélène subsistera éternellement ; elle échappe à la loi de la dispersion parce qu'elle a réuni en elle tous les traits qui donnent à une figure l'idéal, à un nom l'immortalité.
— Les mères sont les gardiennes éternelles de ce trésor des types. Elles en interdisent l'accès aux

profanes, elles ne le permettent qu'aux initiés, aux poëtes, aux artistes, qui tiennent à la main la clef magique de Faust, l'inspiration. Parmi les mères, les unes sont assises : c'est le passé devenu immobile jusqu'à ce qu'il soit de nouveau entraîné dans le tourbillon de la vie. Les autres sont debout : c'est le présent dans l'attitude intermédiaire qui lui convient entre le passé et l'avenir. D'autres enfin marchent : c'est le mouvement vers ce qui n'est pas encore. Aucun type n'est d'ailleurs condamné à un repos éternel ; la loi de la transformation universelle agit même sur ces essences qui semblent à tout jamais fixées dans leur perfection relative. Le repos absolu n'existe nulle part, pas plus dans cette région des types que dans la nature vivante. Jusque-là pénètre la métamorphose, le progrès ; les types peuvent revivre, ils revivent en effet, soit dans le monde réel, où la puissance créatrice les produit de nouveau à la lumière du jour, soit dans l'art, où l'évocation du poëte leur rend une vie idéale. Hélène en est une preuve éclatante : elle a vécu une seconde fois pour Faust, elle vivra une troisième fois pour le poëte, pour Goethe ; mais dans leur existence nouvelle ces types se modifient, se transforment pour se mettre en harmonie avec les siècles qu'ils éclairent de leur présence presque divine. Ils gardent le modèle impérissable et consacré qui est leur essence propre, mais en y mêlant dans une mesure harmonieuse quelque trait nouveau, quelque idée inconnue aux âges anciens, qui, sans altérer la pureté de leur essence, la complète, et, s'il est possible, l'élève encore d'un degré dans l'idéal. Ainsi l'art n'est pas condamné à l'immobilité de la perfection classique; il doit s'en inspirer, s'y appuyer pour s'élever plus haut. La poésie elle-même est soumise à la loi du progrès. — Tel me paraît être le sens profond de cet admirable symbole, esthétique et métaphysique à la fois, des mères, ces déesses qui défendent contre le temps, contre l'oubli et la profanation, pire que l'oubli, la divine immortalité des types, et qui les tiennent en réserve pour les grands artistes, capables, en les conservant, de les transformer.

Armé de la clef magique devant laquelle s'ouvrent les mondes enchantés de l'art, Faust est revenu de son voyage au royaume des mères, ramenant avec lui Pâris et Hélène. La scène est rapide : ce n'est encore qu'une évocation de types; la vie ne leur a pas été rendue, ils n'en ont que l'illusion et l'apparence. — Pâris se montre le premier; au son d'une musique voluptueuse, il prend différentes poses, celles qu'ont immortalisées les marbres antiques. Parmi les spectateurs, les hommes le maudissent et le raillent; les femmes, enthousiastes, dépeignent les charmes de cette éternelle jeunesse qui les remplit d'amour. Pâris s'endort, Hélène paraît; elle s'approche de Pâris endormi et dépose un baiser sur ses lèvres, elle s'éloigne, puis le regarde encore. Alors surtout elle paraît ravissante. Les hommes, enflammés de désirs, célèbrent avec ivresse ses louanges; les femmes, pleines d'envie et de haine, l'accablent de leurs critiques. Faust lui-même ne se contient plus ; en voyant cette beauté divine, il oublie le temps, le lieu, la situation, et Méphistophélès à chaque instant est obligé de lui rappeler qu'il sort de son rôle. — Pâris et Hélène semblent être entraînés l'un vers l'autre par une force irrésistible. Pâris la prend dans ses bras comme pour la ravir. Faust, dans une sorte de délire jaloux, tourne contre lui la clef qu'il tient encore à la main ; mais alors une violente explosion se fait entendre, les apparitions magiques s'en vont en fumée, Faust tombe à terre foudroyé [1].

Nous le retrouvons au second acte étendu sur son lit, dans son ancienne chambre, étroite, aux voûtes en ogive. « Reste là, couché, malheureux, engagé dans les chaînes de l'amour, difficiles à rompre ! Celui qu'Hélène a paralysé ne revient pas aisément à la raison. » Cependant ce sommeil magique n'est pas sans consolation. Tandis que son corps gît foudroyé, son âme veille et rêve. De quoi rêverait-elle, sinon des temps et des pays qui ont vu cette Hélène divine, devenue une seconde âme dans son âme, l'idéal dans l'imagination du poëte ? Nous voyons passer dans le miroir transparent de sa pensée endormie toutes les visions classiques de la légende grecque. L'admirable pays ! les belles campagnes !

[1]. Voyez les analyses de ces différentes scènes dans les *Conversations de Goethe avec Eckermann*. Ces analyses, écrites sous l'impression immédiate de la lecture et des entretiens de Goethe, mettent bien en lumière les intentions du poëte.

les eaux limpides dans la profondeur sacrée des bois! Que de beautés adorables! L'une d'elles surtout, nue et déjà prête au bain, semble appartenir à la race des héros ou même des dieux. Elle pose le pied dans l'eau ; la douce flamme de vie qui anime son noble corps s'y rafraîchit délicieusement.... Mais quel bruit d'ailes vivement agitées? quel murmure? Les jeunes filles fuient épouvantées ; seule la reine, avec un regard tranquille et un orgueilleux plaisir, voit s'approcher à travers l'onde émue le prince des cygnes.... C'est Léda, c'est son royal amant qui se révèle à Faust dans une des scènes amoureuses de l'antique Grèce. Rêver de Léda, c'est encore rêver d'Hélène. — Hélène, qui viendra plus tard, trouve ainsi son origine dans ce rêve enchanté. La Grèce mythologique apparaît déjà et se révèle à ce sombre fils du Nord, que les songes divins initient graduellement à l'éclatante réalité qui va venir pour lui.

Bientôt commence, avec le récit de Faust, l'ardente poursuite d'Hélène, qui devient le prétexte trop complaisant de cet obscur épisode, *la nuit classique de Walpurgis*. Après de longues recherches, dans une scène qui n'a pas été écrite, Faust arrivait enfin jusqu'au trône de Proserpine, et avec l'éloquence touchante qu'inspire la passion, il obtenait d'elle non plus l'apparition magique, mais la résurrection d'Hélène, l'espoir de la posséder, la promesse même de son amour. — C'est là précisément le sujet du troisième acte, celui de tous qu'on lit le plus aujourd'hui, celui où l'art du poëte, soutenu par le charme

CHAPITRE XIV.

et la nouveauté du sujet, s'est élevé jusqu'aux cimes les plus hautes de l'inspiration.

A peine avons-nous besoin de rappeler la suite et l'enchaînement des idées de ce magnifique épisode que tout le monde connaît : La reine arrive à Sparte en face du palais de Ménélas, suivie d'un chœur de Troyennes captives. De vagues inquiétudes pèsent sur ce beau front voué à la fatalité tragique que l'amour porte partout avec lui. L'exposition est noble, l'action se déroule lentement, surtout en discours, auxquels le chœur, selon la coutume antique, mêle ses conseils, ses réflexions, ses sentences, ses prophéties. Les inquiétudes d'Hélène ne sont que trop justifiées. Elle entre dans le palais, puis tout à coup, elle en sort épouvantée. Une femme voilée, un étrange fantôme, Phorkys, s'est levée devant elle, lui a fermé le chemin et la suit jusque dans le vestibule. Ce spectre est celui des remords et des pressentiments sinistres. Il annonce à la reine que Ménélas revient irrité, ne respirant que la vengeance, qu'elle est l'illustre victime destinée au sacrifice, que les jeunes filles, ses compagnes, seront pendues aux poutres du palais. Un seul moyen de salut lui reste : dans les vallées, une race audacieuse, « accourue de la nuit cimmérienne, » s'est établie sans bruit d'abord; elle est maintenant la maîtresse du pays. C'est le moyen âge, ce sont les hommes du Nord qui font ainsi leur apparition en Grèce. Eux seuls peuvent sauver Hélène. Telle est la ruse par laquelle la fatalité dévoue

Hélène à l'amour de Faust. — Hélène tout entière est soumise à la puissance du destin. Comme tous ceux qui sont désignés à quelque rôle illustre par un don supérieur, elle ne s'appartient pas; sa beauté n'est pas à elle, elle est aux dieux, qui, par Hélène, veulent la répandre parmi des races et des siècles nouveaux. Hélène elle-même le sait : « Tu es la fatalité, répond-elle à Phorkys, je le sens.... Je veux te suivre dans le château où habitent ceux qu'on nomme les Barbares. *Le reste, je le sais* : ce que la reine veut ensevelir au fond de son cœur, que cela soit impénétrable à chacun ! » *Le reste*, c'est l'arrivée au château, c'est l'enthousiasme de Faust retrouvant enfin cette Hélène si ardemment désirée, ce sont leurs noces, célébrées avec toute la pompe des riches étrangers, pourvus en abondance des trésors qui manquaient à la Grèce stérile et pauvre. — L'éducation de Faust par Hélène et d'Hélène par Faust commence. Hélène, en se révélant à son nouvel époux, l'admet dans l'intimité mystérieuse de la beauté antique et lui dit les derniers secrets de l'art divin des âges où elle a vécu. Faust, à son tour, enseigne à Hélène ce qu'il sait : les mœurs, les idées, le langage des temps nouveaux; dans une scène charmante, il l'initie à la musique de la rime que la Grèce ne connaissait pas.... « Langage étrange et charmant! s'écrie Hélène; un son semble se marier à l'autre; un mot a-t-il frappé l'oreille, un autre mot vient caresser le premier.... l'oreille et le cœur en sont profondément émus. » Et déjà Hélène, timidement d'abord, essaie de parler en vers rimés. Le dialogue l'attire et la provoque ; un son appelle un son fraternel. — Mais voici qu'un grand bruit approche et trouble ces doux ébats. Une scène de bataille éclate : Ménélas arrive avec des flots de guerriers. Sa troupe vaillante de héros vient se briser contre des remparts et des armes dont les Grecs ignorent la force. Ménélas perd une seconde fois Hélène, et son infidèle épouse suit le Barbare victorieux dans une Arcadie idéale où toute la nature n'est que la fête de leurs amours. C'est là que l'union mystérieuse devient féconde. Du sein d'Hélène s'élance Euphorion, beau comme un dieu, Euphorion, l'enfant promis à d'illustres destins, s'il peut vivre, le fils qui porte en lui avec le sang des dieux que lui a transmis Hélène, la séve ardente des passions modernes[1]. — Mais il ne pourra vivre, il est animé d'une vie trop impétueuse, trop héroïque pour ne pas se briser contre les grossiers obstacles de la réalité qui l'enserre et l'opprime. Il vit avec éclat, mais il ne vit qu'une heure ; son corps charmant se dissipe dans l'air ; il rentre dans l'Hadès, où sa mère veut le suivre. Elle embrasse pour la dernière fois Faust : « Il est brisé le lien de la vie, comme celui de l'amour ! » Elle disparaît en laissant aux mains de Faust son voile sacré. Telle est la vertu du voile magique sous lequel s'est cachée la divine beauté en traversant une

---

1. On voit à quelques traits que le poëte, en traçant le portrait d'Euphorion, avait devant sa pensée l'image et la vie si rapide et si brillante de Byron.

seconde fois la terre, qu'il enlève Faust et le soutient quelque temps dans l'air sur la trace des êtres célestes qu'il a perdus.

Le symbole est transparent, et Goethe cette fois n'a pas gardé pour lui son secret. Il le livre à qui veut l'entendre dans ses lettres et dans ses entretiens. « Dès les premiers actes, disait-il, commencent à résonner les noms de classique et de romantique. On en parle déjà pour que le lecteur soit conduit, comme par une route qui s'élève peu à peu, jusqu'à *Hélène*, où les deux formes de poésie font leur apparition complète et sont amenées à une espèce de réconciliation.... Il est temps que tous ces débats inutiles et passionnés entre les deux écoles finissent.... Or, y a-t-il un point de vue plus haut et plus pur que celui de la poésie antique, à laquelle nous devons d'avoir été délivrés de la *barbarie monastique* vers le seizième siècle? N'apprendrons-nous pas d'elle à estimer de ce haut point de vue toute chose à sa véritable valeur esthétique, l'ancien comme le nouveau? C'est dans cet espoir que je me suis mis à ce poëme d'*Hélène*, sans penser au public ni même à un seul lecteur, persuadé que qui saisit facilement et embrasse l'ensemble avec un peu de patience, s'appropriera facilement les détails.... Qu'*Hélène* obéisse maintenant à ses destins! »

Même dans cette conception originale et qui nous émeut à travers le symbole, Goethe nous laisse quelques regrets. Il est bien de célébrer dans les noces idéales d'Hélène et de Faust l'union de l'art antique et de la poésie moderne; mais c'est mal comprendre les intérêts de cette antiquité classique que de lui donner pour accompagnement, et tout à côté, dans le *sabbat classique*, un chœur de monstres. Déjà Phorkys-Méphistophélès m'inquiète par sa figure de spectre. L'étrange idée de vouloir acclimater la laideur dans le monde de l'art antique, dans la patrie d'Hélène! Mais dans le *sabbat classique*, dont le titre même est composé de deux mots qui hurlent d'être accouplés, quel mauvais génie d'érudition pédantesque inspire à Goethe cette pensée de remplir son œuvre des plus hideuses apparitions? Pourquoi a-t-il voulu écrire sous la triste inspiration des sorcières de Thessalie? « C'est le romantisme de l'antiquité classique. » Je le veux bien; par conséquent c'est une fausse antiquité. Goethe a trop oublié la remarque si juste des Phorkyades : « nées dans la nuit, disent-elles, parentes des ténèbres, presque inconnues à nous-mêmes, aux autres absolument, on ne nous vit jamais reproduites par l'art. » Ces monstres sans forme et presque sans nom qui rampent dans les bas-fonds de la mythologie, il fallait les y laisser. Goethe a eu doublement tort de les tirer de leur ombre infâme et de les produire à la lumière de l'art; il a compromis l'antiquité classique et rendu presque inabordables des parties entières de son poëme : juste châtiment de ce qui, pour un amant de la Grèce et d'Hélène, a été une sorte d'attentat poétique, un sacrilége.

CHAPITRE XV.

LA PHILOSOPHIE DU SECOND FAUST (suite). — LA SCIENCE DANS LA POÉSIE. — GOETHE ET LUCRÈCE. — CONCLUSION.

Le paganisme de Goethe est une vaste allégorie de la nature. Il lui sert à exprimer les aspects multiples de la réalité sensible, à en saisir les formes diverses et mobiles par des expressions allégoriques aussi variées que ces formes elles-mêmes. On a dit que le polythéisme de Goethe était la parure de son panthéisme. Rien de plus juste et de mieux dit. Seulement la parure se surcharge d'une profusion d'ornements d'un goût médiocre; elle écrase l'idée qu'elle devait simplement orner.

L'épisode d'*Homunculus* et *la nuit classique de Walpürgis* n'ont absolument de sens que par ce symbolisme des forces naturelles aspirant successivement à la forme, à la vie, à la perfection relative dont elles sont capables. Homunculus représente cette aspiration de ce qui n'existe qu'en puissance à l'existence pleine et achevée ; Faust, qui se promène en cette singulière compagnie à travers les enchantements et les terreurs de cette magie thessalienne, achève le symbole en cherchant Hélène, et représente l'aspiration de la nature entière vers la forme accomplie, vers la beauté. La pensée première a de la grandeur. On nous permettra de ne pas nous disperser dans des épisodes sans lien apparent, sans rapport visible, et d'indiquer seulement par quelques traits l'organisation complexe et le développement subtil de la conception du poëte : étrange fantaisie qui va des plaines de Pharsale aux bords du Pénée et aux rivages de la mer Égée, à travers une population fabuleuse de monstres et de fantômes, fils de la nuit !

Homunculus, c'est le désir de la vie, le soupir de la nature vers l'existence. Il me semble bien être le cousin-germain du *devenir* de Hegel. Produit équivoque de la science de Wagner, — qui, penché depuis un demi-siècle sur son creuset, espère enfin y trouver la vie dans une combinaison inespérée de substances, — et de l'art de Méphistophélès, qui a voulu donner cette illusion au vieux savant, — Homunculus n'est qu'une misérable forme humaine, captive dans le cristal d'une fiole, petit être phosphorescent, tintant, gesticulant, parlant, sans avoir, à proprement dire, ni corps ni pensée. Dérision de la science humaine, figure apparente, provisoire, pure possibilité d'être dans un commencement de forme, il veut se compléter et se joint à la caravane magique organisée par Méphistophelès, pour aller à la découverte du principe et des sources de la vie. Ces sources sacrées doivent se rencontrer, par un accord mystérieux des lois de la nature, là où l'antique et immortelle beauté est éclose dans tout son éclat, en Grèce ; mais c'est vers la Grèce romantique, en Thessalie, que le poëte nous conduit dans cette nuit même de Walpürgis, dévouée au sabbat. — On peut distinguer dans le *sabbat classique* trois parties, dont chacune représenterait symboliquement une phase dans l'histoire des évolutions plastiques de la nature, un acte dans le grand drame de la création. Dans la première, nous ne rencontrons que des ébauches d'être, jeux gigantesques et bizarres de la puissance créatrice, productions monstrueuses des forces élémentaires sans forme fixe, déterminée, sans proportions harmonieuses, vrais jeux de Titans : fourmis colossales, griffons, arimaspes, sphinx, sirènes. — La seconde partie marque un progrès sensible dans les procédés de l'art et de la nature. Sur les bords du Pénée, ce sont les demi-dieux de l'eau, les nymphes, les centaures et Chiron, le dernier de tous : figures encore indécises et flottantes, bien que se rapprochant déjà des formes achevées et harmonieuses. — Dans la troisième partie, qu'on pourrait appeler la période humaine, le travail de la création est achevé : chacun des dieux mythologiques a son rôle et son emploi. La période de confusion a fait place à la période où l'ordre s'établit, où la loi domine et règle l'anarchie des forces, où tout s'organise et se distribue. En même temps la science s'éveille; c'est bien l'âge de l'homme, puisque c'est l'âge de la pensée scientifique scrutant les phénomènes, interrogeant les conditions de l'existence, écartant les explications fabuleuses, mettant partout les principes naturels à la place des rêves et des fictions. Cette période se symbolise dans les noms de Thalès et d'Anaxagore, qui représentent les deux forces élémentaires, l'eau et le feu, et les théories rivales des neptuniens et des vulcaniens, entre lesquelles aujourd'hui encore se dispute l'empire de la géologie. L'épisode s'achève par la rencontre de Protée (le principe des métamorphoses), qui révèle à Homunculus le grand mystère : « c'est dans la mer que tu dois prendre ton origine! » Protée traduit à sa manière cette idée panthéistique sur le principe et le commencement de la vie que le naturaliste Oken exprimait ainsi : « La lumière éclaire l'eau salée, et l'eau vit. Toute vie vient de la mer, jamais du continent. Toute la mer est vivante. C'est un organisme mouvant qui toujours s'élève et retombe sur lui-même.... L'amour est sorti de l'écume de la mer.... Les premières formes organiques sortirent des endroits mouillés par la mer, là les plantes, là les animaux. L'homme même est un enfant de la mer humide et chaude, là où elle s'attiédit, près de la terre. » La loi de la métamorphose et la vie issue de la mer sous l'action du soleil, voilà les grands axiomes panthéistiques que le poëte proclame comme le dernier résultat, la conquête suprême de la science. La fête de la mer, source sacrée de l'existence, couronne cette bizarre épopée du *sabbat classique*[1].

Plutôt que de nous égarer dans le détail de ces conceptions, détail infini, subtil et souvent enveloppé d'une obscurité désespérante, nous croyons qu'il est plus intéressant d'examiner une question qui s'impose naturellement à nous au terme de cette étude. Presque toutes les grandes œuvres de Goethe portent, bien qu'à un moindre degré que celle-ci, la trace d'un mélange perpétuel et comme d'un essai de fusion entre la science positive et la poésie. Jusqu'à quel point ce mélange est-il légitime? La poésie ne doit-elle pas souffrir cruellement de ce voisinage trop familier de la science? Le grand peintre du monde physique, Alexandre de Humboldt, s'est posé cette question et l'a résolue dans un sens très-net, dans le même sens que Goethe; mais il la résout par une doctrine, tandis que Goethe a tenté de la résoudre par le fait même, — par l'art.

Selon M. de Humboldt, la poésie du dix-neuvième siècle doit se renouveler aux sources de la science. S'appuyant sur une pensée de son illustre frère Guillaume, il soutient que rien n'est plus légitime que cette association, qu'en elles-mêmes et d'après leur nature la poésie, la science, la philoso-

---

1. Le *Faust de Goethe*, par F. Blanchet.

phie, ne sauraient être séparées. « Elles ne font qu'un à cette époque de la civilisation où toutes les facultés de l'homme sont encore confondues, et lorsque, par l'effet d'une disposition vraiment poétique, il se reporte à cette unité première. » Bien qu'il puisse sembler étrange au premier abord de vouloir unir la poésie, qui vit par la forme, par la couleur, par la variété, avec les idées les plus simples, les plus abstraites, qui sont la substance même de la science, il ne faut pas craindre ce mélange. Une telle crainte ne pourrait naître que d'une vue bornée des choses ou d'une sentimentalité molle. Il y a dans les perspectives agrandies de la nature mieux connue une large compensation pour le pouvoir magique et miraculeux qu'on lui retire. Pour nous en tenir à un seul exemple, le sentiment de la grandeur n'est-il pas plus vivement excité en nous par l'intuition de l'infini astronomique que par l'imagination puérile de cette voûte d'azur constellée de clous d'or, qui représentait autrefois pour l'homme le ciel étoilé? La simplicité et la généralité des lois, la variété prodigieuse des combinaisons, des actions et des réactions des phénomènes, la complexité des détails qui s'entre-croisent à l'infini sur la trame vivante de l'univers, n'y a-t-il pas dans ces vues une source d'émotions vives, poétiques, profondément neuves, grandes comme l'infini? — M. de Humboldt réfute avec vivacité la thèse de Burke et de tous ceux qui prétendent avec lui que l'ignorance des choses de la nature est la source unique de l'admiration poétique et du sentiment du sublime. Burke confond, dit-il, l'admiration avec l'étonnement. L'ignorance ne produit que la stupéfaction et la terreur devant l'inconnu des choses : c'est d'une science profonde que naît le sentiment viril de l'admiration intelligente. La science recherche ce qu'il y a de permanent, l'essence fixe des phénomènes, les lois primordiales et génératrices, les relations constantes, les formes stables, les types. Or qu'est-ce que les lois, les types, les formes, sinon les *idées* que la science humaine parvient à extraire de l'observation empirique, et à l'aide desquelles nous dominons la matière brute des faits? La nature bien comprise se résout donc en *idées*. Et que peut-il y avoir de plus beau que la nature vue dans les *idées?* Plus on y apporte une connaissance profonde de son essence, plus la contemplation en est un plaisir, plus ce plaisir est noble, élevé. La vraie magie de la nature, son prestige poétique, c'est sa grandeur et sa simplicité, qui ne se révèlent qu'à la science.

Malgré tout, je ne me rends pas encore. Je reste dans le doute, non pas sur la beauté du spectacle qu'offre à l'esprit la nature contemplée dans les idées, mais sur le légitime emploi des connaissances exactes, positives dans la poésie. Ou plutôt je tiendrais à bien marquer une distinction, qui me paraît essentielle dans la question, entre le sentiment général, l'émotion esthétique qu'excite en nous le spectacle des forces harmonieuses de la nature, et la science analytique, détaillée, des phénomènes et des lois dans leur sèche et nue précision.

Des exemples, que Goethe lui-même me fournit, serviront à préciser cette distinction et à expliquer ma pensée. Prenons *Werther*. Quand je lis les premières pages toutes parfumées de jeunesse et de printemps, avant les souffrances, avant l'amour, et que le poëte me peint Werther rêvant sur la colline, sous les rayons du soleil de midi, plongé dans l'ivresse d'une sensation infinie, adorant cette belle et forte nature, mère et nourrice des choses, qui se colore, qui s'échauffe, qui étincelle autour de lui, écoutant le sourd travail de l'activité universelle d'où sortent les êtres, recueillant les vagues échos de la germination mystérieuse où s'élabore la vie, je jouis délicieusement de cette poétique et vigoureuse peinture, et, par une insensible contagion, l'ivresse du philosophe naturaliste s'insinue au fond de mon âme. De même dans un grand nombre de poésies, pénétrées de l'âme secrète et des forces divines de la nature; de même quand le docteur Faust nous décrit, dans sa méditation sublime, le travail de « la puissance éternellement active et créatrice; » en mille autres endroits encore, j'admire quelle énergie et quelle nouveauté d'accents le poëte emprunte au sentiment scientifique qu'il a de cet infini vivant. Mais dans tout cela qu'y a-t-il? Rien que de grandes et profondes émotions, le sentiment vif du mystère des choses ou de la nature possédée en partie par nos désirs, par nos rêves, par nos anticipations sublimes, en partie par nos expériences et nos idées. Ce n'est pas la science positive avec ses instruments de précision, réduisant en formules la réalité mouvante, et en chiffres le brillant tumulte des faits.

Au contraire, dès que Goethe prétend exposer des doctrines scientifiques et des résultats précis, quels que soient la richesse et la fécondité de son imagination, la magie des couleurs, le prestige des mots qu'il emploie, il est un admirable artiste : et cependant nous restons froids. Lisez ces petits chefs-d'œuvre d'érudition ingénieuse, les poëmes sur *la Métamorphose des plantes* et sur *la Métamorphose des animaux*[1]. Toutes ces descriptions si détaillées nous font l'effet, dans le langage poétique qui les revêt, d'élégantes énigmes. Lisez dans *Wilhelm Meister* la fête des mineurs ; suivez, si vous le pouvez, les longues explications de Montan, et jugez si la métallurgie et la géologie, dans une œuvre d'art, valent un accent du cœur. — Pense-t-on que le roman des *Affinités électives* aurait perdu quelque chose à être moins fidèlement calqué sur une leçon de chimie? Enfin je renvoie mes lecteurs à cette *nuit classique de Walpürgis*, je les engage à écouter le long dialogue entre Anaxagore et Thalès, le débat entre les théories plutonienne et neptunienne, ou bien encore à s'intéresser, s'ils le peuvent, à l'allégorie que joue Seismos, ce personnage dont la desti-

---

1. Voir à l'*Appendice*.

née poétique est de représenter tout un savant système sur le soulèvement des montagnes. — Ils ne pourront relire le second *Faust* sans faire de notables restrictions à la théorie esthétique de M. de Humboldt.

Après cela, devons-nous regretter que Goethe n'ait pas écrit ce poëme de *la Nature* dont il avait conçu le plan dès 1798, et qui fut l'idée fixe de sa vie, son rêve irréalisé? Un poëme sur la nature est-il possible à notre époque? — A la fin du siècle dernier, plusieurs poëtes français l'avaient tenté. Il y eut alors, sous l'influence de la philosophie régnante, comme une floraison de poëmes *de natura rerum*. Lebrun, Fontanes, André Chénier, eurent chacun à son tour l'ambition de doter leur siècle d'un poëme philosophique, où ils devaient raconter l'origine des choses, exposer l'ensemble et les principes des êtres, dévoiler les mystères de la naissance de l'homme et des sociétés, montrer le développement des sciences, des arts et des civilisations à travers la barbarie des origines et les ténèbres de longs siècles accumulés sur le berceau de la race humaine. Il nous est resté de cette éclosion poétique des fragments de Lebrun et de Fontanes, surtout quelques belles et vives esquisses de l'*Hermès* d'André Chénier, quelques vers admirables qui s'étaient produits tout seuls dans la première émotion du sujet, qui s'étaient comme chantés d'avance dans sa pensée; mais André Chénier était plus au courant de la philosophie générale de son époque que des progrès de la science positive. Ce qui survit de son *Hermès* n'est que réminiscences harmonieuses des poëtes anciens ; c'est toujours le laborieux commencement de la vie dans le monde et de l'homme dans ses forêts natales ; c'est l'origine des sociétés attristée par le sombre tableau des superstitions, ou bien ce sont les forces secrètes de la nature poétiquement invoquées, le travail de la terre *nubile et brûlant d'être mère*, ou encore la virilité féconde de Jupiter emplissant *les vastes flancs de sa puissante épouse*. Tout cela n'est pas de la science, c'est la vague ivresse de la nature, une physique poétique, un thème à beaux vers[1].

Goethe aurait-il été plus heureux ? Malgré la supériorité évidente de sa science et de son art, l'étendue de ses ressources d'idées et l'incroyable flexibilité de la langue poétique dont il dispose, je doute qu'il eût réussi dans cette grande entreprise. Des épisodes tels que le *sabbat classique*, qui peuvent être considérés comme des pages détachées du grand poëme projeté, autorisent le doute que j'émets. Au dix-neuvième siècle, avec l'abondance prodigieuse des détails que la science a recueillis et la précision sévère des lois dans lesquelles elle a fixé cette masse confuse de faits, il n'y a guère qu'un poëme possible

---

1. Voir dans les *Portraits littéraires* de M. Sainte-Beuve, l'étude sur André Chénier. On y trouvera les plus curieux détails sur ce mouvement des esprits et cette recrudescence soudaine de poésie encyclopédique et naturaliste à la fin du dix-huitième siècle.

sur la nature. Ce poëme, c'est M. de Humboldt qui a eu la gloire de l'écrire, et il s'appelle *le Cosmos*. — Ne regrettons pas que le rêve de Goethe soit resté un rêve. Il n'a pas enchaîné les détails infinis de la réalité vivante dans les liens d'une œuvre didactique; il a fait mieux : il nous en donne à chaque instant, dans ses poésies variées, le sentiment et la vue d'ensemble; il ouvre devant nos yeux les abîmes muets de l'être et du temps; il se plaît à ressentir le vertige et le frisson du mystère cosmique, qui révèle Dieu aux uns, qui le remplace pour les autres, pour Goethe lui-même.

Ainsi faisait déjà, dix-neuf siècles avant Goethe, un de ses grands prédécesseurs, le maître de l'antiquité tout entière dans la poésie scientifique, Lucrèce, le seul qui ait réalisé cette conception étrange d'une épopée de la nature, imitant et dépassant Empédocle et Parménide, s'emparant d'un titre qui était tombé dans le domaine commun des philosophes, et tirant de là l'occasion d'une œuvre unique, objet d'étonnement autant que d'admiration pour tous les siècles.

Pour qui regarde plus loin qu'à la surface des livres et qui cherche la raison des choses, qu'y a-t-il vraiment d'admirable dans le *de Natura rerum?* Est-ce l'obscure physique des atomes? Est-ce l'exposition du système mécanique de leur mouvement et de leur chute, la théorie du plein et du vide, l'idée du *clinamen*, le système des poids et des contrepoids imaginés pour maintenir l'équilibre des mondes? Est-ce toute cette physique, ou bien serait-ce, par hasard, la bizarre physiologie des sens? Non, assurément, bien que partout abondent des vers admirables d'énergie et de concision, dans lesquels le grand poëte s'efforce de condenser les rêveries doctrinales de l'école, errantes, sans règle et sans appui, au milieu de l'immensité des choses. Non, ce qui fait l'attrait souverain du poëte, cet attrait vainqueur des âges, et bien longtemps après que l'absurde physique des épicuriens est tombée, ce n'est pas cette vaine tentative de science positive : c'est la splendeur même de la poésie à travers le plus aride système; c'est la nouveauté de ce monde en fleur (*novitas florida mundi*); c'est la peinture virile des premiers efforts, des premières douleurs et des luttes de l'humanité naissante contre les forces aveugles et déchaînées; c'est la poésie délirante de l'amour, l'image presque tragique de la volupté, toujours mêlée à l'idée de la destruction, solennisée par l'idée de la mort inévitable et prochaine. Et quelle âme un peu vive ne serait sensible à cette révolte vraiment épique du poëte contre des dieux cruels et jaloux qui écrasent la vie humaine sous le poids des plus avilissantes superstitions et l'enchaînent dans les liens d'une terreur ignominieuse, dans l'attente de la plus triste immortalité, l'immortalité païenne? — Tout cela n'est rien encore au prix du sentiment qui anime le poëme entier, qui en est vraiment l'âme, la beauté, l'inspiration. Ce sentiment n'est pas, comme on devrait s'y attendre de la part d'un épicurien conséquent, celui d'une philosophie purement mécanique qui ne verrait dans l'univers que l'ensemble des phénomènes résultant de la combinaison des atomes et ne reconnaîtrait dans la nature que l'expression abstraite et collective des propriétés de la matière. C'est au contraire le sentiment presque religieux de je ne sais quelle nature toute différente, presque divinisée, que le père de la doctrine, Démocrite, assurément, n'a pas connue. Que signifient sans cela toutes ces considérations du poëte sur l'ordre qui règne dans le monde, sur ces lois, *rationes*, *leges*, *fœdera mundi*, qui soutiennent l'organisme général et en règlent l'harmonie? Et ces belles peintures de la faculté créatrice de la terre, de ses opérations génésiaques, de sa fécondité engendrant la vie dans un grand effort qui l'épuise, de ses soins maternels pour l'homme naissant? Et ces allusions fréquentes à une certaine puissance universelle, active et créatrice que l'on ne peut nommer, dont on ne peut soulever les voiles sans qu'un frisson sacré vous avertisse d'un mystère presque divin (*divina voluptas.... atque horror*)? Tout cela ne montre-t-il point assez clairement que le poëte, en dépit de son système, croit à quelque chose de plus qu'aux atomes et au vide, et que sa pensée inquiète s'élance par delà les limites que lui assigne la philosophie d'Épicure? Avons-nous enfin besoin de rappeler cet hymne célèbre à Vénus, le symbole de la nature éternellement jeune et vivante : « C'est toi, ô Vénus, qui répands la fécondité et la joie sur la terre et sur les mers ; c'est par toi que les animaux de toute espèce reçoivent avec la vie la clarté du soleil; tu parais et l'Océan prend une face riante ; tu parais et le ciel fait briller sa lumière sereine dans ses profondeurs calmées. » Dans tous ces poétiques élans, je reconnais la même note, le même accent d'enthousiasme que nous retrouvons dans le seul fragment qui nous soit parvenu du poëme de Goethe, sur la *Nature*. « Elle crée éternellement des formes nouvelles..., elle a jeté sa malédiction sur le repos ; elle tire les créatures du néant et elle est muette sur leur principe et sur leur fin; elle s'avance ainsi par des sentiers dont elle seule connaît l'issue.... Son théâtre est toujours nouveau, parce qu'elle renouvelle souvent les spectateurs; la vie est sa plus belle conception, et la mort, l'artifice qu'elle emploie pour renouveler la vie. »

Et lorsque Lucrèce, célèbre d'un ton inspiré les consolations éphémères que Vénus apporte à nos misères, ne croirait-on pas entendre Goethe célébrant, lui aussi, les bienfaits de cette mère indulgente, la nature? — « Sa couronne est l'amour; par l'amour, elle isole les êtres pour les rapprocher.... Par quelques gouttes puisées à la coupe de l'amour, elle récompense et console une existence pleine de soucis. »

Ainsi se rapprochent à travers les siècles, par des sympathies secrètes d'âme et de génie, par une communauté d'inspiration générale, malgré la diversité des philosophies et des civilisations, ces deux poëtes, Goethe et Lucrèce. Il ne faut pas s'en étonner. Lucrèce échappe à son système par l'enthousiasme qu'il ressent à l'approche du mystère des choses; il y échappe par les tristesses mêmes et la hautaine mélancolie de son âme. Tout cela est de la poésie, et le matérialisme pur est par excellence une doctrine antipoétique, la négation même de la poésie. C'est là ce qui nous explique les affinités secrètes de Goethe, bien qu'il soit panthéiste déclaré, avec un poëte épicurien comme Lucrèce ; la même raison nous aide à comprendre ses affinités avouées avec le chef des encyclopédistes, Diderot. C'est que toutes les doctrines matérialistes subissent dans les intelligences enthousiastes une véritable transformation. Lucrèce et Diderot, matérialistes dans le dessein général de leur doctrine, en réalité cessent de l'être quand ils la développent avec toute leur chaleur d'imagination. Chez eux, la conception de la nature ne tarde pas à sortir du pur mécanisme. Ils oublient les sévères engagements qu'ils ont pris d'expliquer tout par les résultats de propriétés innées à la matière et de combinaisons nécessaires. A un certain moment, on les surprend à célébrer la puissance universelle, la puissance vive, éternellement féconde, le principe actif qui élabore sans trêve la substance du monde, l'instinct artiste qui dispose les types et les formes, je ne sais quelle âme plastique de l'univers, ouvrière industrieuse, travaillant pour réaliser un modèle qu'elle ne voit pas, se dirigeant par des chemins inconnus vers un but qu'elle ignore; une pensée enfin qui se cherche et se démêle à travers la confusion et les ténèbres de la matière.

C'est là que les attend le panthéisme, c'est là qu'ils se rencontrent avec Goethe. C'est qu'en effet le naturalisme peut prendre divers caractères et divers aspects. Il s'élève ou s'abaisse selon les tendances et les dispositions de chaque esprit, selon le *climat intérieur* de chaque âme. Quand il se produit dans une intelligence froide, positive, uniquement réglée par la raison mathématique, il y a bien des chances pour que le naturalisme devienne le mécanisme absolu, le matérialisme pur et simple. Quand il se manifeste dans un esprit poétique, c'est presque infailliblement le panthéisme qui à la fin éclate. Avec un degré d'enthousiasme de plus ou de moins, on rend compte de ces diversités dans la manifestation d'une seule et même idée, celle qui prétend expliquer le monde sans dieu. La doctrine philosophique semble séparer par un abîme Goethe et Lucrèce, l'un qui reconnaît pour maître Spinoza, l'autre Épicure; en réalité, la force, la grandeur, la vivacité de leur imagination les rapprochent. — D'une part, Lucrèce anime et personnifie par l'ardeur de son âme cette froide mécanique des atomes et la transforme en une puissance mystérieuse de vie et de fécondité qu'il célèbre, sous le nom de Vénus, avec une sorte d'enthousiasme religieux. — D'autre part, Goethe est trop profondément pénétré du sentiment de la réalité, pour se tenir rigoureusement aux formules géométriques du panthéisme de Spinoza ; il les colore, il les échauffe de tous les feux de son génie, et l'on voit se rencontrer ainsi, partis de deux points opposés, le mécanisme épicurien et le spinozisme abstrait, réconciliés par la poésie dans l'adoration de la grande nature, source unique de la vie, seule réalité, seul Dieu.

Dans le fait il n'y a pas une si grande différence qu'on se l'imagine entre toutes ces théories de la nature substituée à Dieu. La seule différence radicale en philosophie paraît être celle-ci : Admet-on que la nature soit, dans sa substance et dans sa forme, l'expression de la pensée divine, et que la pensée divine soit distincte en tant que cause de la série de ses effets? — Admet-on, au contraire, que le monde porte en soi le principe de son existence, la raison de ses effets, et qu'il soit inutile de recourir à un principe transcendant? Tout est là. Dans le premier cas, on se rattache à la doctrine métaphysique qui commence avec une claire conscience d'elle-même au Νοῦς d'Anaxagore, tradition non interrompue jusqu'à nous et fortifiée par son alliance, sur les points principaux, avec la grande métaphysique du christianisme. Dans la seconde hypothèse, on appartient à ce naturalisme qui, sous les formes les plus variées, depuis Thalès jusqu'à Goethe, traverse les âges et entraîne dans son cours plusieurs des plus belles intelligences de chaque génération, détachées du spiritualisme par mille influences diverses d'hostilité religieuse ou scientifique.

(Ce naturalisme semble être la grande tentation de la science et de la poésie contemporaines. A ce double titre de savant et de poëte, Goethe représente assez bien les aspirations mêlées et l'éclectisme confus d'un temps comme le nôtre, où l'on prétend concilier une morale active, la doctrine même du progrès, avec un panthéisme qui la rend impossible en droit, sinon en fait, et qui logiquement la détruit. C'est à ce point de vue qu'il nous a paru qu'une étude d'ensemble sur la philosophie de Goethe pouvait avoir son intérêt, moins encore par l'originalité des arguments qu'elle apporte ou des idées qu'elle produit que par sa ressemblance avec l'esprit de notre époque.) Nous avons vu naître cette philosophie ; nous l'avons suivie dans ses développements et ses transformations sous des influences variées ; nous l'avons vue, par une hardiesse éclectique qui va jusqu'à la contradiction, absorber dans son sein les éléments les plus disparates, fidèle à elle-même uniquement sur un point, mais capital, sur la question du principe et des origines des choses. En étudiant un homme, c'est tout un siècle que nous avions devant les yeux. Nous pensons avoir mis en lumière les singularités et les incertitudes de ce naturalisme qui tente mille fuites et mille détours pour échapper à la loi de son essence. Il nous a suffi, chemin faisant, d'indiquer ces inconséquences, sans nous arrêter longuement à les combattre. Et si quelques-uns de nos lecteurs nous ont trouvé trop indulgent pour Goethe lui-même, en dépit de la métaphysique, qui le condamne, en dépit de la logique, qui ne souffre pas ces réserves et ces partages, nous porterons légèrement ce reproche. Avons-nous besoin de nous excuser d'avoir été sympathique et respectueux devant cette universalité du génie, qui a tenté, par l'art comme par la science, de s'égaler à l'universalité des choses, et qui, s'il a échoué, a laissé du moins dans les ruines mêmes de son effort et sur chaque fragment de sa pensée la marque de la grandeur?

APPENDICE.

EXTRAITS
ET
FRAGMENTS PHILOSOPHIQUES
DES ŒUVRES DE GOETHE.

Nous avons pensé qu'il serait intéressant pour nos lecteurs de réunir sous eurs yeux quelques extraits qui peuvent servir à mettre en lumière la pensée philosophique de Goethe. Ces fragments, dispersés dans les œuvres complètes, n'ont jamais été réunis en France dans la même publication. Nous. croyons qu'on nous saura gré de présenter ainsi, à titre de pièces justificatives, quelques belles pages empruntées au savant et au poëte, qui mettront nos lecteurs à même de décider si notre exposition a été fidèle.

FRAGMENTS DES ŒUVRES D'HISTOIRE NATURELLE.

DE L'EXPÉRIENCE CONSIDÉRÉE COMME MÉDIATRICE ENTRE L'OBJET ET LE SUJET.

(1793.)

L'homme dès qu'il aperçoit les objets qui l'entourent les considère de prime abord dans leurs rapports avec lui-même, et il a raison d'en agir ainsi; car toute sa destinée dépend du plaisir ou du déplaisir qu'ils lui causent, de l'attraction ou de la répulsion qu'ils exercent sur lui, de leur utilité ou de leurs dangers à son égard. Cette manière si naturelle d'envisager et d'apprécier les choses paraît aussi facile que nécessaire, et cependant elle expose l'homme à mille erreurs qui l'humilient, et remplissent sa vie d'amertume.

Celui qui, mû par un instinct puissant, veut connaître les objets en eux-mêmes et dans leurs rapports réciproques, entreprend une tâche encore plus difficile; car le terme de comparaison qu'il avait en considérant les objets par rapport à lui-même, lui manquera bientôt. Il n'a plus la pierre de touche du plaisir ou du déplaisir, de l'attraction ou de la répulsion, de l'utilité ou de l'inconvénient; ce sont des critères qui lui manquent désormais complétement. Impassible, élevé pour ainsi dire au-dessus de l'humanité, il doit s'efforcer de connaître ce qui est, et non ce qui lui convient. Le véritable botaniste ne sera touché ni de la beauté, ni de l'utilité des plantes, il examinera leurs structures et leurs rapports avec le reste du règne végétal. Semblable au soleil qui les éclaire et les fait germer, il doit les contempler toutes d'un œil impartial, les embrasser dans leur ensemble, et prendre ses termes de comparaison, les données de son jugement, non pas en lui-même, mais dans le cercle des choses qu'il observe.

. . . .
. . . .

Appliquer cette sagacité à l'examen des phénomènes mystérieux de la nature, faire attention à chacun des pas qu'il fait dans un monde où il se trouve pour ainsi dire abandonné à lui-même, se tenir en garde contre toute précipitation, ne pas perdre de vue le but qu'il veut atteindre, sans toutefois laisser passer inaperçue aucune circonstance favorable ou défavorable, s'observer incessamment lui-même parce qu'il n'a personne pour contrôler ses actions et se tenir constamment en garde contre ses propres résultats : telles sont les conditions que doit réunir un observateur accompli, et l'on voit combien il est difficile de les remplir soi-même ou de les exiger des autres. Toutefois, ces difficultés, ou pour parler plus exactement, cette impossibilité supposée, ne doivent pas nous empêcher de faire tous nos efforts pour aller aussi loin que nous pourrons. Nous nous rappellerons par quels moyens les hommes d'élite ont agrandi le champ des sciences ; nous éviterons les voies trompeuses dans lesquelles ils se sont égarés, en entraînant à leur suite, pendant plusieurs siècles souvent, un nombre immense d'imitateurs, jusqu'à ce que des expériences subséquentes aient ramené les observateurs dans la bonne route.

Personne ne sera tenté de nier que l'expérience n'exerce et ne doive exercer la plus grande influence dans tout ce que l'homme entreprend, et en particulier dans l'histoire naturelle, dont il est ici question d'une manière plus spéciale; de même on ne saurait refuser à l'intelligence qui saisit, compare, coordonne et perfectionne l'expérience, une force indépendante et créatrice, en quelque sorte. Mais quelle est la meilleure méthode d'expérimentation? Comment utiliser ces essais, et augmenter nos forces en les employant? Voilà, ce qui est et doit être presque universellement ignoré.

Du moment où l'attention d'un homme doué de sens sains et pénétrants est attirée sur certains objets, dès lors il est porté à observer, et propre à le faire avec succès. C'est une remarque que j'ai été souvent à même de constater depuis que je m'occupe avec ardeur de la lumière et des couleurs. J'ai l'habitude, comme c'est l'ordinaire, de m'entretenir du sujet qui me captive dans le moment avec des personnes étrangères à cette science. Dès que leur attention est éveillée, elles aperçoivent des phénomènes qui m'étaient inconnus, et que j'avais laissé passer inaperçus, réforment ainsi des convictions prématurées, et me mettent à même d'avancer plus rapidement et de sortir du cercle étroit dans lequel des recherches pénibles nous retiennent souvent emprisonnés.

Ce qui est vrai de la plupart des entreprises humaines l'est aussi de celle-ci : les efforts de plusieurs, dirigés vers le même but, peuvent seuls amener de grands résultats. Il est évident que la jalousie, qui nous porte à enlever aux autres l'honneur d'une découverte, ainsi que le désir immodéré de conduire à bien et de perfectionner seuls, sans secours étrangers, une découverte que nous avons faite, sont de grandes entraves que l'observateur s'impose à lui-même.

Je me suis trop bien trouvé de la méthode qui consiste à travailler avec plusieurs collaborateurs, pour vouloir y renoncer. Je sais au juste à qui je suis redevable de telle ou telle découverte, et ce sera un plaisir pour moi de le faire connaître dans la suite.

Si des hommes ordinaires, mais attentifs, peuvent rendre de si grands services, que n'est-on pas en droit d'attendre de la réunion de plusieurs hommes instruits? C'est le temps, et non pas les hommes, qui fait les plus belles découvertes; et les grandes choses ont été accomplies à la même époque par deux ou plusieurs penseurs à la fois. Si nous avons d'immenses obligations à la société et à nos amis, nous devons encore plus au monde et au temps, et nous ne saurions assez reconnaître combien les secours, les avertissements, les communications réciproques et la contradiction, sont nécessaires pour nous maintenir et faire avancer dans la bonne voie.

Dans les sciences il faut tenir une conduite contraire à celle des artistes. Ceux-ci ont raison de ne pas laisser voir leurs ouvrages avant qu'ils ne soient terminés; ils pourraient difficilement mettre à profit les conseils qui leur seraient donnés, ou s'aider des secours qui leur seraient offerts. L'œuvre terminée ils doivent prendre à cœur le blâme et l'éloge, en méditer les causes pour les combiner avec leurs observations personnelles, et se préparer, se former avant d'aborder une œuvre nouvelle. Dans les sciences, au contraire, il est utile de communiquer au public une idée naissante, une expérience nouvelle à mesure qu'on les rencontre, et de n'élever l'édifice scientifique que lorsque le plan et les matériaux ont été universellement connus, appréciés et jugés.

Répéter à dessein les observations faites avant nous, ou que d'autres font simultanément, reproduire des phénomènes engendrés artificiellement ou par hasard, c'est faire ce qu'on appelle une expérience.

Le mérite d'une expérience simple ou compliquée, c'est de pouvoir être répétée chaque fois qu'on réunira les conditions essentielles au moyen d'un appareil connu, manié suivant certaines règles, avec l'habileté nécessaire. On a raison d'admirer l'esprit humain en considérant quelles sont les combinaisons qu'il a fallu pour atteindre ce résultat, quelles machines ont été imaginées et sont encore inventées tous les jours dans le but de prouver une vérité.

Quelle que soit la valeur d'une expérience isolée, elle n'acquiert toute son importance que lorsqu'elle est réunie et rattachée à d'autres essais. Mais pour lier deux expériences entre elles il faut une attention et une rigueur que peu d'observateurs savent s'imposer. Deux phénomènes peuvent présenter de la ressemblance sans être aussi analogues qu'ils le paraissent. Deux expériences semblent être, au premier abord, la conséquence l'une de l'autre, et il se trouve qu'une longue série de faits intermédiaires suffit à peine pour les rattacher l'une à l'autre.

On ne saurait donc se tenir assez en garde contre

les conséquences prématurées que l'on tire si souvent des expériences; car c'est en passant de l'observation au jugement, de la connaissance d'un fait à son application, que l'homme se trouve à l'entrée d'un défilé où l'attendent tous ses ennemis intérieurs, l'imagination, l'impatience, la précipitation, l'amour-propre, l'entêtement, la forme des idées, les opinions préconçues, la paresse, la légèreté, l'amour du changement, et mille autres encore dont les noms m'échappent. Ils sont tous là placés en embuscade et surprennent également l'homme de la vie pratique et l'observateur calme et tranquille qui semble à l'abri de toute passion.

Pour faire sentir l'imminence du danger, et fixer l'attention du lecteur, je ne craindrai pas de hasarder un paradoxe, et de soutenir qu'une expérience, ou même plusieurs expériences mises en rapport, ne prouvent absolument rien, et qu'il est on ne peut plus dangereux de vouloir confirmer par l'observation immédiate une proposition quelconque. Il y a plus : l'ignorance des inconvénients et l'insuffisance de cette méthode a été la cause des plus grandes erreurs. Je vais m'expliquer plus clairement, afin de me laver de tout soupçon d'avoir voulu seulement viser à l'originalité.

L'observation que vous faites, l'expérience qui la confirme, ne sont pour vous qu'une notion isolée. En reproduisant plusieurs fois cette notion isolée, vous la transformez en certitude. Deux observations sur le même sujet arrivent à votre connaissance; elles peuvent être étroitement unies entre elles, mais le paraître encore plus qu'elles ne le sont réellement. On est ordinairement porté à juger leur connexion plus intime qu'elle ne l'est en effet. Cette disposition est conforme à la nature de l'homme; l'histoire de l'esprit humain en fournit des exemples par milliers, et je sais par expérience que souvent j'ai commis des fautes de ce genre.

Ce défaut a beaucoup de rapport avec un autre, dont il est le produit. L'homme se complaît dans la représentation d'une chose plus que dans la chose elle-même; ou, pour parler plus exactement, l'homme ne se complaît dans une chose, qu'en tant qu'il se la représente, qu'elle cadre avec sa manière de voir; mais il a beau élever son idée au-dessus de celles du vulgaire, il a beau l'épurer, elle n'est jamais qu'un essai infructueux pour établir entre plusieurs objets des relations saisissables, il est vrai, mais qui, à proprement parler, n'existent pas entre eux. De là cette tendance aux hypothèses, aux théories, aux terminologies, aux systèmes, que nous ne saurions blâmer, puisqu'elle est une conséquence nécessaire de notre organisation.

S'il est vrai que, d'une part, une observation, une expérience, doivent toujours être considérées comme isolées, et que, d'autre part, l'esprit humain tend à rapprocher avec une force irrésistible tous les faits extérieurs qui arrivent à sa connaissance, on comprendra aisément le danger qu'il peut y avoir à lier une expérience isolée avec une idée arrêtée, et à vouloir établir par des expériences isolées un rapport qui, loin d'être purement matériel, est le produit anticipé de la force créatrice de l'intelligence. Des travaux de cette nature engendrent le plus souvent des théories et des systèmes qui font le plus grand honneur à la sagacité de leurs auteurs. Adoptées avec enthousiasme, leur règne se prolonge souvent trop longtemps, et elles arrêtent ou entravent les progrès de l'esprit humain, qu'elles eussent favorisés sous d'autres rapports.

. . . .
. . . .

J'ai montré quel péril il y avait à donner les conclusions immédiates d'une expérience comme la démonstration d'une hypothèse ; j'ai montré au contraire combien il était utile de recourir aux conclusions médiates. J'insisterai sur ce point. Tout phénomène dans la nature vivante est lié à l'ensemble, et, quoique nos observations nous semblent isolées, quoique les expériences ne soient pour nous que des faits individuels, il n'en résulte pas qu'elles le soient réellement; il s'agit seulement de savoir comment nous trouverons le lien qui unit ces phénomènes entre eux.

Nous avons vu plus haut que les premiers qui tombent dans l'erreur sont ceux qui cherchent à faire cadrer immédiatement un fait individuel avec leurs opinions ou leur manière de voir. Nous trouverons au contraire que ceux qui savent étudier une observation, une expérience, sous tous les points de vue, la poursuivre dans toutes ses modifications et la retourner dans tous les sens, arrivent aux résultats les plus féconds.

Tout dans la nature, mais principalement les forces et les éléments généraux sont soumis à une action et à une réaction continuelles. L'on peut dire d'un phénomène quelconque qu'il est en rapport avec une foule d'autres, semblable à un point lumineux et libre dans l'espace, qui rayonne dans tous les sens. Ainsi donc, l'expérience une fois faite, l'observation consignée, nous ne saurions nous enquérir avec trop de soin de ce qui se trouve en contact *immédiat* avec elle, de ce qui en résulte *prochainement*; cela est plus important que de savoir quels sont les faits analogues. Il est donc du devoir de tout naturaliste de *varier les expériences isolées.* C'est le contraire de ce que fait un écrivain qui veut intéresser. Celui-ci ennuiera son lecteur s'il ne lui donne rien à deviner, celui-là doit travailler sans relâche comme s'il voulait ne rien laisser à faire à ses successeurs. La disproportion de notre intelligence avec la nature des choses, l'avertira assez tôt que nul homme n'a la capacité d'en finir avec un sujet quel qu'il soit. Dans les deux premiers chapitres de mon *Optique*, j'ai tâché de former une série d'expériences congénères, qui se touchent immédiatement, et qui, lorsqu'on les considère dans leur ensemble, ne forment, à proprement parler, qu'une seule expérience, et ne sont qu'une seule observation présentée sous mille points de vue différents.

Une observation, qui en renferme ainsi plusieurs, est évidemment d'un *ordre plus relevé*. Elle est l'analogue de la formule algébrique qui représente des milliers de calculs arithmétiques isolés. Arriver à ces expériences d'un ordre relevé, telle est la haute mission de l'expérimentateur, et l'exemple des hommes les plus remarquables dans les sciences est là pour le prouver.

. . . .
. . . .

Les *éléments* de ces observations d'un ordre plus relevé consistent en un grand nombre d'expériences isolées que chacun peut examiner et juger, pour s'assurer ainsi que la formule générale est bien l'expression de tous les cas individuels ; car ici on ne saurait procéder arbitrairement.

Dans l'autre méthode, au contraire, qui consiste à soutenir son opinion par des *expériences isolées*, qu'on transforme en *arguments*, on ne fait le plus souvent que *surprendre* un jugement, sans amener la conviction. Mais, si vous avez réuni une masse de ces observations d'un ordre supérieur dont nous avons déjà parlé, alors on aura beau les attaquer par le raisonnement, l'imagination, la plaisanterie, on ne fera qu'affermir l'édifice loin de l'ébranler. Ce premier travail ne saurait être accompli avec assez de scrupule, de soin, de rigueur, de pédantisme même ; car il doit servir au temps présent et à la postérité. On coordonnera ces matériaux en série, sans les disposer d'une manière systématique ; chacun alors peut les grouper à sa manière pour en former un tout plus ou moins abordable et facile à l'intelligence. En procédant ainsi, on séparera ce qui doit être séparé, et l'on accroîtra plus vite et plus fructueusement le trésor de nos observations, que s'il fallait laisser de côté les expériences subséquentes, comme on néglige des pierres apportées auprès d'une construction achevée et dont l'architecte ne saurait faire usage.

L'assentiment des hommes les plus distingués et leur exemple me font espérer que je suis dans la bonne voie ; je souhaite aussi que mes amis, qui me demandent parfois quel but je me propose dans mes expériences sur l'optique, soient satisfaits de cette déclaration.

Mon intention est de rassembler toutes les observations faites dans cette science, de répéter et de varier autant que possible toutes les expériences, de les rendre assez faciles pour qu'elles soient à la portée du plus grand nombre ; puis, de formuler des propositions qui résumeront les observations du second degré et de les rattacher enfin à quelque principe général. Si parfois l'esprit ou l'imagination toujours prompts et impatients, me font devancer l'observation, alors la méthode elle-même m'indique dans quelle direction se trouve le point auquel je dois les ramener.

BUT DE L'AUTEUR.

(1807.)

L'homme qui veut étudier les êtres en général, et ceux en particulier qui sont organisés, dans l'intention de déterminer leurs rapports et les lois de leurs actions réciproques, est presque toujours tenté de croire que c'est par l'analyse de leurs parties qu'il atteindra ce but. Et en effet l'analyse peut nous mener fort loin. Il est inutile de rappeler ici tous les services que l'anatomie et la chimie ont rendus à la science et combien elles ont contribué à faire comprendre la nature dans son ensemble et dans ses détails.

Mais ces travaux analytiques, toujours continués, ont aussi leurs inconvénients. On sépare les êtres vivants en éléments, mais on ne peut les reconstruire ni les animer ; ceci est vrai de beaucoup de corps inorganiques, et à plus forte raison des corps organisés.

Aussi les savants ont-ils senti de tout temps le besoin de considérer les végétaux et les animaux comme des organismes vivants, d'embrasser l'ensemble de leurs parties extérieures qui sont visibles et tangibles, pour en déduire leur structure intérieure, et dominer pour ainsi dire tout par l'intuition. Il est inutile de faire voir en détail combien cette tendance scientifique est en harmonie avec l'instinct artistique et le talent d'imitation.

L'histoire de l'art, du savoir et de la science, nous a conservé plus d'un essai entrepris pour fonder et perfectionner cette doctrine que j'appellerai *Morphologie*. Nous verrons dans la partie historique sous combien de formes diverses ces essais ont été tentés.

L'Allemand, pour exprimer l'ensemble d'un être existant, se sert du mot *forme* (*Gestalt*). En employant ce mot, il fait abstraction de la mobilité des parties, il admet que le tout qui résulte de l'assemblage de celles qui se conviennent, porte un caractère invariable et absolu.

Mais si nous examinons toutes les formes, et en particulier les formes organiques, nous trouvons bientôt qu'il n'y a rien de fixe, d'immobile, ni d'absolu, mais que toutes sont entraînées par un mouvement continuel ; voilà pourquoi notre langue a le mot *formation* (*Bildung*), qui se dit aussi bien de ce qui a été déjà produit que de ce qui le sera par la suite.

Ainsi donc, si nous voulons créer une *Morphologie*, nous ne devons point parler de *forme*, et si nous employons ce mot, il ne sera pour nous que le représentant d'une notion, d'une idée ou d'un phénomène réalisé et existant seulement pour le moment.

Ce qui vient d'être formé se transforme à l'instant, et pour avoir une idée vivante et vraie de la nature nous devons la considérer comme toujours mobile et changeante, en prenant pour exemple la manière dont elle procède avec nous-mêmes.

Si à l'aide d'un scalpel nous séparons un corps en ses différentes parties, et celles-ci de nouveau en leurs parties composantes, nous arrivons enfin aux éléments qu'on a désignés sous le nom de parties similaires. Ce n'est pas de celles-ci qu'il sera question ici ; nous voulons au contraire attirer l'attention sur une loi plus élevée de l'organisation que nous formulons de la manière suivante :

Tout être vivant n'est pas une unité, mais une pluralité ; même alors qu'il nous apparaît sous la forme d'un individu, il est une réunion d'êtres vivants et existants par eux-mêmes, identiques au fond, mais qui peuvent en apparence être identiques ou semblables, différentes ou dissemblables. Tantôt ces êtres sont réunis dès l'origine, tantôt ils se rencontrent et se réunissent ; ils se séparent, se recherchent et déterminent ainsi une reproduction à la fois infinie et variée.

Plus l'être est imparfait, plus les parties sont semblables et reproduisent l'image de l'ensemble. Plus l'être devient parfait et plus les parties sont dissemblables. Dans le premier cas, le tout ressemble à la partie ; dans le second, c'est l'inverse ; plus les parties sont semblables, moins elles se subordonnent les unes aux autres : la subordination des organes indique une créature d'un ordre élevé.

Comme les maximes générales ont toujours quelque chose d'obscur pour celui qui ne sait pas les expliquer à l'instant même en les appuyant par des exemples, nous allons en donner quelques-uns, car tout notre travail ne roule que sur le développement de ces idées et de quelques autres encore.

Qu'une herbe et même un arbre qui se présentent à nous comme des individus, soient composés de parties semblables entre elles et au tout, c'est ce que personne ne sera tenté de nier. Que de plantes peuvent se propager par boutures ! Le bourgeon de la dernière variété d'un arbre à fruit pousse un rameau qui porte un certain nombre de bourgeons identiques ; la propagation par graine se fait de la même manière ; elle est le développement d'un nombre infini d'individus semblables, sortis du sein de la même plante.

On voit que le mystère de la propagation par semence est déjà contenu dans cette formule. Et, si on réfléchit, si on observe bien, on reconnaîtra que la graine elle-même, qui, au premier abord, nous semble une unité indivisible, n'est en réalité qu'un assemblage d'êtres semblables et identiques. On regarde ordinairement la fève comme propre à donner une idée juste de la germination ; prenez-la avant qu'elle ait germé, lorsqu'elle est encore entourée de son périsperme, vous trouverez, après l'avoir dépouillée de cette enveloppe, d'abord deux cotylédons que l'on compare à tort au placenta ; car ce sont de véritables feuilles, tuméfiées, il est vrai, remplies de fécule, mais qui verdissent à l'air ; puis on observe la plumule qui se compose elle-même de deux feuilles développées et susceptibles de se développer encore ; si vous réfléchissez que derrière chaque pétiole il existe un bourgeon, sinon en réalité du moins en possibilité, alors vous reconnaîtrez dans la graine qui vous paraît simple au premier abord, une réunion d'individualités que l'idée suppose identiques et dont l'observation démontre l'analogie.

Ce qui est identique, selon l'esprit, est aux yeux de l'observation quelquefois identique, d'autres fois semblable, souvent enfin tout à fait différent et dissemblable ; c'est en cela que consiste la vie accidentée de la nature telle que nous voulons la présenter dans ce livre.

Citons encore un exemple pris dans le dernier degré de l'échelle animale. Il est des infusoires qui présentent une forme très-simple, lorsque nous les voyons nager dans l'eau ; dès que celle-ci les laisse à sec, ils crèvent et se résolvent en une multitude de petits granules ; cette résolution est probablement un phénomène naturel qui aurait lieu tout aussi bien dans l'eau et qui indique une multiplication indéfinie. J'en ai dit assez sur ce sujet pour le moment, puisque ce point de vue doit se reproduire dans tout le cours de cet ouvrage.

Lorsqu'on observe des plantes et des animaux inférieurs, on peut à peine les distinguer. Un point vital immobile ou doué de mouvements souvent à peine sensibles, voilà tout ce que nous apercevons. Je n'oserais affirmer que ce point peut devenir l'un ou l'autre suivant les circonstances, plante sous l'influence de la lumière, animal sous l'influence de l'obscurité, quoique l'observation et l'analogie semblent l'indiquer. Mais ce qu'on peut dire, c'est que les êtres issus de ce principe intermédiaire entre les deux règnes, se perfectionnent suivant deux directions contraires : la plante devient un arbre durable et résistant, l'animal s'élève dans l'homme au plus haut point de liberté et de mobilité.

La germination et la prolification sont deux modes

principaux de l'organisme qu'on peut déduire de la coexistence de plusieurs êtres identiques et semblables dont ces deux modes ne sont que l'expression ; nous les poursuivrons à travers tout le règne organisé, et ils nous serviront à classer et à caractériser plus d'un phénomène.

La considération du type végétal nous amène à lui reconnaître une extrémité supérieure et une extrémité inférieure ; la racine est en bas, elle se dirige vers la terre, car elle est du domaine de l'obscurité et de l'humidité ; la tige s'élève en sens inverse vers le ciel, cherchant la lumière et l'air.

La considération de cette structure merveilleuse et de son développement, nous conduit à reconnaître un autre principe fondamental. C'est que la vie ne saurait agir à la surface et y manifester sa force productrice.

La force vitale a besoin d'une enveloppe qui la protége contre l'action trop énergique des éléments extérieurs, de l'air, de l'eau, de la lumière, afin qu'elle puisse accomplir une tâche déterminée. Que cette enveloppe se montre sous la forme d'une écorce, d'une peau, d'une coquille, peu importe, tout ce qui a vie, tout ce qui agit comme doué de vie, est muni d'une enveloppe ; aussi la surface extérieure appartient-elle de bonne heure à la mort, à la destruction. L'écorce des arbres, la peau des insectes, les poils et les plumes des oiseaux, l'épiderme de l'homme, sont des téguments qui se mortifient, se séparent, se détruisent sans cesse ; mais derrière eux se forment d'autres enveloppes sous lesquelles la vie, siégeant à une profondeur variable, tisse sa trame merveilleuse.

(*OEuvres d'histoire naturelle de Goethe*, trad. Ch. Martins.)

MÉTAMORPHOSE DES PLANTES.

INTRODUCTION.

1

Tout observateur qui examinera avec quelque attention le développement des végétaux, reconnaîtra facilement que quelques-unes de leurs parties extérieures se transforment et prennent tantôt partiellement, tantôt entièrement l'aspect des parties voisines.

2

C'est ainsi, par exemple, que la fleur simple devient double, lorsqu'à la place des étamines et des pistils on voit apparaître des feuilles florales, entièrement semblables par la forme et la couleur aux pétales de la corolle, ou portant encore des traces de leur origine.

3

Si nous remarquons que la plante peut, en quelque sorte, faire un pas en arrière, et que l'ordre habituel du développement s'y trouve comme interverti, nous prêterons plus d'attention à la marche régulière de la nature, nous apprendrons à connaître les lois des transformations au moyen desquelles elle sait produire les formes les plus différentes, en modifiant un seul et même organe.

4

L'affinité interne de plusieurs organes extérieurs

des plantes, comme les feuilles, le calice, la corolle, les étamines, la manière dont ces parties naissent les unes auprès des autres, ou plutôt les unes des autres, sont des faits connus depuis longtemps par les naturalistes et que plusieurs d'entre eux ont étudiés avec soin; on a nommé métamorphose des plantes, le phénomène par lequel un seul et même organe se présente ainsi à nous si diversement modifié.

5

Cette métamorphose s'accomplit de trois manières; elle est normale, anormale ou accidentelle.

6

La métamorphose normale peut aussi être nommée ascendante ou progressive. Elle s'accomplit par une suite de développements progressifs depuis les premières feuilles séminales jusqu'à la complète maturité du fruit; elle s'élève d'une forme à une autre, comme sur une échelle idéale, jusqu'à l'état le plus parfait que veuille atteindre la nature, la propagation par les deux sexes; c'est cette métamorphose que j'observe attentivement depuis plusieurs années, et que je me propose de faire connaître dans cet essai. Je prendrai particulièrement pour objet de mes démonstrations les végétaux annuels, en les suivant dans leurs évolutions successives depuis la germination jusqu'à la reproduction.

7

La métamorphose anormale peut aussi être appelée descendante ou régressive. Tout à l'heure nous suivions la nature dans son rapide mouvement vers l'accomplissement du but; nous la voyons maintenant redescendre de quelques degrés. Tout à l'heure, elle formait les fleurs; elle était tout entière à l'œuvre de l'amour; maintenant elle se modère et laisse sa création dans un état vague, incomplet, comme ébauché, agréable à la vue, mais inactif et sans puissance. Les observations que nous aurons à faire sur cette métamorphose nous permettent de dévoiler les mystères de la métamorphose ascendante; en suivant cette méthode, il nous est permis d'espérer que nous atteindrons plus sûrement le but que nous nous sommes proposé.

8

Nous arrivons à la troisième espèce de métamorphose, produite accidentellement par des causes extérieures et surtout par des piqûres d'insectes; nous insisterons peu sur ce sujet, qui nous détourne de la marche simple que nous voulions suivre et du but auquel nous tendons. Peut-être trouverons-nous ailleurs l'occasion de parler de ces productions monstrueuses, il est vrai, mais cependant comprises dans de certaines limites.

. . . .
. . . .

RÉSUMÉ.

112

Je désire que le présent essai, destiné à éclairer

la métamorphose des plantes, puisse contribuer à la solution des difficultés qu'offre cette partie de la science, et suggère des remarques et des conclusions nouvelles. Les observations sur lesquelles se fonde cet essai ont été faites isolément et présentées ensuite avec ensemble. Reste à décider si le pas que nous venons de faire nous rapproche de la vérité. Essayons de résumer aussi brièvement que possible les résultats essentiels de tout ce travail.

113.

Si nous considérons un végétal, nous verrons que sa force vitale se manifeste de deux manières : d'abord par la végétation qui développe les tiges et les feuilles, ensuite par la propagation qui s'accomplit au moyen des fleurs et des fruits. Examinons de plus près le développement, et nous reconnaîtrons qu'en s'allongeant de nœud en nœud, de feuille en feuille, en bourgeonnant, la plante accomplit une sorte de reproduction. Cette reproduction est nécessaire, elle se manifeste par autant d'évolutions isolées, tandis que la propagation par les fleurs et les fruits est rapide et simultanée. Entre ces deux forces, dont l'une agit par degré, à l'extérieur, dont l'autre détermine comme d'un seul coup une active végétation, l'analogie est saisissante. Dans diverses circonstances, on peut déterminer une plante à pousser sans cesse des bourgeons, on peut même hâter l'époque de la floraison. Ce premier résultat est la conséquence d'une nourriture plus abondante, le second s'explique par l'influence plus marquée des forces organiques.

114

En nommant la végétation une reproduction successive, la floraison et la fructification une reproduction simultanée, nous avons indiqué la manifestation de deux modes de propagation. Une plante qui bourgeonne s'étend plus ou moins; elle pousse en pédoncule sur un rameau, les entre-nœuds sont mieux accusés, et leurs feuilles s'étendent dans tous les sens à partir de la tige. Au contraire, une plante qui fleurit est resserrée dans toutes ses parties : le développement en longueur et en largeur est arrêté; tous les organes pressés les uns près des autres sont dans un état d'extrême concentration.

115

Mais que la plante bourgeonne, qu'elle fleurisse ou qu'elle fructifie, ce sont toujours les mêmes parties qui, avec des destinations différentes et des aspects variés, réalisent les intentions de la nature. L'organe qui tout à l'heure était une feuille caulinaire aux formes les plus variées, se resserre maintenant et devient un calice, s'étend de nouveau pour former un pétale, se contracte encore dans les organes génitaux, s'étend une dernière fois pour former le fruit.

116

Cette tendance est liée à une autre circonstance, la réunion de différents organes autour d'un centre commun, dans des proportions numériques déterminées, variables cependant dans quelques fleurs, par suite de certaines conditions.

117

Pendant la formation de la fleur et du fruit, les parties voisines, pressées les unes contre les autres, s'anastomosent, et c'est ainsi que les organes délicats de la fructification sont réunis intimement, soit pendant toute leur durée, soit pour un temps limité.

118

Ces phénomènes de concentration, de centralisation, d'anastomose, ne s'accomplissent pas seulement dans les fleurs et dans les fruits; nous voyons déjà quelque chose de semblable dans les cotylédons; les autres parties du végétal pourraient également fournir matière à de nouvelles considérations sur ce sujet.

119

A l'aide d'un seul organe, la feuille caulinaire développée à chaque nœud, nous avons cherché à expliquer les formes si variées de la plante, soit qu'elle bourgeonne, soit qu'elle fleurisse; de même, nous avons tenté d'expliquer par les modifications de la feuille, les fruits qui renferment les graines.

120

On comprend que nous aurions besoin d'un terme général pour désigner l'organe fondamental qui revêt ces métamorphoses et pouvoir lui comparer toutes les formes secondaires. Pour le moment, bornons-nous à comparer entre eux les termes de la métamorphose ascendante et descendante ; alors nous pourrons également dire d'une étamine, qu'elle est un pétale rétréci, ou d'un pétale qu'il est une étamine développée. Nous nous représenterons également le sépale comme une feuille caulinaire contractée, dont l'organisation est plus délicate, et la feuille caulinaire comme un sépale dilaté sous l'influence d'une séve plus grossière.

121

Ainsi on pourrait dire du pédoncule qu'il est un réceptacle allongé, ou de la fleur et du fruit qu'ils sont le résultat de la contraction du pédoncule.

122

J'ai également considéré, vers la fin de cet essai, le développement des bourgeons, et je pense avoir expliqué de cette manière les fleurs composées et les fruits nus.

123

C'est ainsi que je me suis efforcé d'exposer aussi clairement et aussi complétement qu'il m'a été possible, une opinion que je crois vraisemblable. S'il reste encore quelque incertitude sur ma théorie, si elle n'est pas à l'abri des contradictions, si elle n'éclaire pas tous les faits, ce sera un devoir pour moi de recueillir de nouveau tous les documents, de traiter par suite cette matière avec plus d'étendue et de précision, de rendre mon exposition plus intelligible, afin de procurer à mon œuvre l'assentiment général, qu'elle n'a peut-être pas encore obtenu.

(*Œuvres scientifiques de Goethe*, trad. E. Faivre.)

FRAGMENTS DES CONVERSATIONS DE GOETHE.

SUR LA NATURE.

1809. — Une après-midi, j'allai voir Goethe; le temps était doux; je le trouvai dans son jardin. Il était assis devant une petite table de bois, sur laquelle était placée une fiole à longue encolure; dans cette fiole s'agitait vivement un petit serpent, auquel il donnait de la nourriture au bout d'une plume et qu'il observait tous les jours. Il soutenait que ce serpent le connaissait déjà et que, dès qu'il le voyait venir, il approchait sa tête au bord du verre. « Quels beaux yeux intelligents!... Cette tête annonçait bien des choses, mais les malheureux anneaux de ce corps maladroit ont tout arrêté en route. A cette organisation qui s'est produite tout en longueur, la nature est restée redevable de mains et de pieds, et cependant cette tête et ces yeux le mériteraient bien! Elle agit souvent ainsi, mais ce qu'elle a abandonné, elle le développe plus tard, quand les circonstances deviennent plus favorables. Le squelette de plus d'une bête marine nous montre clairement qu'au moment de sa composition la nature avait la pensée d'une espèce terrestre plus haute. Bien souvent, dans un élément qui lui faisait obstacle, elle a dû se contenter d'une queue de poisson, quand elle aurait donné volontiers par-dessus le marché une paire de pieds de derrière ; parfois même on aperçoit dans le squelette les épiphyses toutes prêtes »

A côté du serpent étaient quelques cocons renfermant des chrysalides dont Goethe attendait la sortie prochaine. La main sentait déjà à l'intérieur un certain mouvement. Goethe les prit sur la table, les considéra avec grande attention et dit ensuite à son enfant : « Porte-les à la maison ; ils ne sortiront sans doute pas aujourd'hui, la journée est trop avancée. » Il était quatre heures de l'après-midi. A ce moment Mme de Goethe entra dans le jardin. Goethe prit les cocons de la main de l'enfant et les reposa sur la table. « Que le figuier est beau, dans ce moment, avec ses fleurs et son feuillage ! » nous dit de loin Mme de Goethe, en venant à nous par l'allée du milieu. Après que nous nous fûmes salués, elle me demanda si j'avais déjà regardé de près et admiré le beau figuier. « Il ne faut pas oublier, dit-elle en adressant la parole à Goethe, de le faire placer à l'intérieur pendant l'hiver. » Goethe sourit et me dit : « Laissez-vous montrer le figuier, et tout de suite, sans cela nous n'aurons pas de repos pendant toute la soirée ! Il mérite vraiment d'être vu, et est digne qu'on fasse de lui un éloge splendide et qu'on le traite avec tous les ménagements possibles. — Comment donc s'appelle cette plante exotique, que l'on nous a envoyée récemment d'Iéna ? — L'ellébore, peut-être. — Justement ! elle vient aussi très-bien. — J'en suis fort content. Nous arriverons à faire de notre jardin une seconde Anticyre ! — Ah ! voilà les cocons ; eh bien, n'avez-vous encore rien vu ? — Je les ai mis de côté pour que tu les prennes. Regardez, je vous en prie, me dit il, en les mettant à son oreille, comme cela frappe, comme cela tressaille et cherche à entrer dans la vie! Quelle merveille que ces changements de la nature, si dans la nature le merveilleux n'était pas ce qu'il y a de plus commun! Nous ne priverons pas notre ami de ce spectacle. Demain ou après-demain, le bel oiseau sera là, et d'une beauté, d'une séduction que vous avez rarement vues. Je connais cette chrysalide, et je vous invite pour demain à la même heure, si vous voulez voir une chose plus curieuse que toutes les curiosités que Kotzebue a vues dans son curieux voyage à Tobolsk[1]. Ici, au soleil, sur une fenêtre du pavillon du jardin, plaçons la boîte où notre belle sylphide travaille si bien pour demain! Bien! reste là, mon bel enfant! Dans ce petit coin, personne ne t'empêchera de terminer ta toilette. — Mais cette vilaine bête, dit Mme de Goethe en jetant de côté un léger coup d'œil au serpent, comment peut-on la souffrir à côté de soi, et la nourrir de sa main! C'est une créature si désagréable! sa vue seule me fait frissonner! — Silence! » dit Goethe, quoiqu'il aimât assez, avec sa nature tranquille, la vivacité mobile de sa belle-fille; et, se tournant vers moi, il continua : « Oui, si le serpent voulait bien pour elle se mettre dans un cocon et se transformer en un beau papillon, alors on ne parlerait plus de frissonner! Mais, chère enfant, nous ne pouvons pas tous être papillons, nous ne pouvons pas tous être des figuiers

---

1. Kotzebue avait publié le récit de son voyage en Sibérie, ouvrage excessivement long et absolument vide. Goethe s'étonnait qu'il fût possible d'aller aussi loin et de voir si peu de chose. (*Note du traducteur.*)

tout parés de fleurs et de fruits! Pauvre serpent! ils t'abandonnent! Comme ils devraient au contraire s'intéresser à toi!... Comme il me regarde!... Comme il dresse sa tête! Ne semble-t-il pas qu'il comprenne que je le défends contre vous?... Pauvre petit! Il est là dans la fiole sans pouvoir sortir, comme il était jadis, quand la nature lui a donné son enveloppe trop étroite!... »

Tout en parlant, Goethe avait tracé au crayon sur un papier qui se trouvait là les lignes fantastiques d'un paysage imaginaire; un domestique lui apporta de l'eau, il mit le dessin de côté et se lava les mains en me disant : « Quand vous êtes entré chez moi, vous avez dû rencontrer le peintre Katz; je ne le vois jamais sans éprouver du plaisir, du ravissement même ; il est ici comme il était à la villa Borghèse, et il semble apporter ici avec lui un fragment de ce ciel artistique de Rome et de son délicieux *far niente!* Pendant qu'il est à Weimar, il faut que je mette en ordre mes dessins et m'en compose un petit album. En général nous parlons beaucoup trop. Nous devrions moins parler et plus dessiner. Pour moi, je voudrais me déshabituer absolument de la parole et ne parler qu'en dessins, comme la nature créatrice de toutes les formes. Ce figuier, ce petit serpent, ce cocon qui attend tranquillement l'avenir, étendu sur la fenêtre, tous ces objets, ce sont des signes d'un sens profond ; oui, si nous pouvions bien déchiffrer seulement le sens de ces objets, nous pourrions bien vite nous passer de tout ce qui est écrit et de tout ce qui se dit! Plus j'y réfléchis, plus je le sens vivement ; il y a dans la parole quelque chose de si oiseux, de si vain, je dirais presque de si présomptueux, que lorsqu'on se trouve avec pleine conscience de soi-même dans une solitude, perdu au milieu d'antiques montagnes, ou en face d'un rocher immense, alors, devant cette muette gravité, devant ce silence de la nature, on se sent saisi d'effroi....

« Tenez, me dit-il, en me montrant le papier sur la table, j'ai tracé là toutes sortes de plantes et de fleurs assez singulières ; ces chimères pourraient être encore plus folles, plus fantastiques, rien n'assurerait qu'elles n'existent pas réellement quelque part.

« Lorsqu'elle trace un dessin, l'âme fait résonner au dehors d'elle un fragment de son essence intime, et dans ce babillage sont renfermés les plus grands secrets de la création ; car celle-ci, considérée dans ses principes, repose tout entière sur le dessin, sur la plastique. Les combinaisons de ce genre sont si infinies, que même la fantaisie et le caprice y ont trouvé place. Prenons seulement les plantes parasites ; dans ces créations si légères, que de formes fantastiques, bouffonnes, qui rappellent l'oiseau ! Leur graine volante se pose sur tel ou tel arbre, comme un papillon ; elle se nourrit de cet arbre pour grandir. La glu, ou *viscus*, se sème et pousse ainsi sur l'écorce du poirier, où elle forme d'abord une petite touffe ; cet hôte, non content de s'appuyer sur l'arbre et de l'enlacer, exige qu'il lui fournisse le bois de ses rameaux. — Il en est de même pour la mousse qui couvre les arbres. J'ai de beaux échantillons de ces feuilles, qui, dans la nature, ne font rien par elles-mêmes, mais s'approprient les produits déjà existants. Faites-moi penser à vous les montrer. L'arome de certains arbrisseaux, qui appartiennent aussi à la famille des parasites, s'explique très-bien par la constitution intime de leur sève; elle est de bonne heure plus avancée qu'elle ne devrait l'être; ces plantes, au lieu de se développer d'abord, comme d'habitude, avec une matière grossière et toute terrestre, ont en elles, dès leur naissance, une matière déjà raffinée.

« Une pomme ne vient jamais au milieu du tronc, rude et rugueux. Il faut plusieurs années, il faut les préparatifs les plus soigneux pour faire d'un pommier un arbre portant des fruits et donnant récolte. Chaque pomme étant un corps rond, compacte, exige pour se former une extrême concentration et un extrême raffinement des sucs qui lui arrivent de tous les côtés. — Il faut se représenter la nature comme un joueur qui, devant la table de jeu, crie constamment : *au double!* c'est-à-dire ajoute toujours ce que son bonheur lui a donné à sa mise nouvelle, et cela à l'infini. Pierres, bêtes, plantes, après avoir été ainsi formées par ces heureux coups de dés, sont de nouveau remis au jeu, et qui sait si l'homme n'est pas la réussite d'un coup qui visait très-haut? »

Pendant cette intéressante conversation, le soir était arrivé; il faisait frais dans le jardin, et nous rentrâmes dans la maison. Bientôt après nous nous mîmes à la fenêtre. Le ciel était parsemé d'étoiles. Les cordes mises en mouvement dans l'âme de Goethe par les objets qu'il avait contemplés dans le jardin vibraient encore, et elles résonnèrent toute cette soirée.

« Tout est si immense, me dit-il, que nulle part il n'y a d'arrêt. Penseriez-vous que le soleil, qui produit tout, en a fini avec la création de son système de planètes, et que la force qui a formé les terres et les lunes, soit en lui épuisée, inactive et inerte? Pour moi, je ne le pense pas. Il est très vraisemblable qu'on trouvera encore une plus petite planète au delà de Mercure, déjà assez petit. On voit très bien, par la situation des planètes, que la force de projection du soleil décroît, car ce sont, dans le système, les masses les plus considérables qui occupent la place la plus éloignée. On peut appuyer sur ce fait, supposer que, par suite de cette diminution de force, un essai de projection de planète ne réussisse pas. Si le soleil ne peut détacher et séparer de lui-même ces dernières planètes, elles formeront peut-être autour de lui un anneau, comme pour Saturne, et cet anneau opaque nous jouera un mauvais tour, à nous autres pauvres habitants de la terre. Il ne sera pas plus agréable aux autres planètes : la lumière et la chaleur faibliront, et toutes les organisations auxquelles elles sont nécessaires seront plus ou moins arrêtées dans leur développement. Les taches du soleil pourraient donc bien nous apporter quelque trouble à l'avenir. Ce qui est certain, c'est que, en consultant toutes les lois connues et la manière dont notre système s'est formé, on ne voit rien qui s'oppose à la formation d'un anneau solaire ; seulement l'époque d'un pareil événement reste indéterminée.... »

Un autre jour, il me conduisit devant sa collection d'histoire naturelle, et, me mettant dans la main un échantillon de granit, d'une formation très-curieuse, il me dit : « Prenez cette vieille pierre en souvenir de moi ! Si jamais je trouve dans la nature une loi plus ancienne que celle qui se révèle dans ce fragment, je vous l'échangerai. Jusqu'à présent je n'en connais aucune, et je doute que l'avenir me montre quelque chose d'égal, à plus forte raison de supérieur.

Considérez bien cet échantillon; vous y voyez un élément qui en cherche un autre, le pénètre, et par cette combinaison en crée un troisième; c'est là au fond le résumé de toutes les opérations de la nature. Oui, là est écrit un document de l'histoire primitive du monde. — Cette filiation, il vous faut la découvrir seul. Si on ne la découvre pas soi-même, il est inutile de l'apprendre d'un autre. — Nos naturalistes aiment les longues listes. Ils partagent la terre en une infinité de sections, et pour chaque section ils ont un nom. Ceci est de l'argile! Cela est du silice! Ceci est ceci, et cela est cela! Quand je sais tous ces noms, qu'est-ce que j'ai gagné? Quand j'entends tous ces mots, je me rappelle toujours les vers de Faust[1]: « Ils nomment la chimie *Encheiresin Naturæ!* Les ânes se bafouent eux-mêmes et ne s'en aperçoivent pas. » Que me font toutes ces sections, tous ces noms! Ce que je veux connaître, c'est ce qui, dans l'univers, anime chaque élément, de telle sorte qu'il cherche les autres, se soumet à eux, ou les domine, suivant que la loi qu'il a en lui le destine à un rôle plus ou moins élevé. — Mais sur cette question précisément règne le plus profond silence.

Dans les sciences, tout est trop séparé. Dans nos chaires, pendant des semestres entiers, on fait des leçons sur une branche spéciale, violemment séparée de tout ce qui l'avoisine. Aussi, les découvertes positives paraissent pauvres, quand on jette un coup d'œil sur les derniers siècles. On répète presque uniquement ce que d'illustres prédécesseurs ont dit; quant à une science indépendante, on n'y

---

1. *Faust*, acte 1er, scène de Méphistophélès et de l'Étudiant

pense pas. On conduit par bandes les jeunes gens dans des salles, dans des amphithéâtres, et, dans la disette de faits positifs, on les nourrit de citations et de mots. Les écoliers aviseront comme ils pourront, s'ils veulent voir les choses elles-mêmes, que du reste leur maître n'a souvent pas vues lui-même! C'est là évidemment une voie détestable. Mieux le professeur est armé de son appareil scientifique, plus l'obscurité augmente avec la présomption. Et voilà les gens qui devront donner des leçons au teinturier qui vit près de sa chaudière, au pharmacien qui vit près de sa cornue! Pauvres diables de praticiens, que je vous plains de tomber en de pareilles mains! Ils se sont bien moqués autrefois d'un vieux teinturier de Heilbronn, qui était plus fort qu'eux tous! Si le monde ne l'a pas reconnu, lui connaissait le monde, et je regrette bien qu'il n'ait pas vécu jusqu'à la publication de ma théorie des couleurs; sa chaudière lui aurait donné ses conseils; celui-là savait ce dont il s'agissait!

Je me suis occupé toute ma vie de sciences, eh bien! si je voulais écrire tout ce qui est digne d'être retenu dans ce que j'ai appris, le manuscrit serait si petit, que vous pourriez l'emporter chez vous dans un enveloppe de lettre. — Dans notre pays, les sciences sont cultivées grossièrement comme gagne-pain, ou bien du haut de chaires on les soumet en forme à une analyse pédantesque; de cette façon, nous avons à choisir entre une science populaire superficielle ou un incompréhensible galimatias de phrases transcendentales. — Ce qui, selon moi, de notre temps, a été encore le mieux étudié, c'est l'électricité. Les *Éléments* d'Euclide sont pourtant toujours là comme un modèle qu'on ne surpassera pas et qui nous montre comment on doit enseigner : la simplicité, l'enchaînement gradué de ses théorèmes nous indiquent comment on doit pénétrer dans toutes les sciences.

Quelles énormes sommes d'argent perdues par les maîtres de fabriques seulement, par suite de fausses vues en chimie! Les arts industriels sont loin d'être aussi avancés qu'ils le devraient. Ce savoir, trouvé dans des livres et dans des classes, cette expérience reçue et transmise à l'aide de cahiers de professeurs que l'on copie sans cesse, voilà les causes du petit nombre de découvertes vraiment utiles que les siècles ont à nous donner. Oui, si aujourd'hui, le 29 février 1809, le vieux et respectable moine anglais Bacon sortait de la mort et venait dans mon cabinet me demander bien poliment de lui communiquer les découvertes que nous avons faites dans les sciences et dans les arts, depuis qu'il a quitté le monde, je resterais honteux devant lui, et je ne sais vraiment quelle réponse je ferais au bon vieillard. Si j'avais l'idée de lui montrer un microscope solaire, il me montrerait bien vite un passage de ses écrits où il met sur le chemin de cette découverte. Si je lui parlais de montres, il dirait tout tranquillement : « Oui, c'est bien cela! page 504 de mes écrits, vous trouverez un passage qui traite en détail de la fabrication possible de ces machines, aussi bien que du microscope solaire, et que de la chambre obscure. » — Et le pénétrant moine, après avoir passé en revue toutes nos inventions, me quitterait peut-être en me disant : « Ce que vous avez fait pendant tant de siècles n'est pas précisément considérable. Plus de mouvement donc! Je vais de nouveau dormir, et dans quatre siècles je reviendrai, pour voir si vous dormez aussi, ou si vous avez en quelque science fait quelque progrès. »

« Chez nous, en Allemagne, tout va avec une belle lenteur. Il y a vingt ans, quand j'ai émis la première idée de la métamorphose des plantes, les juges de cet écrit n'ont su rien faire autre chose que vanter la simplicité de l'exposition, qui pouvait servir de modèle aux jeunes gens. Quant à la valeur de la loi, qui, si elle était vraie, trouvait dans la nature entière les applications les plus variées, je n'en entendis pas parler. Pourquoi? parce que sur ce sujet il n'y avait rien dans Linné qu'ils pussent copier et donner ensuite à leurs écoliers. Tout montre que l'homme est fait pour *croire* et non pour regarder et *voir* par ses yeux. Ils *croiront* aussi un jour mes paroles et les répéteront; j'aimerais bien mieux qu'ils soutinssent leurs droits et qu'ils ouvrissent les yeux pour voir ce qui est là devant eux; mais ils injurient tous ceux qui ont de meilleurs yeux qu'eux, et se fâchent, si on prétend que les vues qu'ils proclament du haut de leurs chaires sont des vues de myopes!

La théorie des couleurs repose sur les mêmes principes que la métamorphose des plantes; ils feront de même avec elle; avec le temps il s'en approprieront les résultats, et il ne faut pas leur en vouloir s'ils la pillent et en donnent les idées comme les leurs. — Cette science si avancée du moine Bacon ne doit pas nous surprendre; nous savons que de très-bonne heure il y a eu en Angleterre des germes de civilisation, peut-être dus à la conquête de cette île par les Romains. Ces germes, une fois semés, ne disparaissent pas comme on le croit. Plus tard le christianisme s'y développa aussi avec puissance et rapidité. Saint Boniface est venu en Thuringe, ayant dans une main l'Évangile, dans l'autre l'équerre et tous les arts de construction. Bacon vivait dans un temps où déjà la bourgeoisie, par la grande charte, avait gagné de grands priviléges. La liberté des mers, le jury, complétèrent ces heureuses conquêtes. Les sciences devaient marcher en avant comme tout le reste. Bacon leur donna un élan puissant. Ce moine d'un esprit profond, aussi éloigné de la superstition que de l'incrédulité, a tout conçu, sinon tout réalisé. Il a vu briller devant lui la magie entière de la nature, en prenant le mot dans sa plus belle expression. Il a vu tous les progrès futurs, et a fait pressentir les destinées futures de son peuple. — Mais toi, jeune peuple Allemand, continua Goethe avec enthousiasme, ne te lasse pas de marcher dans la voie que nous avons heureusement embrassée! Ne t'abandonne à aucune manière, à aucune vue étroite d'aucun genre, sous quelque nom quelle paraisse. — Sachez-le bien, tout ce qui nous sépare de la nature est faux; sur le chemin de la nature, vous rencontrerez ensemble et Bacon, et Homère, et Shakspeare. Que d'œuvres à accomplir partout! Mais, voyez avec vos yeux, entendez avec vos oreilles. — Ne vous inquiétez pas de vos adversaires! Dans votre œuvre, associez-vous à des amis qui pensent comme vous; quant aux hommes qui n'ont pas votre nature, et avec lesquels vous n'avez rien à faire, imitez-moi, ne perdez pas une heure avec eux! Ces discussions sont à peu près stériles : elles tourmentent, et à la fin, il n'en reste rien. Au contraire, l'amitié avec des hommes qui ont nos manières de voir est féconde. Ainsi dans le premier volume des *Idées sur la philosophie de l'histoire de l'humanité*, de Herder, il y a beaucoup d'idées de moi, surtout au commencement ; nous causions souvent de ces sujets ; j'avais pour l'observation de la nature plus de penchant que Herder, qui voulait trop vite être au but ; il avait déjà tiré une conclusion bien avant que je n'eusse fini mon observation, mais cette excitation mutuelle nous était profitable à tous deux. »

Quand on voulait se recommander pour toujours auprès de Goethe, il suffisait de lui rapporter de voyage quelque objet curieux d'histoire naturelle : une patte de phoque ou de castor, une dent de lion, une corne bizarrement enroulée d'antilope, de bouquetin, etc. ; tout objet de ce genre pouvait le rendre heureux pendant des journées, pendant des semaines entières ; il revenait sans cesse à sa contemplation ; quand il entrait en possession d'un pareil trésor, il eût semblé qu'il venait de recevoir une lettre d'un ami éloigné ; il l'examinait vite, le cœur rempli de joie, et communiquait avec bonheur ce qu'il venait d'apprendre. « Il est souvent arrivé à la nature, disait-il, de laisser échapper un de ses secrets malgré elle ; il n'y a qu'à épier l'occasion où elle se livre sans le vouloir. Tout est écrit quelque part, mais non pas où nous le supposons, ni à une seule place ; ainsi s'explique ce qu'il y a d'énigmatique, de sybillin, de discontinu dans nos observations. La nature est un livre immense renfermant les secrets les plus merveilleux, mais ses pages sont dispersées à travers l'univers ; l'une est dans Jupiter, l'autre dans Uranus, etc. Les lire toutes est donc impossible, et il n'y a pas de système qui puisse triompher de cette insurmontable difficulté. »

(Traduit par M. Délerot dans les *Conversations de Goethe*.

SUR LA DESTINÉE HUMAINE.

1813. — Le jour des funérailles de Wieland, je remarquai que Goethe avait dans tout son être une solennité qu'on lui voyait rarement. Il semblait avoir l'âme profondément attendrie, et comme toute pénétrée de mélancolie. Dans ses yeux passaient souvent de brillantes lueurs; ses paroles, sa voix étaient changées. — Cette disposition toute particulière donna à la conversation que j'eus avec lui ce jour-là, une direction qu'il lui donnait rarement. Nous parlâmes du monde invisible. D'ordinaire, Goethe éloignait ce sujet; il aimait mieux causer du présent et de tous ces objets que l'art et la science offrent à nos yeux, et qui n'échappent pas à notre contemplation directe.

Nous parlions de l'ami que nous venions de perdre; après un mot de Goethe, qui sous-entendait la croyance à notre existence après la mort, je dis : « Que croyez-vous que l'âme de Wieland puisse entendre, dans ce moment-ci même ?

« — Rien de mesquin! dit Goethe, rien d'indigne d'elle; rien qui ne soit en harmonie avec la grandeur morale qu'il a montrée pendant toute sa vie! Mais, ajouta-t-il, pour être bien compris de vous, comme je ne traite pas cette question souvent, il faut que je la reprenne d'un peu plus haut. — C'est quelque chose qu'une vie de quatre-vingts ans conduite avec dignité et honneur; c'est quelque chose que la conquête de pensées aussi délicates que celles dont Wieland avait su remplir son âme, et qui y régnaient avec tant de charme; c'est quelque chose que cette application, cette persévérance acharnée, cette constance par lesquelles il nous surpassait tous !...

« — Lui donneriez-vous une place à côté de son Cicéron, dont, jusqu'au jour de sa mort, il a eu tant de bonheur à s'occuper ?...

« — Ne m'interrompez pas, quand je veux vous développer d'une façon complète et tranquille la suite entière de mes idées....

» *Jamais, en aucune circonstance, il ne peut être question dans la nature de la disparition des puissances qui animaient de pareilles âmes;* la nature ne dissipe pas ses capitaux d'une main aussi prodigue. L'âme de Wieland est, par son essence même, un trésor, un vrai joyau. Ajoutez que sa longue vie a fortifié, et non diminué les dons précieux que son esprit possédait. Pensez bien, pensez à ceci ! Raphaël avait à peine trente ans, Képler à peine la quarantaine, quand tous deux mirent une fin subite à leur existence, tandis que Wieland....

« — Comment ! m'écriai-je étonné, vous parlez de la mort comme d'un acte dépendant de notre volonté ?

« — Je me le permets souvent, répondit-il, et si vous avez d'autres opinions, je veux là-dessus raisonner à fond avec vous, puisque dans ce moment il m'est donné d'exprimer mes pensées.

Je le pressai de tout me dire, et il parla ainsi :

« Vous savez depuis longtemps que les idées qui ne trouvent pas dans le monde des sens un appui solide, quelle que soit toute la valeur qu'elles conservent pour moi, ne sont pas dans mon esprit des certitudes, parce que, en face de la nature, je ne veux pas supposer et croire, mais savoir. — Ainsi ai-je agi pour l'existence personnelle de notre âme après la mort. Elle n'est nullement en contradiction avec les observations, prolongées pendant des années, que j'ai faites sur notre constitution et sur la constitution de tous les êtres de la nature ; au contraire, de toutes ces observations sortent pour elle de nouvelles démonstrations. — Mais combien de parties de notre être méritent de persister et de durer après notre mort ?... c'est là une question toute nouvelle, c'est là un point que nous devons abandonner à Dieu seul. — Je me contente, quant à présent, des remarques suivantes. Les derniers éléments primitifs de tous les êtres, et pour ainsi dire les points initiaux de tout ce qui apparaît dans la nature, se partagent suivant moi en différentes classes, et forment une hiérarchie. Ces éléments, on peut les appeler des *âmes*, puisqu'elles *animent* tout, mais appelons-les plutôt *monades;* gardons cette vieille expression leibnitzienne; pour exprimer la simplicité de l'essence la plus simple, il n'y en a guère de meilleure possible. — Eh bien! ces monades (ou points initiaux), l'expérience nous montre qu'il y en a de si petites, de si faibles, qu'elles ne sont propres qu'à une existence et à un service subordonnés. D'autres, au contraire, sont très-puissantes et très-énergiques. Celles-ci attirent de force dans leur cercle tous les éléments inférieurs qui les approchent, et les font devenir ainsi partie intégrante de ce qu'elles doivent animer, soit d'un corps humain, soit d'une plante, soit d'un animal, soit d'une organisation plus haute, par exemple, d'une étoile. Elles exercent cette puissance attractive jusqu'au jour où apparaît formé tout entier le monde, petit ou grand, dont elles portaient au fond d'elles-mêmes la pensée. Il n'y a que ces monades attractives qui méritent vraiment le nom d'*âmes*. Il y a donc des monades de mondes, des âmes de mondes, comme des monades, des âmes de fourmis. Ces âmes si différentes sont, dans leur origine première, des essences sinon identiques, du moins parentes par leur nature. Chaque soleil, chaque planète, porte en soi-même une haute idée, une haute destinée, qui rend son développement aussi régulier et soumis à la même loi que le développement d'un rosier, qui doit être tour à tour feuille, tige et corolle. Vous pouvez nommer cette puissance une *idée*, une *monade*, comme vous voudrez, cela m'est indifférent, pourvu que vous compreniez bien que cette *idée*, cette *intention* intérieure est invisible, et antérieure au développement qui apparaît dans la nature et qui émane d'elle. — Il ne faut pas nous laisser induire en erreur par les larves, formes transitoires que prend la monade dans le cours de son développement. Nous retrouvons toujours là cette métamorphose, cette puissance de transformation qui réside dans la nature, qui fait d'une feuille une fleur, une rose, d'un œuf une chenille, et d'une chenille un papillon. — Les monades inférieures obéissent à une monade supérieure, non par choix et pour leur propre satisfaction, mais parce qu'elles le doivent et sont forcées d'obéir. Tout se passe très-naturellement. Considérez, par exemple, cette main. Elle est faite de parties que la monade principale a su dès l'origine et pendant leur formation lier à elle par des liens indissolubles, et elles sont toujours à son service. Par elles, je peux jouer jusqu'au bout tel ou tel morceau; je peux, comme il me plaît, faire courir mes doigts sur les touches d'un piano. Ils donnent par là une noble jouissance à mon esprit, mais eux-mêmes sont sourds, et la monade principale est la seule qui entende. Je peux croire que mon jeu musical intéresse fort peu ou n'intéresse pas du tout mes doigts et ma main. Ce jeu de monades, qui me donne à moi du plaisir, a fort peu d'effet sur ces sujets soumis qui m'obéissent, sinon peut-être que je leur fais sentir un peu de fatigue. Combien leur sensibilité serait-elle plus flattée, si, au lieu de perdre ainsi leur temps à glisser sur les touches d'un piano, il leur était permis, sous la forme d'abeilles diligentes, d'errer joyeusement par les prés, de se poser sur les arbres et de s'ébattre au milieu des branches fleuries, occupations pour lesquelles elles ont certes au fond d'elles-mêmes un penchant inné ! — Le moment de la mort (qui pour cette raison a été très-bien nommée une *dissolution*) est justement celui où la monade principale, la monade reine dégage ses anciens sujets de leur fidèle service. — Ce départ, je le considère, ainsi que la naissance, comme un acte libre de cette monade principale qui, dans son essence propre et intime, nous est complétement inconnue.

« Toutes les monades sont par leur nature tellement indestructibles, que même au moment de la dissolution, leur activité n'est ni suspendue ni perdue ; à ce moment là-même elle se continue. Les anciens rapports au milieu desquels elles vivaient disparaissent, mais sur-le-champ elles entrent dans de nouveaux. Dans cet échange, tout est réglé d'après la puissance intime que possède telle ou telle monade. Entre la monade, âme d'homme cultivé, et la monade d'un castor, d'un oiseau, d'un poisson, il y a évidemment une énorme différence de destinée. Nous voilà donc revenus à la hiérarchie des âmes, que nous sommes forcés d'accepter, dès que nous cherchons à nous expliquer tant soit peu les phénomènes de la nature. Swedenborg a abordé ce problème, et, pour exposer ses idées, il s'est servi de l'image la plus frappante. Il compare le séjour où se trouvent les âmes à un espace divisé en trois compartiments ; le compartiment du milieu est le plus grand. Supposons maintenant que, de ces divers compartiments, différentes créatures, telles que des poissons, des oiseaux, des chiens, des chats, se réunissent dans le compartiment le plus grand ; cette réunion-là formera à coup sûr une société singulièrement mêlée ! Mais qu'en résultera-t-il ? Le plaisir d'être tous ensemble ne durera pas longtemps ; les extrêmes différences d'inclinations feront naître bientôt une guerre non moins extrême, et chaque être finira par se rapprocher de son semblable ; le poisson ira avec les poissons, l'oiseau avec les oiseau, le chien avec les chiens, le chat avec les chats, et chacune de ces races cherchera en même temps un logement séparé. — Nous avons là l'histoire exacte de nos monades après la cessation de leur vie terrestre. Chaque monade va rejoindre les monades de son espèce là où elles sont, dans l'eau, dans l'air, dans la terre, dans le feu, dans les étoiles ; et le penchant secret qui les y conduit renferme en même temps le secret de leur destination future.

« Pour l'anéantissement, il n'y a pas à y penser ; mais être saisi par une monade puissante et cependant d'ordre inférieur, et rester sous sa soumission, c'est là un danger réel pour nous, et la simple observation de la nature ne m'a pas, pour ma part, mis tout à fait à l'abri de cette crainte. »

A cet instant un chien dans la rue fit entendre

plusieurs aboiements. Goethe, qui a une antipathie innée contre les chiens, s'élança vivement à la fenêtre, et cria : « Fais tout ce que tu voudras, Larve, je saurai bien m'arranger de manière à ce que tu ne m'attrapes pas et ne me soumettes pas à toi! » Saillie bien étrange pour celui qui l'aurait entendue sans connaître l'ensemble des idées de Goethe, mais au lecteur qui ne l'ignore plus, elle paraîtra toute naturelle.

Goethe se tut quelques moments, puis il reprit avec un ton plus calme : « Cette basse racaille de notre monde se permet vraiment trop d'orgueil; dans ce coin de l'univers où roule notre planète, nous nous sommes trouvés avec toutes ces créatures inférieures, vraie lie des monades; et si on apprend sur d'autres planètes que telle a été notre société, elle nous fera peu d'honneur. »

Je lui demandai si, selon lui, les monades, passées dans un nouvel état, conservaient conscience du passé. Goethe me répondit : « Il y a certainement pour elles une vue générale de leur histoire, comme il y a aussi parmi les monades des natures plus hautes que la nôtre. La monade d'un monde peut, du sein obscur de ses souvenirs, faire sortir beaucoup d'idées qui auront les apparences d'idées prophétiques et qui cependant au fond ne seront que les souvenirs confus d'une vie antérieure écoulée, et par conséquent un acte de la mémoire. C'est ainsi que le génie de l'homme a mis à nu les tables sur lesquelles étaient inscrites les lois qui ont présidé à la naissance de l'univers; une forte tension de l'esprit n'aurait pas suffi; il a fallu un souvenir qui, comme un éclair, est venu briller dans nos ténèbres, souvenir de la création à laquelle notre âme assistait. Il serait téméraire de vouloir fixer une mesure précise à ces lueurs subites et passagères qui viennent briller un instant dans la mémoire des hautes natures. — Je ne vois rien dans notre pensée qui répugne à accorder à la monade d'un monde cette persistance de la conscience, entendue ainsi d'une façon générale et historique.

« Quant à ce qui nous regarde nous-mêmes, il semble que les existences que nous avons déjà traversées sur cette planète soient, considérées dans leur ensemble, trop peu importantes, trop médiocres, pour qu'une grande partie de leurs événements ait été jugée digne par la nature d'entrer dans une seconde mémoire. Même dans notre état actuel, il faudrait, parmi nos souvenirs, faire un grand choix, et il est probable que, plus tard, notre monade principale n'aura de cette vie qu'un souvenir sommaire, c'est-à-dire n'en gardera dans sa mémoire que quelques grands moments historiques. »

Ces paroles de Goethe me rappelèrent tout à coup une pensée analogue que Herder, dans un moment de sombre humeur, avait un jour exprimée devant moi : — « Nous sommes maintenant, disait-il, sur cette place de Saint-Pierre-et-Saint-Paul, tous les deux l'un en face de l'autre, et j'espère que nous nous reverrons de même ailleurs, peut-être dans Uranus ; mais que Dieu me garde d'emporter dans cet autre monde, par exemple l'histoire de mon séjour à Weimar, et le détail infini de l'existence que j'ai menée, quand je parcourais ces rues bâties le long de l'Ilm ! Un pareil présent fait à mon être nouveau serait pour moi le plus grand des tourments et le plus grand des châtiments ! »

« — Si nous voulons nous lancer dans les conjectures, continua Goethe, je ne vois vraiment pas ce qui pourrait empêcher la monade à laquelle nous devons l'apparition de Wieland sur notre planète de pénétrer, sous sa nouvelle forme, les lois suprêmes de cet univers. Le travail assidu, le zèle, l'intelligence à l'aide desquels elle s'est assimilé tant de siècles de l'histoire de ce monde, la rendent digne de tout. — Je ne serais nullement étonné, et toutes les vues que j'ai seraient pleinement confirmées, si, dans des siècles, je rencontrais un jour Wieland monade d'un monde, étoile de première grandeur, éclairant tout ce qui l'entoure d'un jour aimable, répandant tout autour d'elle le rafraîchissement et la joie. — Vraiment! donner la lumière et la clarté à quelque nuageuse comète, ce serait là une mission faite pour plaire à la monade de notre Wieland. Quand on pense à l'éternité de ces monades des mondes, on ne peut accepter pour elles d'autre destination que celle de prendre une part éternelle aux joies des dieux, en s'associant à la félicité dont ils jouissent comme forces créatrices. A elles est confiée la naissance perpétuellement nouvelle de toute la création[1]. Appelées ou non appelées, elles viennent d'elles-mêmes par toutes les routes, de toutes les montagnes, de toutes les mers, de toutes les étoiles; qui peut les arrêter? Je suis sûr que là où vous me voyez, je suis déjà venu mille fois et que j'y reviendrai mille fois encore. » — « Pardon, dis-

---

1. *Das Werden der Schœpfung.* C'est altérer un peu le sens de *Werden* que d'y voir seulement l'idée de développement. *Werden* doit faire entendre que le monde naît éternellement; dire que le monde *est*, ce n'est pas assez; il *vit;* et comment vit-il? Il vit éternellement à l'état naissant. Donc il est au-dessus du temps.
(*Note du traducteur.*)

je, mais je ne sais pas si j'appellerais un retour, un retour sans conscience, car celui-là seul revient, qui sait qu'il a déjà été ici. En observant la nature, dites-vous aussi, des souvenirs vous sont venus comme des lueurs brillantes sortant de ces états antérieurs du monde auxquels votre monade assistait peut-être, maîtresse alors d'elle-même; mais tout cela ne repose enfin que sur un *peut-être*. Pour des questions aussi importantes, j'aimerais mieux me croire capable d'arriver à une plus grande certitude que celle qui est donnée par ces pressentiments et ces éclairs du génie, éclairant parfois les sombres abîmes de la création. Est-ce que nous ne serions pas plus près de ce but, en supposant au centre de la création une monade principale, douée d'amour, et se servant de toutes les monades de cet univers placées au-dessous d'elle comme notre âme se sert des monades inférieures soumises à notre dépendance?

— « Je n'ai rien à opposer à cette conception, répondit Goethe, considérée comme *foi*; mais je n'ai pas l'habitude de donner une force démonstrative à des idées qui ne reposent pas sur un phénomène sensible. Oui, si nous connaissions bien notre cervelle, et le lien qui l'unit à Uranus, et les milliers de fils entremêlés sur lesquels passe et repasse la pensée!... Mais nous n'avons le sentiment des éclairs de pensée qu'au moment où ils nous frappent! Nous ne connaissons que les ganglions, les parties extérieures de la cervelle, mais de sa nature intime nous ne savons pour ainsi dire rien! Que voulons-nous donc savoir de Dieu?....

« On a pris beaucoup d'ombrage de cette parole de Diderot : « Si Dieu n'est pas encore, il sera peut-être. » Mais, suivant les vues que j'ai sur la nature, et d'après ses lois, on conçoit pourtant très-bien l'existence de planètes que les monades supérieures ont déjà abandonnées, ou dans lesquelles les monades n'ont pas encore reçu le don de la parole. Il ne faut par exemple qu'une constellation, qui ne se rencontre pas tous les jours, il est vrai, pour que l'eau disparaisse et que la terre se sèche. De même qu'il y a des planètes d'hommes, il peut y avoir très-bien des planètes de poissons et des planètes d'oiseaux où Dieu n'existera pas. Dans une conversation avec vous, j'ai appelé un jour l'homme le premier entretien de la nature avec Dieu. Je ne doute pas que sur d'autres planètes cet entretien ne se fasse d'une manière bien plus haute, bien plus profonde, bien plus raisonnable. Il nous manque aujourd'hui, à nous, mille connaissances. La première qui nous manque, c'est la connaissance de nous-mêmes; toutes les autres ne viennent qu'après celle-là. A parler rigoureusement, je ne peux rien savoir sur Dieu au delà des conclusions que me permettent de tirer les phénomènes sensibles dans le cercle assez étroit desquels je suis enfermé sur cette planète. — Mais cela ne veut pas dire du tout que, par cette limite imposée à notre observation de la nature, une limite soit imposée à notre foi. Au contraire, en pensant à ces sentiments divins qui s'imposent à nous d'une façon immédiate, il est naturel d'admettre que la science ne peut exister que comme un fragment informe dans une planète comme la nôtre, arrachée violemment aux liens qui la réunissaient au soleil; toute observation y reste forcément imparfaite, et justement pour cette raison, la foi vient la compléter et combler ses lacunes. Déjà, à l'occasion de ma théorie des couleurs, j'ai remarqué qu'il y a des phénomènes primitifs dont il est inutile de vouloir, par des recherches, troubler et déranger la divine simplicité; on doit les abandonner à la raison pure et à la foi. — Faisons d'ardents efforts pour pénétrer par les deux côtés; mais en même temps conservons sévèrement au milieu d'eux la ligne de démarcation! Ne cherchons pas les preuves de ce qui n'est pas susceptible d'être prouvé, car autrement nous laisserons dans notre construction, prétendue scientifique, des témoignages de notre insuffisance que la postérité découvrira tôt ou tard. Où la science suffit, la foi nous est inutile; mais où la science perd sa force et paraît insuffisante, il ne faut pas contester ses droits à la foi. — Dès que l'on part du principe que la science et la foi ne sont pas là pour se détruire, mais pour se compléter, on arrive partout à la connaissance du vrai. »

Il était tard lorsque je quittai Goethe. A mon départ, il m'embrassa le front, ce qu'il ne faisait jamais. Je voulais descendre les escaliers sans lumière, mais il ne le souffrit pas; il me retint par le bras, jusqu'à ce que quelqu'un, qu'il avait sonné, vînt m'éclairer. — J'étais déjà à la porte, il m'avertissait encore de bien me garantir de l'air froid de la nuit. Je n'ai jamais vu et plus tard je ne vis jamais Goethe dans une disposition aussi attendrie que ce jour des funérailles de Wieland. Dans la conversation qu'il m'a tenue ce jour là se trouve l'explication de bien des traits originaux et aimables de ce caractère, si souvent méconnu.

(*Conversation avec Falk*, trad. de M. Délerot.)

EXTRAITS DES POÉSIES PHILOSOPHIQUES.

DIEU ET LE MONDE.

PROOEMIUM.

Au nom de Celui qui se créa lui-même, de toute éternité en fonction créatrice; en son nom, qui crée la foi, la confiance, l'amour, l'activité, la force; au nom de Celui qui, si souvent nommé, est resté toujours inconnu dans son essence :

Aussi loin que l'oreille, aussi loin que l'œil puisse atteindre, tu ne trouves que le connu qui lui ressemble, et le vol enflammé de ton esprit, si haut qu'il s'élève, a bien assez du symbole, assez de l'image; tu es attiré, entraîné, ravi; où que tu avances, le chemin et le lieu se parent; tu ne comptes plus, tu ne calcules plus le temps, et chaque pas est l'immensité.

Que serait un Dieu qui donnerait seulement l'impulsion du dehors, qui ferait tourner l'univers en cercle autour de son doigt? Il lui sied de mouvoir le monde dans l'intérieur, de porter la nature en lui, de résider lui-même dans la nature, si bien que ce qui vit et opère et existe en lui ne soit jamais dépourvu de sa force, de son esprit.

Dans l'intérieur est aussi un univers; de là l'usage louable des peuples, que chacun nomme Dieu, et même son Dieu, ce qu'il connaît de meilleur, lui abandonne le ciel et la terre, le craigne et, s'il est possible, l'aime.

L'AME DU MONDE.

Dispersez-vous de ce saint banquet dans toutes les régions. Élancez-vous avec enthousiasme à travers les zones les plus voisines dans l'univers et le remplissez !

Déjà vous bercez dans des lointains immenses l'heureux songe des dieux, et vous brillez, astres nouveaux, parmi les astres, vos frères, dans les champs semés de lumière.

Puis vous courez, puissantes comètes, dans des espaces toujours plus grands ; le labyrinthe des soleils et des planètes entrecoupe votre carrière.

Vous vous emparez brusquement des terres informes, et vous déployez votre jeune force créatrice, afin qu'elles s'animent, qu'elles s'animent de plus en plus dans leur vol mesuré.

Et, faisant votre période, vous produisez dans les airs émus les fleurs diverses ; vous imposez à la pierre, dans tous ses abîmes, ses formes permanentes.

Alors, avec une audace divine, chaque chose s'efforce de se surpasser ; l'eau stérile veut verdoyer, et chaque grain de poussière s'anime.

Ainsi, par une lutte amicale, vous dissipez la nuit des vapeurs humides ; puis les vastes plaines du paradis resplendissent, émaillées des plus riches couleurs.

Bientôt s'éveille, pour contempler la douce lumière, une multitude aux mille formes, et vous êtes saisi d'étonnement dans les campagnes heureuses, premier couple d'amants !

Bientôt s'apaise une ardeur sans bornes dans l'échange délicieux des regards, et vous recevez avec reconnaissance la plus belle vie qui émane de l'être universel et que vous lui rendez.

L'INDIVIDU ET LE TOUT.

Pour se retrouver dans l'infini, l'individu s'évanouit volontiers. Là se dissipe tout ennui. Au lieu du brûlant désir, de la fougueuse volonté, au lieu des fatigantes exigences du rigoureux devoir, s'abandonner est une jouissance.

Ame du monde, Dieu nous pénètre! Et la noble fonction de nos forces sera de lutter nous-mêmes avec l'esprit de l'univers. De bons génies, qui nous aiment, nous conduisent doucement, instituteurs sublimes, vers Celui qui crée et créa tout.

Et, pour transformer la création, afin qu'elle ne se retranche pas dans l'immobilité, opère l'action éternelle vivante. Ce qui n'était pas veut maintenant prendre l'être comme purs soleils, comme terres colorées et ne doit jamais rester en repos.

Il faut qu'il se meuve, qu'il agisse en créant, qu'il se forme d'abord, puis se transforme; s'il semble se reposer un moment, ce n'est qu'en aprence.

L'essence éternelle se meut sans cesse en toutes choses, car tout doit tomber dans le néant, s'il veut persister dans l'être.

TESTAMENT.

Aucun être ne peut tomber dans le néant; l'essence éternelle ne cesse de se mouvoir en tous; attachez-vous à la substance avec bonheur. La substance est impérissable, car des lois conservent les trésors vivants dont l'univers a fait sa parure.

La vérité était trouvée depuis longtemps; elle a réuni les nobles esprits; l'antique vérité, sachez la saisir. Fils de la terre, rendez grâce au sage qui lui apprit à circuler autour du soleil, et prescrivit à sa sœur la route qu'elle doit suivre.

Et maintenant portez votre vue au dedans de vous-même; vous trouverez au fond de votre être le guide dont aucun esprit ne saurait douter. Vous ne manquerez pas de règle, car la conscience indépendante est le soleil de votre jour moral.

Vous devez ensuite vous fier aux sens; leurs impressions ne sont jamais fausses, si votre raison vous tient éveillé. D'un vif regard, observez avec joie, et marchez avec fermeté comme avec souplesse, à travers les campagnes de la terre féconde.

Usez modérément de l'abondance; que la raison soit partout présente, quand la vie jouit de la vie; ainsi le passé est stable, l'avenir est d'avance vivant en nous, le moment présent est l'éternité. Et, si vous avez enfin réussi à vous persuader pleinement que cela seul est vrai, vraiment existant, qui rend l'esprit fécond, alors, observez le cours général des choses et le laissant aller son train, vous, associez-vous au petit nombre. Et comme de tout temps, le philosophe, le poëte, suivant leur propre choix, ont aimé à travailler en silence aux œuvres intérieures de leur esprit; que ce soit là votre sort; il n'en est pas de plus beau assurément : qu'y a-t-il de plus enviable que de jouir d'avance des joies réservées aux plus nobles âmes?

PARABASE.

Voici bien des années que mon esprit, avec joie, avec zèle, s'était efforcé de rechercher, de découvrir, comment la nature vivante opère dans la création : et c'est l'éternelle unité qui se manifeste sous mille formes; le grand en petit, le petit en grand, toute chose selon sa propre loi; sans cesse alternant, se maintenant, près et loin, loin et près; formant, transformant.... Pour admirer je suis là!

LA MÉTAMORPHOSE DES PLANTES.

Ma bien aimée, il te confond, le mélange infini des fleurs qui peuplent en foule ce jardin; tu entends beaucoup de noms, et avec leurs sons barbares, l'un chasse l'autre de ton oreille. Toutes les formes sont semblables et aucune n'est pareille à l'autre : ainsi l'ensemble décèle une secrète loi, une sainte énigme. Oh! si je pouvais, mon amie, t'en livrer d'abord le mot heureusement! Observe la plante dans sa naissance; comme, conduite par degrés, elle se forme peu à peu en fleurs et en fruits! Elle se développe de la semence, aussitôt que le sein mystérieusement fécond de la terre fait doucement passer le germe à la vie, et confie d'abord à l'action de la lumière sacrée, incessamment mobile, la frêle structure des feuilles naissantes. La force sommeillait simple dans la semence; comme un type naissant, renfermés en eux-mêmes, demeuraient pliés sous l'enveloppe, feuilles, racines et germes demi-formés, incolores; la graine sèche renferme et garde une tranquille vie; elle surgit, s'élance, se fiant à l'humidité propice, et se dégage aussitôt de la nuit qui l'environne; mais la forme de la première apparition reste simple, et, même parmi les plantes, se remarque aussi l'enfant. Aussitôt après, une autre impulsion succède et renouvelle toujours, nœuds sur nœuds échafaudée, la première figure : non pas toujours pareille, il est vrai; car la feuille suivante se développe toujours, tu le vois, avec une forme diverse, plus étendue, plus dentelée, plus découpée en pointes et en lobes, qui, soudés auparavant, reposaient dans l'organe inférieur. C'est ainsi seulement que la plante arrive à sa plus haute perfection, qui, dans mainte espèce, excite ton étonnement. Déployée en nervures et en dentelures sans nombre, sur la feuille vigoureuse et luxuriante, la richesse de la végétation semble être libre et infinie : cependant la nature, de ses mains puissantes, arrête la croissance, et la mène doucement à un état parfait. Elle conduit plus modérément la séve, étrécit les vaisseaux, et la forme annonce d'abord des effets plus délicats. L'essor des parties extérieures se réduit peu à peu, et les côtes de la tige achèvent de se former : mais soudain s'élève, sans feuilles, le pédoncule délicat, et une merveilleuse image attire l'observateur. Des folioles, en nombre fixé ou indéterminé, se disposent en cercle, chacune à côté de sa pareille; serré au tour de l'axe, se distingue le calice protecteur, qui laisse sortir, pour le développement suprême, les pétales colorés. Ainsi triomphe la nature dans sa haute et complète manifestation ; elle montre, membre à membre, tous ses organes avec ordre étagés. C'est toujours avec une surprise nouvelle que tu vois, sur la tige, la fleur se balancer au-dessus du frêle échafaudage des feuilles changeantes. Mais cette magnificence est l'augure d'une création nouvelle. Oui, la feuille colorée sent la main divine et se replie soudain ; les formes les plus délicates se produisent deux à deux, destinées à s'unir ; les voilà secrètement assemblés, les couples charmants ; ils se rangent nombreux autour de l'autel sacré ; hymen arrive à tire-d'aile, et les émanations exquises, puissantes, répandent un doux parfum qui anime tout alentour. Alors se séparent et s'enflent soudain des germes innombrables, tendrement enveloppés dans le sein maternel des fruits turgescents. Ici la nature clôt le cercle de son éternelle activité, mais un nouvel être s'enlace d'abord au précédent, afin que la chaîne se prolonge à travers tous les âges et que l'ensemble vive comme l'individu. Tourne à présent, ô mon amie, tes regards vers cette foule bigarrée, qui ne s'agite plus confusément devant ton esprit. Chaque plante t'annonce les lois éternelles ; chaque fleur te parle un langage de plus en plus distinct. Mais, si tu déchiffres ici les caractères sacrés de la déesse, tu les vois ensuite partout, même quand le trait est changé : que la chenille rampe lentement ; que le papillon voltige empressé ; que l'homme lui-même change par l'art sa figure naturelle. Oh ! songe aussi, comme du germe de la connaissance se forma chez nous peu à peu la douce habitude ; l'amitié se développa avec force dans notre sein et l'amour produisit enfin des fleurs et des fruits. Songe avec quelle variété la nature, déployant mille formes tour à tour, les a prêtées à nos sentiments! Jouis aussi du jour présent! L'amour sacré aspire à la suprême jouissance de sentiments pareils, de vues pareilles, sur les choses, afin que, dans une harmonieuse contemplation, le couple s'unisse et trouve le monde supérieur.

EPIRRHÉMA.

Dans la contemplation de la nature, vous devez toujours considérer l'individu comme un ensemble; rien n'est dedans, rien n'est dehors, car ce qui est dedans est dehors. Comprenez ainsi sans retard le mystère saint et manifeste.

Prenez plaisir à l'apparence vraie, à l'amusement sérieux; nulle chose vivante n'est jamais une, elle est toujours plusieurs.

LA MÉTAMORPHOSE DES ANIMAUX.

Si vous osez, ainsi préparé, franchir le dernier degré de ce sommet, donnez-moi la main, et portez un libre regard sur le vaste champ de la nature.

La déesse dispense de toutes parts les riches dons de la vie; mais sans éprouver, comme les femmes mortelles, aucun souci pour la subsistance de ses enfants. Cela ne lui sied point, car elle a établi de deux façons la loi suprême : elle a borné chaque vie; elle lui a donné des besoins mesurés, et a répandu sans mesure des dons faciles à trouver; elle favorise doucement les joyeux efforts de ses enfants pour subvenir à leurs besoins divers. Sans l'avoir appris d'un maître, ils prennent l'essor selon leur déstinée.

Chaque animal est son but à lui-même; il sort parfait du sein de la nature, et produit des enfants parfaits. Tous les membres se façonnent d'après les lois éternelles, et la forme la plus bizarre conserve en secret le type primitif. Ainsi chaque bouche est habile à prendre la nourriture convenable au corps, que les mâchoires soient faibles, soient édentées ou pourvues de dents puissantes; dans chaque circonstance, un organe approprié procure aux autres membres la nourriture. Les pieds aussi, qu'ils soient longs, qu'ils soient courts, se meuvent constamment dans une parfaite harmonie avec l'instinct de l'animal et ses besoins. Ainsi une santé pure et parfaite est transmise par la mère à chacun de ses enfants, car tous les membres vivants, sans se contredire jamais, concourent ensemble à la vie. Ainsi la conformation détermine le genre de vie de l'animal, et le genre de vie réagit puissamment sur toutes les formes. Ainsi se montre permanente la structure organisée, qui se plie au changement opéré par les agents extérieurs. Mais, à l'intérieur, la force des plus nobles créatures se trouve circonscrite dans le cercle sacré de l'organisation vivante. Nulle divinité n'étend ces limites; la nature les respecte; car c'est seulement dans cette mesure que le parfait était possible.

Toutefois, à l'intérieur, un esprit semble lutter violemment et voudrait briser le cercle, pour donner le libre choix aux formes comme à la volonté : mais, ce qu'il essaye, il l'essaye en vain. En effet, il se porte vers tels ou tels membres; il les doue puissamment; mais en revanche d'autres membres déjà languissent; l'effort de la prépondérance détruit toute beauté de la forme et tout mouvement pur. Si tu vois donc quelque avantage particulier accordé à une créature, demande d'abord où elle souffre ailleurs de quelque défaut, et cherche avec un esprit investigateur, tu trouveras aussitôt la clef de toute organisation. Ainsi nul animal dont la mâchoire supérieure est toute armée de dents ne porta jamais de cornes sur le front. Il est donc absolument impossible à la mère éternelle de former le lion cornu, quand elle y emploierait toutes ses forces, parce qu'elle n'a pas assez de matière pour planter au complet les rangées des dents et faire aussi pousser du bois et des cornes.

Que cette idée de puissance et de bornes, d'arbitraire et de lois, de liberté et de mesure, d'ordre mobile, d'avantages et de défauts, que cette belle idée te charme! La sainte Muse te la présente avec harmonie, t'instruisant avec une douce contrainte. Le penseur moraliste, l'homme actif, l'artiste créateur, ne saurait s'élever à une plus haute pensée; le souverain qui mérite de l'être ne jouit que par elle de sa couronne. Réjouis-toi, chef-d'œuvre de la nature : tu te sens capable de concevoir après elle la sublime pensée à laquelle, en créant, elle s'éleva. Ici, arrête-toi et tourne tes regards en arrière; examine, compare, et reçois par la bouche de la Muse l'aimable et parfaite certitude que tu vois, que tu ne rêves point.

ANTÉPIRRHÉMA.

Observez donc, d'un regard modeste, le chef-d'œuvre de l'ouvrière éternelle; comme une pression du pied fait mouvoir des fils sans nombre ! Les navettes passent et repassent, les fils se croisent et cheminent ; un choc produit mille combinaisons ; et cela, elle ne l'a point amassé en mendiant, elle l'a ourdi de toute éternité, afin que le maître éternel puisse avec confiance passer la trame.

LES SAGES ET LES GENS.

Épiménide. Venez, frères, rassemblez-vous dans le bois. Déjà le peuple nous assiége ; il afflue du nord, du sud, de l'ouest et de l'est. Il souhaite fort qu'on l'instruise, mais sans qu'il lui en coûte aucune peine. Je vous en prie, tenez-vous prêts à le semoncer vertement.

Les gens. Hola, rêveurs, il s'agit de nous répondre aujourd'hui nettement, et non avec des formes obscures. Parlez ! le monde est-il de toute éternité ?

Anaxagore. Je le crois, car tout le temps où il n'aurait pas encore été.... c'eût été dommage.

Les gens. Mais est-il menacé de ruine ?

Anaximène. Probablement, mais je n'en suis pas fâché, car pourvu que Dieu demeure éternellement, les mondes ne manqueront pas.

Les gens. Mais qu'est-ce que l'infini ?

Parménide. A quoi bon te tourmenter ainsi ? Rentre en toi-même. Si tu ne trouves pas l'infini dans l'esprit et la pensée, on ne peut rien pour toi.

Les gens. Où pensons-nous et comment pensons-nous ?

Diogène. Cessez donc d'aboyer ! Le penseur pense de la tête aux pieds, et aussi vite que l'éclair se montre à lui, le quoi, le comment, le mieux.

Les gens. Est-ce qu'une âme habite vraiment en nous?

Mimnerme. Demande-le à tes hôtes. Car, vois-tu, je te l'avoue, la substance aimable et ravie qui rend heureux elle-même et les autres, je l'appellerais volontiers une âme.

Les gens. Pendant la nuit, le sommeil se répand-il aussi sur elle?

Périandre. Elle ne peut se séparer de toi. O corps, ceci est ton affaire. As-tu bien pris soin de toi, elle goûte un repos qui la restaure.

Les gens. Qu'est-ce donc que cette chose qu'on nomme esprit?

Cléobule. Ce qu'on appelle ordinairement esprit répond, mais n'interroge pas.

Les gens. Expliquez-nous ce que c'est que d'être heureux?

Cratès. Vois l'enfant nu, il n'hésite point; il s'élance dehors avec son denier, et connaît fort bien le gîte des petits pains, je veux dire la boutique du boulanger.

Les gens. Dis-moi, qui prouvera l'immortalité?

Aristippe. Il file le vrai fil de la vie, celui qui vit et laisse vivre; qu'il tourne toujours, qu'il torde ferme, le bon Dieu décidera.

Les gens. Vaut-il mieux être fou que sage?

Démocrite. Cela s'entend bien aussi. Si le fou se croit assez sage, le sage lui laisse sa croyance.

Les gens. Le hasard et l'illusion règnent-ils seuls?

Épicure. Je reste dans mon ornière. Force le hasard à t'être favorable, laisse l'illusion réjouir tes yeux; tu trouveras profit et plaisir dans tous deux.

Les gens. Notre libre arbitre est-il mensonge?

ZÉNON. Il ne s'agit que d'essayer. Persiste dans ta volonté, et, quand même tu finirais par succomber, cela ne signifie pas grand'chose.

LES GENS. Suis-je né méchant?

PÉLAGE. On peut bien te souffrir; cependant tu as apporté du sein de ta mère un lot insupportable, c'est de questionner sottement.

LES GENS. L'instinct du perfectionnement est-il notre apanage?

PLATON. Si le perfectionnement n'était pas le plaisir du monde, tu ne ferais pas de question. Tâche d'abord de vivre avec toi, et, si tu ne peux te comprendre toi-même, ne tourmente pas les autres.

LES GENS. Mais l'égoïsme et l'argent dominent!

ÉPICTÈTE. Laisse-leur le butin. Tu ne dois pas envier au monde ses jetons.

LES GENS. Eh bien, avant que nous soyons séparés pour jamais, dis-moi ce qui a droit de nous plaire.

LES SAGES. Pour moi, la première loi du monde est de fuir les questionneurs.

(*Poésies*, trad. Porchat.)

FRAGMENTS D'UN POËME SUR LA NATURE.

La nature, elle nous entoure, elle nous enferme; impuissants à en sortir, nous sommes impuissants à pénétrer plus profondément dans son sein; sans nous le demander, sans nous avertir, elle nous entraîne dans son tourbillon, et s'élance avec nous, jusqu'à ce que, épuisés par la fatigue, nous nous échappions de ses bras maternels.

Elle crée éternellement des formes nouvelles. Ce

qui est n'a jamais été, ce qui était ne renaîtra plus, tout est nouveau et cependant toujours ancien.

Nous vivons au sein de la nature, et nous lui sommes étrangers; elle nous parle sans cesse, et cependant elle garde fidèlement ses secrets; nous agissons perpétuellement sur elle, et nous n'avons sur elle aucun pouvoir.

On dirait qu'elle ne s'est assigné d'autre but que l'individuel, et cependant les individus ne sont rien pour elle; elle bâtit sans cesse, elle détruit toujours, et le lieu où elle élabore ses merveilles est inaccessible.

Elle vit dans ses enfants, mais la mère où est-elle? Elle est l'unique artiste, créant à la fois les êtres les plus simples et les plus complexes. Son œuvre s'accomplit sans efforts avec la plus stricte précision.

Il y a en elle mouvement, puissance formatrice, vie éternelle, et cependant elle ne progresse pas; elle se modifie sans cesse, et partout éclate son instabilité; elle a jeté sa malédiction sur le repos. Elle a ses limites, ses pas sont mesurés, ses exceptions rares, ses lois immuables; elle a pensé et elle médite sans cesse, non comme les mortels, mais comme la nature….

Elle tire les créatures du néant, et elle est muette sur leur principe et sur la fin de leur destinée; elle s'avance ainsi par des sentiers dont elle seule connaît l'issue.

Les moyens qu'elle emploie sont simples, mais toujours efficaces, toujours puissants et variés.

Son théâtre est toujours nouveau, parce qu'elle renouvelle souvent les spectateurs; la vie est sa plus belle conception, et la mort, l'artifice qu'elle emploie pour multiplier la vie.

Elle entoure l'homme d'épaisses ténèbres et le pousse sans cesse vers la lumière; elle a courbé son front vers le sol, elle l'a fait nonchalant et paresseux, et elle ne cesse de le stimuler. Elle nous donne des besoins parce qu'elle aime l'activité. C'est merveille de considérer combien peu elle met en œuvre pour exciter tant d'efforts! Chaque besoin satisfait est un bien; la jouissance passagère éveille un nouveau désir; plus elle nous satisfait, plus elle augmente nos désirs....

Sa couronne est l'amour; par l'amour on peut approcher d'elle; elle met des distances entre tous les êtres, et elle doit les absorber tous; elle a isolé les êtres pour les rapprocher; par quelques gouttes puisées à la coupe de l'amour elle récompense ainsi une existence pleine de soucis.

Elle seule se récompense et se punit, se réjouit ou s'attriste; elle est à la fois indulgente et sévère, aimable et terrible, faible et puissante, tout s'exécute dans son sein; elle ne connaît ni passé ni avenir; pour elle, le présent est l'éternité. Elle est bonne, digne de louanges dans ses œuvres, calme et pleine de sagesse.

Elle est tout à la fois l'unité suprême et la variété infinie; ce qu'elle fait, elle le fera toujours.

Elle s'offre à chacun sous des aspects différents; elle se cache sous des milliers de noms et de termes, et cependant elle demeure la même.

(*OEuvres scientifiques de Goethe*, trad. E. Faivre.)

FIN.

TABLE DES MATIÈRES.

PRÉFACE .... I-VIII

CHAP. I. Histoire de l'esprit de Goethe. — Période mystique. — Mlle de Klettenberg et Lavater.... 1

CHAP. II. Histoire de l'esprit de Goethe (suite). — Influence de Spinoza. — En quel sens et dans quelle mesure Goethe est spinoziste.............. 34

CHAP. III. Histoire de l'esprit de Goethe (suite). — Sa passion pour l'étude de la nature, sa vie scientifique.. 67

CHAP. IV. La philosophie de Goethe. — Ses idées sur la méthode synthétique. — Ses rapports avec Geoffroy Saint-Hilaire...................... 104

CHAP. V. La philosophie de Goethe (suite). — Ses idées sur la métamorphose et sur les causes finales. 131

CHAP. VI. La philosophie de Goethe (suite). — Ses conceptions sur le principe de la nature et sur Dieu.................................... 148

CHAP. VII. La philosophie de Goethe (suite). — Ses conceptions sur la destinée humaine........... 184

CHAP. VIII. Caractère général de la philosophie de Goethe : Éclectisme et panthéisme................. 204

CHAP. IX. Les types philosophiques dans la poésie de Goethe. — Prométhée..................... 220

CHAP. X. Les types philosophiques (suite). — Méphistophélès................................. 239

CHAP. XI. Les types philosophiques (suite). — Faust..... 263

CHAP. XII. La philosophie du second *Faust*. — Défauts du poème : Abus du symbolisme et de l'érudition. — L'idée de l'activité, unité du poëme, principe du salut de Faust.................. 281

CHAP. XIII. La philosophie du second *Faust* (suite). — La politique. Idées de Goethe sur la Révolution française.......................... 310

CHAP. XIV. La philosophie du second *Faust* (suite). — L'art. — Le poëme d'Hélène.................. 325

CHAP. XV. La philosophie du second *Faust* (suite). — La science dans la poésie. — Goethe et Lucrèce. — Conclusion.......................... 342

APPENDICE.

I. Extraits des Œuvres d'histoire naturelle.

1° De l'Expérience considérée comme médiatrice entre l'objet et le sujet (1793)...................... 365
2° But de l'Auteur (1807)........................ 375
3° *Métamorphose des plantes.* Introduction et résumé...... 381

II. Fragments des Conversations.

1° Entretien avec Falk sur la Nature.................. 388
2° Entretien avec Falk sur la destinée humaine.......... 401

III. Extraits des Poésies philosophiques.

1° Dieu et le Monde. — *Prooemium.* — *L'âme du Monde.* — *L'Individu et le Tout.* — *Testament.* — *Parabase.* — *La Métamorphose des plantes.* — *La Métamorphose des animaux.* — *Les Sages et les gens*............... 413
2° Fragment d'un poëme sur la Nature................ 425

FIN DE LA TABLE DES MATIÈRES.

8732. — IMPRIMERIE GÉNÉRALE DE CH. LAHURE
Rue de Fleurus, 9, à Paris

www.ingramcontent.com/pod-product-compliance
Lightning Source LLC
Chambersburg PA
CBHW052228230426
43666CB00034B/1787